잠자는 죽음을 깨워 길을 물었다

인간성의 기원을 찾아가는 역사 수업

잠자는 죽음을 깨워 길을 물었다

닐 올리버 지음 | 이진옥 옮김

WISDOM *of the* ANCIENTS

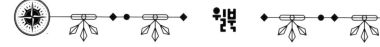

윌북

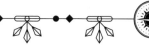

추천의 글

우리의 마음을 어루만지는
수천 년 전 유물 이야기

강인욱

고고학자
경희대학교 사학과 교수

『잠자는 죽음을 깨워 길을 물었다』는 마치 고고학자가 쓴 『데카메론』 같다. 흑사병이 유럽을 휩쓸었던 14세기, 사람들이 속수무책으로 죽어 나가던 어둠의 시대에 조반니 보카치오가 쓴 『데카메론』처럼, 옛사람들의 삶과 희로애락이 담긴 이 책의 이야기가 읽는 사람의 마음을 위로하고 치유하기 때문이다. 닐 올리버는 고고학자의 냉철함을 잃지 않으면서도 황량한 유적들 사이에서 우리처럼 살고 사랑하며, 먹을거리를 걱정하고, 고된 하루하루를 버텨냈던 옛사람들의 씩씩한 모습을 생생하고도 감동적으로 그렸다. 내가 쓴 책 『강인욱의 고고학 여행』과 너무나 비슷한 전개와 생각이 담겨 있어서 놀라기도 했다. 고고학책이 이렇게 매력적일 수 있을까 감탄하면서 페이지를 넘겼다.

유물과 유적을 보면 자연스레 무궁무진한 역사를 상상하게 된다. 수천 년 전, 혹은 미지의 어느 시공간에서 온 해골과 보물을 보고서 아무런 생각도 들지 않는다면 오히려 그게 부자연스러운 일일 것이다. 학생들도 화려하고 경이로운 유물에 매료되어 고고학에 관심을 보이곤 한다. 내가 그들에게 가장 먼저 건네는 조언은 '상상을 억제하라'는 말이다. 그런 감성을 발휘하다 보면 자칫 객관적인 역사를 밝히는 고고학의 원래 목적을 잊을 수도 있기 때문이다. 그러나, 1300년 전에 만들어진 반가사유상이나 석굴암의 온화한 부처 미소를 보노라면 나조차도 그 앞에서 수없이 머리를 조아리며 자신의 소원을 빌던 신라인이 떠오른다. 고인돌 앞에 서면 여럿이 힘을 합쳐 돌을 얹으며 조상을 기리고 소원을 빌던 샤먼을 그리게 된다. 한참 그렇게 감상을 펼치다가 '말도 안 되는 상상은 아닐까' 하면서 생각을 가다듬는 것이다. 하지만 이 책의 매력은 바로 그 풍부한 감성을 곁들인 '이야기'에 있다. 저자는 탁월한 스토리텔링 능력으로 36개 유물과 유적에 관한 역사를 들려준다. 덕분에 독자들은 고고학적 지식을 이해하는 것에서 나아가, 유적을 만들고 애도하던 옛사람들의 마음까지 절실하게 느낄 수 있다.

이 책은 평범한 고고학책이 아니다. 시중에 나와 있는 유물 관련 책들은 대부분 찬란한 고대 문명을 찬양하거나 피라미드처럼 사람들이 좋아하는 유명한 유적을 소재로 삼는다. 닐 올리버는 이런 전형적인 패턴을 따르지 않았다. 이 책에는 그 흔한 황금 유물 얘기도 없다. 물론 150만 년 전 조지아 드마니시에서 발견된 호모 에렉투스 화석이나 영국의 거석기념물처럼 유명한 유적도 등장하지만, 대부분 쉽게 찾아볼 수 없던 생소한 것들이 많다. 광활한 들판에 3000개에 달하는 선돌이 늘어서 있는 프랑스의 카르나크 열석이나 선사시대 사람들이 바위에 그림을 새긴 암각화 유적에 관한 글들이 그러한 예다. 글을 읽으면서 나도 우리나라 울산의 암각화나 전라도 곳곳에 숨어 있는 고인돌에 관한 글을 쓰고 싶다는 충동이 들 정도였다.

이름도 없는 수천 년 전의 유적 이야기는 결국 우리가 살아가는 지금 이곳의 삶과 이어진다. 영국 요크셔에서 발견된 2000년 전 어느 전사의 철제 장검을 보며 저자는 그 칼을 만들기 위해 인내와 뚝심으로 철을 담금질했을 장인의 노력을 묘사한다(8장: 철의 길). 그리고 지구상에서 가장 흔한 금속 중 하나인 철의 가치에 관해 이야기한다. 사람들은 철을 잘 알아보지 못한다. 어디에나 있으며, 금이나 청동처럼 화려하지도 않고, 쉽게 녹슬기 때문에 박물관에 진열된 철기들조차 참 보잘것없어 보인다. 그러나 철은 놀랍도록 유연하며 안정적이고 회복력도 좋다. 무엇보다 인류의 현대 역사는 철로 만들어졌다. 저자는 데일 카네기의 말을 인용하며 글을 마무리한다. '사람들은 기회가 작업복 차림의 일꾼 같아 힘들어 보이기 때문에 놓치고 만다.'

이 책은 생생한 묘사로 우리의 오감을 자극하기도 한다. 보통 사람은 살면서 한 번도 상상해본 적도 없는, 이를테면 시신의 냄새 같은 것으로 말이다. '스코틀랜드의 폼페이'라 불리는 신석기시대 마을 유적 스카라 브레에 살던 고대인들은 이차장(시신을 안치해둔 다음 살이 썩으면 뼈만 추려서 무덤에 묻는 방법)으로 망자를 매장했다(3장: 집의 의미). 혹은 '빈장'이라고 해서 시신을 바깥에 몇 개월, 몇 년씩 두기도 했다. 도대체 우리 선조들은 그 악취를 어떻게 견뎠을까? 저자의 말처럼 '악취에 관한 그들의 인내, 심지어 음미는 우리와는 사뭇 다른 것'이었으리라.

　인간은 선하고 관대한 존재이면서 폭력적이고 악한 존재이기도 하다. 이 책은 이러한 인간의 모순에 관해 말하는 것도 주저하지 않는다. 2000년 전 대지의 여신 네르투스에게 제물로 바쳐진 덴마크의 톨룬인이나(12장: 여신의 신랑감) 10~15세기경 제의祭儀를 위해 심장이 도려내진 채 땅에 파묻힌 어린아이들의 유골(12장: 두려움에 잡아 먹힌 사람들)을 보며 개인을 희생시켜 알 수 없는 미래에 대한 두려움을 떨치고자 했던 인간의 어두운 측면을 보여준다. 독자는 과거를 통해 고스란히 우리의 현재를 반추해보게 된다.

　유물은 옛사람들의 삶과 생각이 새겨진 조각이다. 고고학자는 그 조각을 통해 역사와 인간을 탐구한다. 닐 올리버는 여러 조각들을 이어 붙여 자신의 살아있는 목소리를 불어넣었다. 세상에서 점차 사라져가는 녹지와 오래된 언어들(10장: 황야에 드리운 그림자와 잃어버린 언어들)에 대해 아쉬움을 토로하기도 하고, 범고래와 일종의 파트너쉽을 맺고 오랜 시간 함께 사냥했던 고래잡이들(9장: 에덴의 고래 사냥꾼들)의 이야기를 들려주기도 한다. 성경이라는 형식에 켈트족의 생각을 얹어서 만든 봉헌물 린디스판의 서(9장: 믿음의 역사)의 탄생에 얽힌 역사도 흥미롭다. 죽음을 이야기로 승화시켜 공포를 달래고자 했던 1500년 전 사람들의 모습은 지금의 우리 모습과도 많이 닮아 있다.

　『잠자는 죽음을 깨워 길을 물었다』를 읽으면서 사실 좀 부러왔다. 인간의 다양한 감정을 이토록 생생히 경험하게 하는 역사 책이 있었던가? 이 책에는 360만 년 전 고인류 가족의 발자국 이라거나, 최초의 신석기시대 마을 등 역사적으로 중요한 고고 학 유적이 등장하지만, 저자가 우리를 이끄는 곳은 유적지라기 보다 인간성의 깊은 근원지다. 이 책은 우리의 상상력을 자극하는, 고고학에 대한 아름다운 찬가이며, 잊고 있던 유물의 진정한 의미와 그것을 만든 옛사람들에 대한 사랑의 에세이다. 땅속 깊이 잠자던 유물을 깨워 그 뒤의 인간을 밝히는 이 놀라운 여정에 여러분 모두를 초대하고 싶다.

세월이 갈수록 더욱 지혜로워지는
나의 아버지 아치볼드 패터슨 올리버에게
사랑을 담아

차례

책에 등장하는 사건과 유적의 타임 라인

19세기	범고래 올드 톰과 고래 사냥꾼들
AD 1400	우앙차키토의 라마들
AD 1220	오딘과 발드르 이야기
AD 600~1200	어 고도딘
AD 700	비르카 소녀
AD 720	린디스판의 서
AD 627	에드윈 왕의 세례식
200~100 BC	배터시 방패
300~100 BC	커크번 묘지
500~400 BC	톨룬인
1000 BC	화카타네의 용기
2000~1000 BC	포뢰섬과 바이킹
2000~1000 BC	케랄라 불의 제사
2550 BC	피라미드
2900~1000 BC	칼라니시 거석
3000~2300 BC	우티예프카 쿠르간
3000 BC	스털링 암각화
3000 BC	콥트 호웨
3000 BC	스카라 브레
3000 BC	헨버리 운석 충돌구 평원
4000 BC	콜드럼 거석 무덤
5000~4000 BC	카르나크 열석
5000~4000 BC	베드베크 공동묘지
7000~6000 BC	둔 호수의 석기 제작자
7000 BC	레펜스키 비르
7000 BC	차탈 후유크
10,000년 전	플로우 컨트리와 게일어
12,000년 전	스타 카
30,000년 전	쇼베 동굴 벽화
38,000년 전	페슈테라 쿠 오아세
50,000년 전	샤니다르 동굴
75,000년 전	토바 화산 폭발
190만 년 전	드마니시 호미닌 화석
190만 년 전	올두바이 협곡의 베이스캠프
360만 년 전	라에톨리 발자국
드림타임	티위제도의 푸루카팔리 전설

세계사 연표

2020	영국의 유럽연합EU 탈퇴
2012	세계 인구 70억
1973	영국이 유럽공동시장ECM에 가입
1960	세계 인구 30억
1947	영국으로부터 인도 독립
1939~1945	제2차 세계대전
1927	세계 인구 20억
1914~1918	제1차 세계대전

세계 인구 10억

1776	미국 독립 선언
1707	잉글랜드와 스코틀랜드 의회 합병
1603	잉글랜드와 스코틀랜드 왕국 합병
1492	콜럼버스의 신대륙 상륙
1428	아스테카 제국 창건
11세기	그레이트 짐바브웨 왕국 성립
1066	헤이스팅스 전투 및 노르만족의 잉글랜드 점령
793	바이킹족의 잉글랜드 린디스판섬 공격
597	성 아우구스티누스 영국에서 기독교 포교 시작
570	무함마드 탄생
563	성 콜룸바가 스코틀랜드 아이오나섬에서 기독교 포교 시작
476	서로마 제국 멸망
410	고트족의 로마 약탈
324	비잔티움이 로마 제국의 새로운 수도가 되다
43	로마의 브리타니아 정복

예수 탄생

30 BC	이집트 알렉산드리아에서 클레오파트라 사망
44 BC	율리우스 카이사르 살해됨

259 BC	통일 중국의 첫 번째 황제 진시황 탄생
323 BC	알렉산드로스 대왕 사망
4~5세기 BC	고전기 그리스
509~527 BC	로마 공화정
551 BC	공자 탄생
563 BC	붓다 탄생
753 BC	도시 로마 설립
970 BC	솔로몬이 다윗을 이어 이스라엘의 왕이 됨
1200 BC	고대 그리스의 부상
1342 BC	이집트에서 투탕카멘 탄생
2600~2500 BC	고대 이집트 제4왕조, 피라미드 건축의 시기
2850~2200 BC	에이브버리 스톤 서클 건축
3200 BC	오크니섬의 네스 오브 브로드가, 아일랜드의 뉴그레인지, 노스 건축
4000 BC	유라시아 스텝 지대에서 말의 가축화
5500 BC	유럽에서 구리 주조
9000 BC	예리코에서 정착 마을 탄생
9000 BC	터키 괴베클리 테페에서 의례 중심지 건설
9000 BC	근동에서 농경 시작
12,000년 전	유럽에서 마지막 빙하기 종말
16,000년 전	호모 사피엔스 아메리카 대륙에 도착
15,000~25,000년 전	유럽에서 마지막 최대 빙하기
34,000년 전	영국제도에 호모 사피엔스 도착 (사우스웨일스의 파빌랜드)
60,000년 전	호주 대륙에 호모 사피엔스 도착
80,000년 전	아프리카에서 호모 사피엔스 이동 시작. 유럽과 아시아로 퍼짐
300,000년 전	유럽에 호모 네안데르탈렌시스 거주
500,000년 전	잉글랜드 웨스트서섹스에 호모 하이델베르겐시스 거주
950,000년 전	잉글랜드 노퍽에 호모 안테세소르 거주
200만 년 전	아프리카에서 호모 에렉투스 탄생
370만 년 전	아프리카에서 오스트랄로피테쿠스 아파렌시스 출현

들어가며

인류의 진정한 문제는 이것이다.

우리가 구석기시대의 감정과 중세의 제도,

그리고 신과 같은 기술을 가지고 있다는 것.

에드워드 오즈본 윌슨, 《하버드 매거진》(2009)

나는 답을 찾고자 이 책을 썼다. 우리의 짧은 생 안에서 도저히 이해할 수 없을 것 같은 문제들의 실마리를 찾기 위해, 한 줌의 지혜와 희망을 얻기 위해, 나는 선조들의 세계를 되짚어보기로 했다. 오늘날 세계는 유독 화가 나 있는 것 같다. 지구 온도는 치솟고 있고 뉴스에는 파국과 절망의 소식이 가득하다. 그러나 완전히 다른 해석을 하는 사람들도 있다. 그들은 인류 역사상 지금이 가장 살기 좋은 시대라고 주장한다. 절대적 빈곤에 시달리는 인구가 어느 때보다 적고, 삶의 질과 기대수명이 높아지고, 현대 의학과 기술에 무한한 잠재력이 있다고 말이다. 나는 회의주의자들의 종말론과 낙관주의자들의 예찬 사이에서 누구를 믿어야 할지, 무엇을 믿어야 할지 도무지 알 수 없었다. 과연 최선은 무엇일까? 지금껏 인류는 많은 것을 이룩했고 지식을 축적해왔지만, 그럼에도 마음의 평화는 쉽게 이룰 수 없었다.

앞에서 인용한 생물학자 에드워드 오즈본 윌슨의 문장을 다시 떠올려보자. 그의 말대로 구석기시대에 형성된 인류의 정서는 신의 경지에 도전하는 현대 기술 위에 불안하게 놓여 있다. 지금은 남은 인간종이 우리뿐이지만, 적어도 400만 년이라는 세월 동안 지구상에는 꽤 여러 종류의 인간이 살았다. 우리 조상들은 그 긴 시간의 대부분을 사냥꾼으로 살았다. 기껏해야 수십 년 전에 나타난 내연기관과 페니실린과 스마트폰은 인류의 본성을 바꾸지 못했다. 21세기를 살아가는 우리의 뇌는 사냥꾼의 소프트웨어로 구동되고 있다고 해도 과언이 아니다. 지난 1만 년 동안 인류는 온갖 재주를 익혔다. 농경과 문자, 도시에서의 삶, 기계화된 산업, 유인 비행, 로켓, 컴퓨터, 인터넷 등등. 그러나 우리는 언제나 더 많은 것, 다른 것, 우리에게 필요한 것과 필요할지 모르는 것을 찾아 헤맨다. 우리는 언제나 탐색하고, 사냥하는 존재였기 때문이다.

지난 수 세기 동안 과학자들은 빛나는 기술 발전을 이룩하며 수십억 인류의 삶의 바꾸었고 진보를 이루어냈다. 그러나 그 모든 성취에도 불구하고 우리는 아직도 우울과 스트레스, 허무와 권태, 절망과 자기혐오에 시달린다. 많은 학자와 전문가 들이 다양한 처방을 내놓았지만 어떻게 사는 게 맞는지, 무엇을 위해 살아야 하는지는 여전히 모호하다. 이 문제에 답이 있기나 한 것일까? 함께 생각해볼 필요가 있겠다. 어쨌거나 답을 찾는 과정이 답을 찾는 것만큼이나 중요하니까.

사냥꾼이던 우리 조상들도 우리만큼이나 답을 찾기 위해 분투했다. 그들은 가족을 꾸리고 마을을 지었으며, 전략을 세우고 선택을 내렸다. 사랑하고 애도했으며, 한정된 시간을 살아가는 인간의 삶에는 무슨 의미가 있는지 찾아 헤맸다. 과학이 존재하지 않던 시대에 살던 그들은 삶의 이치를 이해하기 위해 이야기를 활용했다. 170만 년 전 호모 사피엔스가 아프리카를 떠난 이후 인류는 다양한 지역으로 흩어져 다양한 시간대를 살았다. 서로 멀리 떨어진 시공간에 있었음에도 어째서인지 그들은 자식들에게 저마다 비슷한 이야기를 들려주었다. 천지창조, 땅과 바다와 하늘이 분리된 이야기, 첫 번째 사람들과 홍수, 신들의 복수와 영웅의 모험…. 아주 오랫동안 이어져 온 이 이야기들은 마치 액체에 저절로 생기는 결정처럼 자연스레 만들어졌다. 이 이야기들은 수천 년을 이어온 삶의 산물일 것이다. 어떻게 사는 게 더 좋을지, 그 방법은 무엇인지 고민하고 관찰한 결과를 이야기에 녹여냈을 것이다.

우리 종에게는 이야기에 대한 욕구가 있다. 한 올 한 올 실처럼 엮인 이야기는 신화와 전설, 종교로 직조되었다. 신화란 어느 가족마다 있기 마련인 내밀한 사연과 같다. 어떤 것은 진실에 가깝고 어떤 것은 덜 그러하지만, 덜 중요한 것은 없다. 가족들은 이야기를 되풀이하면서 그렇게 하지 않았다면 잊었을 사실들을 되새긴다. 이야기는 세계라는 직물 안에서, 구성원이 제자리를 지킬 수 있도록 붙들어주는 실과 같다.

복잡한 무언가를 이해하려 할 때면 나는 언제나 이야기의 도움을 받았다. 예컨대 양자론책을 읽어보려 시도할 때마다 매번

머리 아픈 수학에 가로막혀 포기했는데, 미국의 물리학자 닉 허버트의 '이야기'는 이해할 수 있었다. 그의 말에 따르면, 고전적인 뉴턴 물리학에서 우주란 '큰 것은 작은 것들로 이루어지고 작은 것은 더 작은 것들로 이루어져' 있다. 반면 양자물리학에서 우주란 '가능성과 확률로 이루어진 무정형의 구름'에 가까우며, 그 안의 개체들은 우리가 관찰할 때와 그렇지 않을 때 다르게 움직인다. 허버트는 여기서 설명을 멈추지 않고 흥미로운 이야기를 곁들인다. "인간은 미다스 왕과 같은 곤경에 처해 있다. 어떤 대상에 손을 대는 바로 그 순간 고정적인 물질로 변한다. 따라서 우리는 대상이 지닌 진짜 질감을 결코 느낄 수 없다." 이 이야기는 어렴풋하게나마 와닿는다. 적어도 그가 무얼 설명하고자 하는지는 알 것 같다. 알베르트 아인슈타인은 상대성이론을 설명할 때 벌겋게 달아오른 오븐 안에 손을 넣고 있는 5초와 넋이 나갈 정도로 아름다운 사람과 함께 있는 5초는 다르게 경험될 거라는 이야기를 덧붙였다. 나는 이 이야기 또한 이해할 수 있다. 이야기는 정제된 지혜이자 모든 중요한 것의 정수다.

소설가 커트 보니것은 『제5 도살장』에서 시간과 우주를 보는 인간의 관점이 단지 존재의 유한성에서 비롯된 것일 수 있다는 이야기를 들려준다. 이 소설의 반反영웅인 빌리 필그림은 제2차 세계대전에 참전했던 퇴역군인이다. 그는 어느 날 외계인들에게 납치되어 트랄파마도어라는 행성에 가게 된다. 그곳의 생명체들은 탄생에서 삶, 죽음에 이르는 우주의 시간을 선형적이고 연속적인 과정으로 보지 않는다. 그들은 모든 순간을 동시에 본다.

트랄파마도어의 존재들은 우주를 밝게 빛나는 수많은 작은 점으로 보지 않는다. 그들은 별이 어디에 있었는지, 또 어디로 가는지 볼 수 있다. 따라서 하늘은 그 별들의 궤적을 따라 흐릿하게 빛나는 스파게티 같은 선으로 가득 차 있다. 트랄파마도어의 존재들은 인간을 다리가 둘 달린 생물로 보지 않는다. 그들은 인간을 커다란 노래기로 본다. '한쪽 끝에 아기 다리가 달려 있고 다른 쪽 끝에는 노인의 다리가 달린 노래기'로 본다.

영국 작가 L.P. 하틀리는 그의 소설 『중재Go-Between』에서 '과거는 곧 다른 나라'라고 썼다. "그곳에서 사람들은 다르게 행동한다." 우리의 세계는 고대의 세계와 다른 듯 닮아 있다. 때로 그들의 행위와 관습이 괴이하고 낯설게 느껴지기도 하지만, 우리가 귀를 기울인다면 그들은 우리에게 많은 이야기를 들려줄 것이다.

나는 인류의 이야기를 가장 첫 장에서부터 시작해보고 싶다는 (허망한) 희망으로 역사에 매료되었다. 이것은 이룰 수 없는 꿈이다. 역사에는 시작점이 없기 때문이다. 나는 그 이야기의 어렴풋한 첫 장에나마 더 가까이 다가가고 싶었고, 그래서 고고학자가 되었다.

나는 과학으로 이룩해 낸 오늘날의 세계에 탄복하는 한편 과거의 우리와 우리가 생각하던 방식에서 위안을 얻는다. 과거로 돌아가고 싶다는 뜻이 아니라 (마취제와 치의학이 없는 세계는 상상하고 싶지도 않다) 우리 종의 이중나선구조 안에 잠자고 있는 첫 번째 DNA와 그 속에 담긴 기억들을 꿈꾸기 때문이다.

수십만 년 전, 지난 두 번의 빙하기 사이에 우리 종의 첫 번째 무리가 유럽에 도착했다. 크로마뇽인들은 코뿔소와 동굴사자, 곰과 들소, 거대한 야생소와 키가 2미터나 되는 어마어마한 뿔을 가진 사슴 메갈로케로스와 세계를 공유했다. 그들의 세계는 치명적인 위험으로 가득했으며 삶은 고달팠다. 그럼에도 그들은 살아남았고 지금의 우리를 존재하게 했다. 필요한 건 무엇이든 직접 만들었다. 먹을거리를 찾고 잡고 죽였으며, 마른 가지와 재주 좋은 손으로 불을 피워 몸을 따뜻하게 유지했다. 그들이 보낸 수천 년의 세월은 귀중한 지혜의 유산으로 남았다.

긴 시간 동안 전해 내려온 이야기에는 인류의 가장 오래된 기억들이 담겨 있다. 4000~5000년 전 어느 무렵 우리 종은 문자를 쓰기 시작했다. 인류는 나비처럼 공중에 떠다니는 생각들을 낚아채 판자에 고정해두는 재주를 익혔고, 처음에는 젖은 점토에, 그다음에는 종이에 그것들을 새겼다. 이렇게 해서 남겨진 이야기들, 지혜의 역사가 층층이 쌓인 그 이야기들을 상상해보라. 먼지가 내려앉은 무지갯빛 날개를 활짝 펴고 지혜의 날갯짓을 보여주는 그 노래들을.

지금까지 우리 곁을 지키는 오래된 이야기들은 아마 우연히 살아남게 되었을 것이다. 시간의 파도가 모든 것을 쓸어가 버릴 때 운 좋게 남겨진 화석인 것이다. 그들이 지닌 고유의 리듬과 운율 덕분에 살아남았을 수도 있다. 우연이든 아니든, 오래된 이야기들은 우리의 과거를 비추는 거울이다.

유물과 유적은 인간의 본질적인 감정의 기원에 관해서도 흥미로운 이야기를 들려준다. 고대의 선조들의 남긴 돌과 뼈에는 그들이 느꼈던 이런저런 감정들이 남아 있다. 때로 밝고 긍정적이기도 하고, 때로는 어둡고 슬프기도 하다. 문자 이전의 세계, 이야기가 기록되고 보관되기 전의 세계에 살던 이들이 무엇을 생각했는지 정확히 알 수는 없겠지만, 분명한 건 그들도 우리와 같은 정서를 지니고 있었고, 똑같은 희로애락을 느꼈다는 점이다. 그들이 우리가 되기까지 너무나 많은 것이 변했지만 인간의 감정만은 그렇지 않다. 그들이 그들의 세계에서 느꼈던 것들을 우리는 우리의 세계에서 느끼고 있다. 수만 년 동안 변하지 않은 무언가가 우리 안에 존재하고 있다.

살다 보면 이해의 한계를 넘어서는 일들과 맞닥뜨리게 된다. 그러나 거기가 끝은 아니다. 우리는 우리 조상들이 고난에 대처했던 방식에서 작은 실마리를 얻고, 그 너머로 갈 수 있다. 그들처럼 상상력을 활용해 한계를 뛰어넘고, 이 세계와 삶의 이치를 깨닫게 해줄 어슴푸레한 빛을 보게 될 수도 있다.

나는 1967년에 태어났다. 올해 쉰다섯 살이 된 내게 어린 시절은 아주 멀게만 느껴진다. 중앙난방이 없던 시절, 등유 히터가 내뿜는 온기가 작은 섬처럼 군데군데 흩어져 집을 데우던 것을 기억한다. 텔레비전을 보려면 5분 전에 텔레비전 수상기의 스위치를 눌러야 했다. 진공관을 데우기 위해서였다. 물론 오직 흑백 영상만 볼 수 있었다. 집을 나설 때면 어머니는 내가 2펜스짜리 동전을 챙겼는지 확인했다. 공중전화를 써야 할 때를 대비해야 했기 때문이다. 예닐곱 살 무렵 우리 가족은 그 집을 떠났지만 나는 아직도 옛집의 전화번호를 기억한다. 60832. 어머니는 위급 상황이 생기면 집에 전화를 걸 수 있도록 번호를 외우게 했다. 레스토랑에 가면 애피타이저로 작은 유리잔에 담긴 오렌지주스가 나왔다. 내가 본 최초의 전기 자동차는 작은 유리병에 담긴 우유를 배달하던 배달차였다(유리병은 무한히 재활용됐다). 포장도로 위를 달리던 타이어가 내던 휘파람 소리도 기억난다. 겨우 반세기 전인 그 시절에 대한 기억들은 내 세대가 저물면 곧 사라질 것이다. 그 기억이 줄 수 있는 작은 교훈들도 곧 잊힐 것이다.

우리 할아버지는 아흔 살도 넘게 사셨다. 그분이 인생에서 목격했을 변화들을 생각해본다. 그는 말이 마차를 끌던 빅토리아 시대에 태어나 솜 전투와 파스샹달 전투에 참전했다. 후에 할아버지는 인간이 달 위를 걷는 것을 (당연히 흑백텔레비전으로) 보았고 우주왕복선과 컴퓨터의 시대가 열리는 것도 목격했다. 과학철학자 토머스 쿤은 『과학혁명의 구조』에서 '패러다임의 전환'이라는 개념을 제시했다. 이는 거대하고 혁명적인 진보를 맞닥뜨리면 세상을 보고 이해하는 방식이 달라질 수밖에 없다는 것을 의미했다. 대상은 그대로일지 몰라도 그것을 이해하는 우리의 방식은 달라진다. 우리 할아버지는 여전히 뉴턴의 세계관이 세상을 지배하던 때에 태어났다. 할아버지가 10대가 되었을 무렵 독일의 물리학자 막스 플랑크와 알베르트 아인슈타인은 인류를 상대성과 양자물리학의 우주로 인도했다. 우주는 예전 그대로였지만 우리는 그것을 다른 방식으로 보게 되었다. 플랑크와 아인슈타인은 마이클 패러데이, 제임스 클러크 맥스웰 같은 거인들의 어깨를 딛고 서서 패러다임을 바꾸었다. 지금은 공기처럼 당연해진 우리 주변의 휘황한 기술들은 그들이 이룬 도약의 직간접적 결과물이다.

　인류는 끊임없이 앞으로, 앞으로 돌진해왔다. 그 속도와 우리가 떠나온 거리에도 불구하고 우리는 여전히 에이브러햄 링컨이 말한 '신비로운 기억의 하모니'를 통해 머나먼 과거와 연결되어 있다. 나는 그 하모니가 생명이 시작된 35억 년 전까지 이어져 있는 모습을 상상한다. 무수히 많은 조상이 무수히 많은 결합을 통해 남긴 유산으로 우리가 존재하게 되었으니 터무니없는 상상은 아닐 것이다. 신비로운 기억의 하모니는 오래된 이야기만이 모든 질문에 대한 대답이던 저 먼 고대로까지 메아리친다.

　과학적 사고의 도래는 그 오래된 답들에 대한 종말의 전주곡을 울렸다. 근대 과학의 탄생은 날카로운 도끼날이 되어 이야기와 신화와 종교의 땅에서 자라난 옹이투성이 나무를 쓰러뜨렸다. 늙은 나무가 떠난 땅 위에는 이데올로기가 자리를 잡았다. 19~20세기에는 파시즘과 공산주의 같은 것들이 손쓸 새 없이 마구 자라났다. 이 이데올로기들은 오래된 종교들이 수백, 수천 년에 걸쳐 쌓아 올린 희생자 수를 단 수년 만에 따라잡았다. 우리는 전쟁신경증에 시달리며 21세기를 살아가고, 그 어느 때보다 더 절박하게 삶의 의미를 찾아 헤맨다. 과학은 인류에게 많은 선물을 선사하고 있지만, 그것만으로는 충분하지 않다. 사람들은 불안과 무기력에 시달린다. 우리가 당연시하던 세계가 끝나가고 있다는 이야기도 들려온다. 인간이 자초한 그 비극은 홍수나 끝나지 않는 겨울의 형태로, 혹은 두 가지 다 닥쳐올 거라고도 한다.

　행복은 손에 잡힐 듯 잡히지 않고 마음의 평화를 얻는 일도 쉽지 않다. 어쩌면 우리는 우리보다 앞서 살았던 이들의 지혜에서 문제의 실마리를 찾을 수도 있을 것이다. 수천만 년 동안 이어진 삶과 죽음, 행복과 슬픔을 증류해 얻은 값진 지혜를 통해서 말이다.

어떤 미래가 닥쳐오든 우리는 뭔가를 시도하고 기억할 것이다. 무엇을 기억할 것인지는 우리에게 달려 있다. 단출한 짐만 챙겨 급히 떠나야 하는 상황이 오더라도 우리는 가벼운 씨앗 같은 이야기들을 챙겨서 다른 어딘가에 심을 것이다. 태초에 말씀이 있었다. 이야기란 한때 온전히 전체를 이루었던 것들의 파편이다. 바로 거기서부터 우리는 무엇이든 짜 맞출 수 있을 것이다.

여기에 내가 호주머니에 넣어 가져온 한 줌의 씨앗이 있다. 중요하고 값진 것들이 으레 그렇듯 대부분 단순하고 쉬운 이야기들이다. 어떻게 사는 게 맞는지, 기억이란 무엇이며 잊지 말아야 할 것은 무엇인지, 한정된 시간을 사는 우리가 희망할 수 있는 것은 무엇인지에 관한 짧은 이야기들을 풀어보려 한다.

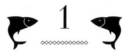

1

가족

가족의 탄생

❧

사실 인류는
여성이다.

G. K. 체스터턴,『노팅힐의 나폴레옹』

라에톨리 발자국

1978년 탄자니아의 라에톨리에서 발견된
오스트랄로피테쿠스 아파렌시스의 발자국 화석이다.
360만 년 전 우리의 먼 조상이 직립보행을 했다는 사실을
분명하게 보여준다.

‡

영국 사우스웨일스 뉴포트 근교의 골드클리프로 가보자. 고고학자들은 때때로 이곳 세번Severn강 하구의 개흙 속에서 고대인의 발자국을 발견하곤 한다. 파도가 잠잠히 물러갈 때 발자국은 깜짝 선물처럼 모습을 드러낸다. 발자국의 주인은 약 1만 2000년 전 마지막 빙하기가 막을 내리면서 시작된 중석기시대의 사냥꾼들이다.

야생에서 먹거리를 구해야 했던 그때 그 사람들은 조개와 해초, 새알, 물고기와 바다표범을 찾아 해안가로 모여들었다. 해안은 육지와 바다, 산 자와 죽은 자의 세계가 만나는 곳이었다. 해안가에는 오랜 세월에 걸쳐 거대한 조개더미가 만들어졌고, 이는 중석기시대 사람들의 무덤으로 쓰이기도 했다. 그들은 누군가 죽으면 조개더미 일부를 파내 그 안에 시신을 안치했다. 산 자가 남긴 음식의 잔해가 망자의 빈껍데기를 삼켰다. 삶과 죽음은 두 세계의 한가운데서 하나로 얽히고 생명의 빚을 죽음으로 상환하는 고리는 끝없이 돌아간다.

잔모래가 섞인 골드클리프의 개흙에서 나타난 오래전의 발자국은 한 권의 책에서 찢겨 나온 낱장처럼 띄엄띄엄 역사의 단면을 드러낸다. 때로는 어른 한 사람의 발자국이 발견된다. 평생을 맨발로 살았던, 신발이라는 굴레에 갇혀본 적 없는 그 발의 발가락들은 헤벌어져 있다. 고고학자들은 발자국 사이의 거리와 걸음걸이를 보고 걷고 있었는지 달리고 있었는지를 분간한다. 때로 파도가 물러나면 어른과 아이들이 나란히 걷고 있는 발자국이 드러나기도 한다. 그들이 손을 잡고 걷는 모습을 그려본다. 어머니들과 아들들, 아버지들과 딸들. 그들 주위로 사슴 발굽의 자취가 흐릿하게 흩뿌려져 있다.

　나는 딱 한 번 이 발자국들을 직접 본 적이 있다. 레딩대학교의 고고학 교수 마틴 벨이 잿빛 개펄로 탐사를 떠날 때 나를 초대해준 것이다. 갯머리를 따라 나란히 놓인 채 천천히 썩어가는 나무 기둥을 길잡이 삼아, 혹은 나무 기둥에 필사적으로 매달리며 내가 혼자 걸음을 옮기고 있을 때 마틴과 그의 팀은 이미 강어귀에 가 있었다. 웰링턴 부츠를 빌려 신은 내 발은 신발에 달라붙는 진창 속에 푹푹 가라앉았다. 고개를 돌려 내가 남긴 발자국을 바라보았다. 내가 걸어온 이야기를 기록하고 있는 상형문자들이었다. 그 발자국들은 하루도 못 가 사라질 것이다(아니면 좀 더 머무를까?). 납처럼 칙칙한 하늘이 손에 닿을 듯 낮게 펼쳐져 있었고 바닷새들은 화가 난 듯했다. 내가 헤집어놓은 펄은 지나치게 익어버린 과일 냄새를 풍겼다.

　수천 년 전 진흙에 남긴 발자국을 보고 내가 느꼈던 감정을 말로 표현하기는 불가능할 것이다. 당신은 몇 번이나 해변에 발자취를 남겨보았는가? 사랑하는 이의 손을 잡고 하염없이 길을 걸을 때 그 발자국들이 수천 년 동안 남으리라고 누가 생각이나 했을까? 어느 추운 날의 입김처럼 덧없는 무언가가 그 모습 그대로 영원히 남아 당신과 당신이 사랑했던 이가 존재했음을 증

명하는 유일한 증거가 되는 것을 상상해보라. 나는 별다른 설명
없이도 발뒤꿈치 다음으로 발볼, 그다음 발가락이 땅을 밀어내
는 힘을 볼 수 있었다. 윤기 나는 발자국 하나에 손을 대보았다.
그의 살갗이 닿았던 곳에 나의 살갗이 닿았다. 그들이 그곳을
걸었던 시간과 내가 그곳에 도착한 시간 사이에 우리가 역사라
고 부르는 온갖 일들이 일어났다. 그러나 그 순간 그곳에 우리
는 함께 존재하고 있었다.

　해변에는 우연히 남은 증표들이 여기저기에 자리해 있었다.
오래전 사냥꾼들이 그곳을 지나쳤고 이내 파도가 밀려와 그들
의 발자국을 메웠다. 파도가 실어온 침전물이 합판처럼 층층이
쌓이면서 금세 공백을 메웠다. 조수가 밀려올 때마다 이 부드러
운 움직임이 되풀이됐다. 그러던 어느 날, 쉼 없이 변하는 세번
강의 강줄기가 뱀처럼 방향을 틀었고 바닷물은 발자국과 서서
히 멀어져갔다. 대신 토탄과 그 밖의 퇴적물들이 지면 위로 층
층이 덮였다. 그렇게 수천 년이 지났고 구부러진 올챙이를 닮은
생명의 흔적이, 왼발과 오른발의 자국이 젤라틴 속에 갇힌 새우
처럼 그 자리에 남았다. 최근 세번강의 물줄기가 되돌아왔다.
파도가 두꺼운 표피를 벗겨내자 손톱 아래 살처럼 부드럽고 섬
세한 발자국들이 처음 새겨진 그날처럼 드러났다.

　내가 허리를 굽혀 발자국을 이리저리 살펴보고 손가락으로
윤곽선을 훑는 동안 마틴과 그의 팀은 카메라와 그림판 세팅을
마쳤다. 이 발자국의 끔찍한 아이러니는 드러남과 동시에 곧 사
라진다는 것이다. 수천 년을 기다린 끝에 겨우 몇 시간, 또는 몇
분 동안 세상의 빛을 본다.◇ 잠시 멈췄던 시간의 타래가 다시

감기고 천지가 참았던 숨을 내쉬면 발자국들은 다시 영영 사라지고 만다.

1976년 고인류학자 메리 리키는 탄자니아의 올두바이 협곡 라에톨리에서 사람 발자국을 발견했다. 강 하구의 개펄이 아닌 화산재 속에 30미터 정도 이어지는 70여 개의 발자국이 남겨져 있었다. 웨일스에서 발견된 발자국들처럼 뒤꿈치가 가장 먼저, 그다음으로 발볼과 발가락이 지면에 닿은 모습이었다. 보폭이 좁은 것을 보아 발자국의 주인은 키가 작은 듯했다. 사람 발자국 주변으로는 코끼리, 물소, 기린, 버팔로, 야생 고양이, 늑대 발자국도 발견됐다. 심지어 굵은 빗방울에 땅이 패인 자국도 남아 있었다.

내가 보고 만져본 발자국은 8000년 전의 것이었지만, 라에톨리 발자국은 무려 360만 년 전의 것이다. 메리 리키가 발굴한 이 발자국들은 연구자들 사이의 해묵은 논쟁을 종결지었다. 논쟁의 한편에서는 인류가 두 발 걷기를 함으로써 자유로워진 양손으로 도구를 만들고 사용할 수 있게 되었고, 따라서 두 발 걷기가 문명의 항로를 결정했다고 주장했다. 다른 한편에서는 인간이 두 발로 걷기 전에 도구를 제작했다고 주장했다. 지금까지 알려진 인류 최초의 도구는 고작(!) 260만 년 전에 등장했다. 그러므로 우리 조상들은 날카로운 날을 만들거나 주먹도끼를 만들겠다는 마음을 먹기 훨씬 전에 두 발로 걸었다는 것을 알 수 있다.

◇ 파도의 침식으로 퇴적물이 깎여나가 발자국이 포함된 층이 드러나게 되었지만, 점차 발자국도 파도에 깎여나가게 되어 볼 수 없게 됨을 뜻한다.

"기억이란 눕고 싶은 곳에 누워버리는 개와 같다." 네덜란드 작가 세스 노터봄의 소설 『의식』에 나오는 문장이다. 골드클리프의 발자국들은 마치 지구의 기억처럼 느껴진다. 우리는 풀밭을 평평하게 밟아 오솔길을 내듯 뇌 안의 시냅스 가닥들에 기억의 길을 만든다. 같은 길을 여러 번 지날수록 기억은 선명해지고 다시 떠올리는 일도 수월해진다. 내게는 웨일스의 발자국이 그렇게 단단한 기억으로 남았다. 만들어지자마자 쓸려나가 소멸해버렸을 존재들이 오래 남는 무언가로 변화한 것이다. 선사시대 웨일스에 살았던 사냥꾼들과 그 가족들은 강어귀를 가로지르며 만든 발자국이 자신들보다 더 오래 남게 될 줄은 꿈에도 몰랐을 것이다. 나는 마치 그들의 사적인 순간을 불쑥 들여다본 것처럼 느껴졌다. 좋든 나쁘든, 기억이 있든 없든 지구는 과거의 어떤 순간들을 간직해왔다. 오랜 시간을 견뎌냈기에 찬찬히 들여다볼 가치가 있는 순간들이다.

1976년 메리 리키는 라에톨리 발자국을 발견해 세계적으로 유명해졌다. 그는 원래 일러스트레이터였으며, 유명한 고인류학자였던 루이스 리키와 결혼해 함께 일하기 시작했다. 메리는 오래된 화산재층에 남아 있는 라에톨리 발자국에서 이야기를 읽어냈다. 발자국의 주인공은 성인 둘과 아이 하나였다. 세 사람은 아마 단출한 가족이었으리라. 이들은 한동안 서로 가까이 걸어가다가 어른 하나가 (메리는 그가 여성일 거라고 생각했다) 나머지 두 사람과 두세 걸음 떨어져 걸었다. 1979년 4월 메리는 《내셔널 지오그래픽》에 이렇게 썼다. "누구라도 분간할 수 있듯이, 여자는 한순간 멈춰 서서 왼쪽으로 몸을 돌렸고 잠시 위험이나 이상이 있는지 살폈다. 그러고나서 다시 북쪽을 향해 발걸음을 옮겼다. 이 움직임, 너무나 강렬하고도 인간적인 이 움직임은 시간을 초월한다. 360만 년 전, 당신 또는 나의 먼 조상이 의심의 순간을 경험한 것이다."

우리의 까마득한 조상인 오스트랄로피테쿠스속屬의 초기 종들은 작고 연약했고 도구나 무기도 없이 헐벗었으며 포식동물의 먹잇감이 되기 일쑤였다. 그러나 연약하고 기다란 그들의 손가락은 지혜를 향해 뻗어 나갔다. 그 후 인류는 많은 것을 터득했다. 도구 제작과 농사, 무기와 전쟁, 촌락과 도시에서의 생활, 문자, 비행기와 달로 가는 로켓이 그들 앞에 놓여 있었다.

360만 년 전의 그 여성은 자신보다 가족의 안전을 우선시했다. 포식동물의 턱이나 발톱에 소중한 이를 잃는 뼈아픈 교훈을 통해 이러한 본능과 삶의 방식을 체득했을 것이다. 메리의 생각대로 아이의 어머니는 무언가를 감지하고 혹시 모를 위험에 대비하려 했을 것이다. 주변을 세심히 살핀 뒤에야 마음을 놓고 다시 걸어갔으리라. 해안가의 발자국과 내뱉은 숨, 그리고 라에톨리와 골드클리프에서 우리는 오래전 찰나의 순간들과 마주한다. 오랜 시간 우리는 가장 든든한 울타리인 가족 속에 있었다. 인류의 첫 번째 가족과 우리는 같은 지식을 공유한다. 가족이 소중하다는 사실 말이다.

나도 모르는 사이에 천사를 만날 수도

✣

일그러진 남자가 있었다네
그가 일그러진 길을 걸어갔다네.

작자 미상, 영국 동요

샤니다르 동굴

이라크 자그로스산맥의 북쪽 산기슭에 있는 샤니다르 동굴의 입구.
동굴 안에서는 약 5만 년 전에 그곳에 매장된 네안데르탈인의 화석이
발견되었다. 유해 주변의 흙에서는 꽃가루 뭉텅이가 검출되었는데,
마치 장례식을 치르며 시신 위에 꽃다발을 놓은 흔적처럼 보였다.

‡

사람들은 죽음을 멀리한다. 보거나 냄새를 맡기는커녕 죽음을 떠올리는 것만으로도 겁에 질리고 만다. 초점 없는 눈동자, 움푹 팬 볼, 푸르스름한 입술, 혈액이 고여 멍든 것처럼 얼룩덜룩한 피부, 내장이 부패하면서 내뿜는 퀴퀴하고 시큼한 기운. 치워버려, 저 멀리 숨기고 말하지도 보이지도 마. 죽음에는 아름다운 구석이라곤 없지만, 이 모든 것은 실재한다.

산 자의 집에 시체를 기꺼이 들이고 쉽사리 바깥에 내놓지 않던 중석기시대까지 거슬러 올라갈 필요도 없으리라. 불과 100년 전만 해도 사람이 죽으면 그의 얼굴을 씻기고 머리를 빗기고 그 창백해진 손가락을 침대보에 올려놓은 채 온 가족과 이웃이 침대맡에 둘러앉아 망자에 관해 이야기를 나눴다. 죽은 이의 머리카락과 손톱이 마지막으로 수 밀리미터쯤 자랄 동안 (죽음의 소식이 말단 부위까지 미처 도달하지 못한 까닭이다) 그의 머리맡에서는 애도와 회상이 이어졌다. 그리 멀지 않은 과거에 죽음은 집을 찾아오는 여느 손님 중 하나였고, 사람들은 그에게 기꺼이 자리를 내어주었다.

삶이란 그렇게 흘러간다. 프랑스 남부 도르도뉴 지방 레제지의 한 절벽 아래에는 커다란 바위 동굴이 있다. 이곳은 아브리 드 크로마뇽Abri de Cro-Magnon(abri와 cro는 모두 불어로 동굴 또는 바위 그늘을 뜻하고, 마뇽Magnon은 그 땅의 주인을 뜻한다)이라고 불린다. 1868년 지질학자 루이 라르테는 이곳에서 고인류의 뼈를 발견했다. 크로마뇽인 성인 네 명과 아기 한 명의 유골이었다. 줄을 꿸 수 있도록 구멍을 뚫은 조개껍질과 장신구, 동물의 치아나 상아로 만든 기물, 순록의 뿔을 깎아 만든 의미를 분간할 수 없는 조각들이 함께 발견되었다. 성인의 두개골 가운데 가장 잘 보존된 것은 현대의 기준으로 봐도 용량이 컸다. 그들의 뼈는 가냘팠고 심하게 닳은 흔적이 보였다. 현대의 분석에 따르면 뼈의 주인들은 상처를 입고도 생존했고 40년 또는 그 이상(당시로써는 긴 세월이다) 고단한 삶을 살았다. 전문가들은 뼈의 주인들이 그 인상적인 조각품들을 직접 만들었으리라 추정했다. 방사성탄소연대에 따르면 그들은 3만 년 전에 세상에 다녀갔다. 그러나 만약 지금 그들이 방 안으로 걸어 들어온다면, 우리는 매머드 사냥으로 단련된 그들의 근육과 매일 밤낮으로 죽음을 목도해온 그들의 자신감에 압도되고 말 것이다. 크로마뇽인은 아마도 우리 호모 사피엔스 가운데 최고일 것이다. 동시대를 살던 다른 인류들과 마찬가지로 그들은 동료가 죽으면 그의 다음 생을 위해 장신구와 도구를 부장하는 풍습이 있었다.

이는 아주 오랫동안 전 세계 어디서나 그러했다. 훨씬 더 먼 과거에 또 다른 한 갈래의 인류가 석회암 동굴 안에서 슬픔에 잠겨 있었다. 이라크 북쪽 쿠르디스탄의 자그로스산맥에는 샤니다르Shanidar라는 동굴이 험준한 금빛 바위산 아래 삼각형 모양의 입을 벌리고 있다. 최근까지도 염소 치는 사람들이 쉼터로 사용하곤 했던 이 동굴은 수백만 년 동안 한 종 또는 여러 인간

종의 보금자리였다. 미국의 인류학자 랠프 솔렉키는 1950년대부터 1960년대까지 동굴 내부를 발굴하며 그곳에 머물렀던 인류의 온갖 증거들을 찾아냈다. 그중 가장 잘 알려진 것은 10개 체분의 호모 네안데르탈렌시스(약 40만 년 전부터 2만 5000년 전까지 지구상에 살았던 고인류) 화석이다. 우리의 조상 호모 네안데르탈렌시스는 1850년대에 독일 뒤셀도르프 인근에 있는 네안더Neander 계곡(thal은 계곡이라는 뜻이다)에서 처음 발견됐다. 그들은 처음에 육중한 몸과 눈에 그림자를 드리우는 돌출된 눈두덩이, 뒤뚱뒤뚱 걷는 바보 같은 모습으로 묘사되었다. 그러나 새로운 고고학 유적들이 발견되면서 학자들은 네안데르탈인이 많은 면에서 우리와 가깝다는 사실을 알게 되었다. 네안데르탈인에게는 붉은 머리카락이 흔했다. 심지어 그들과 호모 사피엔스는 교배하기도 했다. 그 증거는 우리의 DNA 속에 남아 있다.

샤니다르 동굴에서 발견된 유적은 네안데르탈인에 관해 많은 걸 알려주었다. 그중에는 신체장애를 지녔던 사람의 뼈도 있었는데, 연구자들은 그 뼈의 주인에게 낸디라는 별명을 붙여주었다. 낸디의 오른쪽 팔꿈치 아랫부분은 원시적인 절단 수술로 잘려나가 있었다. 수술 부위에 남은 흔적을 보아 낸디의 장애는 선천적이었다. 그의 관절은 관절염으로 구멍이 숭숭 뚫려 있었다. 낸디는 사냥에 나설 수 없었을 것이다. 그의 한쪽 눈이 멀었을 거라는 증거도 있다. 이렇게 몸이 불편한 데도 낸디는 네안데르탈인으로서는 지긋한 나이인 40대까지 살아남았다. 그의 앞니는 뿌리가 드러날 정도로 닳아 있었는데, 이는 낸디가 손을 대신해 앞니로 온갖 물건을 쥐고 붙들었기 때문일 것이다. 낸디가 그토록 오래 살아남았다는 사실은 무리의 다른 이들이 그를 돌보았다는 증거다. 어쩌면 그는 현명한 사람이었을 것이다. 그리하여 스스로 지혜와 기억의 사전 역할을 자처했을 수도 있다. 낸디가 죽자 동료들은 흙더미와 돌무더기를 쌓아 그의 시신을 매장했다. 그들은 낸디의 시신을 아무렇게나 방치하지 않았고, 근처에서 발굴한 다른 화석들과 마찬가지로 동료들의 곁에 묻었다. 낸디가 묻힌 곳 근처에는 불을 피운 흔적들이 있었다. 솔렉키는 낸디가 생전에 불을 지키는 역할을 했을 것으로 추정했다. 동료들은 낸디를 추모하기 위해 그가 늘 지키고 앉아 있던 화덕 가까이에 그를 묻기로 했을 것이다. 낸디가 떠난 후에도 불꽃은 타올랐지만 그의 구부정한 그림자는 더 이상 볼 수 없었으리라.

샤니다르 동굴의 동쪽 벽 가까이에는 또 한 명의 남성이 묻혀 있었다. 그도 낸디처럼 40대까지 장수한 노인이었다. 그의 유해는 자궁 속 태아처럼 왼쪽으로 웅크린 채 놓여 있었다. 고인류학자들이 무덤을 채운 흙을 분석하자 데이지와 아킬레아, 무스카리, 노란수레국화, 접시꽃과 쇠뜨기, 그 밖의 여러 꽃가루가 검출되었다. 꽃가루 대부분은 듬성듬성 소량씩 흩어져 있었지만 어떤 것은 뭉텅이로 놓여 있었다. 막 꺾은 꽃다발을 시신 위에 놓은 흔적처럼 보였다. 회의론자들은 무덤이 만들어지고 한참 뒤에 꽃가루가 동굴 밖에서 날려 들어왔거나, 굴을 파는 작은 동물이나 곤충에 의해 땅속으로 이동했을 거라고 주장했다. 그렇지만 네안데르탈인들이 동료의 죽음을 애도하며 무덤 바닥에 꽃을 깔고 동굴 주변 언덕에서 꺾어온 꽃다발로 시신을 덮는 모습을 우리는 쉽게 그려볼 수 있다. 방사성탄소연대에 따르면 이 장례식은 적어도 5만 년 전에 거행되었다.

사랑은 오래되었고 우리의 전유물도 아니다. 우리가 사는 세상은 믿을 수 없을 만큼 빠르고 이상하게 흘러간다. 오랫동안 땅 아래 고요히 묻혀 있던 뼈에 관한 이야기가 우리에게 어떤 쓸모가 있을까? 5만 년 전, 삶이 고달프던 그때, 작고 나약한 이를 보살폈던 그들을 생각하면 겸손한 마음이 든다. 사랑, 애정 어린 보살핌, 애통함 같은 감정과 마음은 아주 오래전부터 인류가 지니고 있던 것이다. 사랑과 보살핌은 현생인류의 전유물이 아니었다. 우리보다 수십만 년 앞서 지구상에 등장한 인류는 삶과 죽음의 자리에서 동료를 보살폈다. 어떤 학자들은 네안데르탈인이 언어보다 더 단순한 방식으로 서로 소통했을 거라고 본다. 성경엔 "태초에 말씀이 있었다"라는 구절이 나온다. 그러나 어쩌면 언어보다 먼저 사랑이 그곳에 있었다. 우리의 감정들은 우리가 새로 익힌 것이 아니라, 상상하기 힘들 만큼 척박한 세상에서 근근이 살아가던 우리의 선조가 남겨준 유산이다.

낸디의 유골은 꼬리에 꼬리를 무는 질문을 남긴다. 낸디의 동료들은 낸디의 어떤 면 때문에 그를 그토록 소중히 여겼을까? 그들은 혹독한 야생의 삶을 살았다. 죽음은 예사였고, 사냥감이나 포식 동물에 의해 중상을 입는 경우도 흔했을 것이다. 낸디는 한쪽 팔을 사용하지 못했고, 나중에는 한쪽 눈도 잃었다. 타인의 노력과 용기에 의존해 살아야 했을 낸디. 그러나 동료들은 낸디가 관절염에 걸리고 앞니가 닳아 뿌리가 드러날 때까지 그를 지켰다.

땅속에서 찾아낸 화석들은 우리에게 여러 역사적 사실과 지식을 들려주지만, 누군가가 다른 누군가에게 왜 그토록 소중한 존재였는지는 알려주지 않는다. 한 사람 한 사람은 딱히 명백하지 않은 수만 가지 이유로 귀하고 특별한 존재다. 약 5만 년 전 야수들과 함께 살아가던 우리의 조상들은 누군가의 가치를 알아보는 수만 가지 방법을 알고 있었다. 서둘러 판단해서는 안 된다. 어쩌면 아예 판단하지 않는 것이 좋겠다. 다만 곁에 있는 서로를 배려하고 보살피자. 우리 옆의 누군가가 사실은 변장한 천사일지도 모르니 말이다.

첫 번째 농부들

✤

얼마 뒤 그들은 인간이 흙에서 왔다는 사실을 떠올리며,
'너는 흙이니 흙으로 돌아갈지니라'
자신이 흙의 거품이라고 상상하기를 즐겼다.
누구도 보는 이 없는 들판에서 그들은
폴짝폴짝, 깡충깡충, 가볍게 땅을 구르며 외쳤다.
"우리는 흙의 거품이다! 흙거품이다!"

플로라 톰프슨Flora Thompson, 『캔들퍼드로 날아간 종달새Lark Rise to Candleford』

차탈 후유크

터키 중부 아나톨리아고원에 있는 신석기시대 마을 유적.
약 9000년 전부터 1000년 이상 사용되었으며 많을 때는 3500~8000명의
주민이 거주했던 것으로 추정된다.

‡

인간은 수백만 년 동안 자연 속에서 살며 온갖 실험을 해왔다. 사냥꾼이 되기도 하고 채집민이 되기도 하면서 빈 땅 위에 뿔뿔이 흩어졌다. 야생동물을 쫓고 자연에서 식량을 채집하며 살아가는 삶은 종종 실낙원이나 에덴동산에서의 삶처럼 묘사되기도 한다. 진화생물학자 재러드 다이아몬드는 약 1만 년 전 인류가 한곳에 정착하고 농경을 시작한 것을 통탄해하기까지 했다. 그는 「인류가 저지른 역사상 최악의 실수」라는 글에서 농경의 개시를 '결코 회복할 수 없는 재앙'이라고 썼다. 오늘날의 이란, 이라크, 시리아에 해당하는 비옥한 초승달 지대에 정착한 인류 최초의 농부들은 더 많은 식량을 얻을 수 있었지만 삶을 누리지는 못했다. 빙하기가 끝날 무렵 그리스와 터키에 살던 수렵채집인 남성의 키는 175센티미터쯤 됐고 여성은 약 168센티미터였다. 5000년이 흐른 뒤에는 남성 160센티미터, 여성 152센티미터로 키가 줄었다. 매일같이 곡식을 갈며 사는 삶이 그들의 키까지 갈아버린 것이다. 농부는 땅에 발이 묶인 채 중력에 이끌려 꼼짝없이 땅속으로 끌려 들어갔다. 그리스와 터키의 현대인은 오늘날까지도 사냥꾼 선조의 키를 따라잡지 못했다.

그러나 사냥꾼의 삶도 쉽지만은 않았다. 정처 없이 떠도는 생활을 유지하기 위해 그들은 쭉정이를 골라내듯 자기 무리를 솎

아내야 했다. 이동할 때 뒤처지지 않으려면 한 부모당 한 아이만 데리고 다녀야 했다. 금욕 외에 뚜렷한 피임법이 없던 세상에서 영아 살해는 어쩔 수 없는 삶의 방편이었다. 막내가 네댓살이 되어 보조를 맞춰 걸을 수 있을 때쯤에야 새로 태어난 아기가 무사히 첫 숨을 쉴 수 있었을 것이다.

농사는 가족을 이루고 건사하기에 적절한 삶의 방식이었다. 고정된 집에 사는 정착 생활과 안정적인 식량 공급이 이어지자 인류는 더 많은 자손을 낳았다. 아이가 많다는 건 노동력이 많다는 뜻이었고, 이는 더 많은 식량을 얻는 결과로 이어졌다. 농사짓는 사회에서 여성은 아이를 많이 낳았다.

아기는 태어나 6개월 동안 자신과 어머니를 동일시한다. 갓난아기는 독자성에 대한 개념이 없다. 7개월쯤 되면 마침내 자신이 세상에 홀로 던져진 존재라는 끔찍한 사실을 깨닫는다. 아기는 어머니가 잠깐이라도 곁을 비우면 울기 시작하고, 분리불안을 경험한다. 이는 삶에 대한 최초의 근본적 자각이자 초유의 전환점이다. 우리는 곧 이 첫 번째 깨달음이 인간 존재의 조건이라는 걸 깨닫게 된다. 가족에게 따뜻한 보살핌을 받는다면 어느 정도 안정을 찾을 수 있다. 그러나 이 또한 완벽한 치료제는 아니다. 현실을 고쳐줄 치료제는 없기 때문이다.

터키에서 일곱 번째로 인구가 많은 도시 코니아에서 남동쪽으로 약 65킬로미터 떨어진 곳에는 아주 오래된 마을의 흔적이 남아 있다. 바로 차탈 후유크Çatal Höyük다. 1960년대 초반 영국인 고고학자 제임스 멜라트James Mellaart가 이 유적의 일부를 발굴했다. 차탈 후유크는 텔tell이라는 구조물의 잔해가 수백,

수천 년에 걸쳐 한 자리에 층층이 쌓여 만들어진 인공 언덕이다. 처음에 사람들은 대지 위에 집 몇 채를 세웠다. 그러다 어느 시점에 이르러 원래 있던 집을 허물고 잔해를 평평하게 다진 다음 그 위에 새로운 집을 세웠다. 해가 바뀌고 세대가 지나며 이 과정을 반복하자 마치 오븐에서 빵이 부풀어 오르듯 인공 언덕이 솟아올랐다. '텔'은 언덕을 뜻하는 히브리어인데, 어원은 어머니의 젖가슴을 가리키는 고대 아카드어 'tillu'와 관련이 있다. 페르시아어로는 'chogha' 또는 'tepe'이며, 터키어로는 'höyük'이다. 어떤 이름으로 부르든 이런 유적을 발견하는 건 고고학자에게 큰 행운이다. 층마다 겹겹이 쌓인 온갖 종류의 잔해와 유물이 풍부한 이야기를 들려주기 때문이다. 텔은 옛사람들이 어떤 삶을 영위했는지 보여주는 보물상자이자 이야기책이다. 차탈 후유크는 9000년 전의 춥고 외로운 세계에서 벌집 속의 벌들처럼 서로 바짝 붙어서 살아갔던 가족들의 이야기를 들려준다.

차탈 후유크에서 멀지 않은 곳에는 본주클루 후유크Boncuklu Höyük라고 불리는 더 오래된 마을 유적이 있다. 약 1만 년 전 이곳 주민들은 타원형 집을 둥글게 배치하여 지었다. 수렵과 채집의 생계 방식이 서서히 사라져가던 시기였다. 여전히 사냥을 하긴 했지만, 야생에서 자라는 밀과 보리의 조상뻘 되는 종을 채집하고 가공하기도 했다. 아직 완전한 농부는 아니었지만 먹고 사는 방식에 모종의 변화가 일어나고 있었다.

1990년대에는 또 다른 영국의 고고학자 이안 호더Ian Hodder가 차탈 후유크를 발굴했다. 호더에 따르면 이 지역에 살던 사람들은 야생 초본을 길들이기에 앞서 자기 자신의 거친 본성을 길들여야 했다. 무거운 짐을 지고, 고된 밭일을 해내는 노동자로 변해야 했던 것이다. 심리학자들은 농경 사회로의 변화가 인간의 뇌에서 (적어도 몇몇 사람의 뇌에서) 시작된 것인지 궁금해한다. 나는 자식을 땅에 묻는 데 지친 어머니들이 그 결정을 재촉한 건 아닐까 생각한다.

농사가 시작되던 무렵, 또는 그보다 앞선 시절에 이 아나톨리아고원 남서쪽 끄트머리에 살던 이들은 마음속에 떠오르는 것을 진흙으로 빚어내곤 했다. 황소와 양, 염소의 머리, 출산과 수유로 가슴과 배가 늘어지고 처진 풍만한 여성상 등. 창작을 하며 어떤 위안을 찾기도 했을까? 어쩌면 그들은 무수한 아이들을 먹이고 기를 비옥한 땅을 상상했을지도 모른다.

차탈 후유크의 주민에게는 진흙이 무척 중요했다. 따라서 그들은 진흙을 구할 수 있는 습지 근처에 마을을 세웠다. 마을과 농경지가 몇 킬로미터나 떨어져 있는 탓에 매일 먼 길을 걸어야 했지만, 주민들에게는 신이 침과 먼지를 섞어 만든 만물의 거푸집, 진흙 가까이에 사는 것이 더욱 중요했다.

너는 이마에 땀을 흘리며 고되게 일하여 먹고 살다가 마침내 흙으로 돌아갈 것이다. 네가 흙으로 만들어졌기 때문이다. 너는 흙이니 흙으로 돌아갈 것이다. (창세기 3:19)

그들은 다닥다닥 집을 지었다. 집들이 너무 가까이 붙어 있어서, 그 사이로 거리는커녕 좁은 골목길도 비집고 들어갈 자리가 없었다. 멜라트가 그린 유적 평면도를 보면 마치 살아 있는 세포 덩어리들이 한데 뒤얽혀 증식한 것 같은 형상이다. 별 내부의 응축된 에너지나 해면동물을 그린 그림처럼 보이기도 한다.

걸어 다닐 만한 도로도, 밖으로 난 창문과 문도 없었다. 사람들은 네모난 지붕 위 좁은 공간으로 드나들었고, 거기로 연기를 내보내는 데 만족했다. 사다리를 이용해 지붕으로 오르내렸고, 이동할 때는 지붕을 밟고 다녔을 것이다. 그렇지만 이웃한 집끼리 벽을 공유한 것은 아니었다. 옆집과 거의 붙어 있기는 했지만 집마다 독립된 벽을 두르고 있었다. 목재와 갈대에 진흙을 회반죽처럼 듬뿍 발라 벽과 지붕을 만들었다. 벽체가 부서지는 것을 막기 위해 해마다, 어쩌면 달마다 진흙을 덧발랐을 것이다. 집들은 모두 비슷하게 생겼는데, 벽의 한 변이 6미터인 사각형 주실에 그보다 작은 저장 공간이 딸린 구조였다. 집 안에는 화덕과 오븐, 갈대 자리를 깐 바닥, 진열을 위한 단상, 저장용 벽감을 설치했다. 집 내부는 진흙으로 빚은 황소 머리에 실제 소뿔을 붙인 조각으로 장식했다(차탈 후유크 근처에는 두 개의 원뿔 모양을 한 화산의 봉우리가 있는데, 이게 마치 뿔난 짐승처럼 보인다. 그들이 이 화산에서 영감을 받았을지도 모르겠다). 사람들은 야생을 떠나온 대신 야생의 형상과 그림자를 집으로 들여놓았다. 야생에서 자신을 분리하는 동시에 야생을 열망했던 것이다.

차탈 후유크의 집들은 폐소공포증을 유발할 정도로 빽빽이 모여 있다. 적게는 3000명에서 많게는 8000명에 이르는 사람들이 거의 질식할 정도로 다닥다닥 붙어 살았다. 죽은 자도 예외가 아니었다. 그들은 시신을 번데기처럼 끈으로 돌돌 감싸서 태아처럼 구부린 자세로 집 아래에 묻었다. 한 집 아래에서 무려 64구의 사람 뼈가 발견되기도 했다. 똥오줌을 포함한 쓰레기는 고약한 냄새를 풍기는 거대한 두엄더미에 차곡차곡 모았다. 인간들이 집단으로 만들어낸 탁한 기운이 마을을 꽁꽁 에워쌌다. 그들은 그 어떤 것도 떠나보내지 못하는 저장강박증 환자들이었다.

차탈 후유크는 약 1700년 동안 번성한 마을이었다. 이는 예수가 탄생하고 영국과 스코틀랜드가 합병되기까지 걸린 시간만큼이나 오랜 세월이다.◇ 이곳 주민들은 오래된 집을 교체할 때가 되면 외벽만 남긴 채 낡은 집을 조심스럽게 허물어뜨리고 건물 잔해를 잘게 다졌다. 그리고 그 위에 새집을 지었다.

그들은 밀과 콩, 렌틸콩 등의 작물을 재배했다. 양과 염소를 키우고 야생 황소와 사슴, 말을 사냥했으며 근처 습지에서 물과 물고기, 새를 구했다. 갈대를 엮어 바구니를 만들고, 진흙을 구워 그릇을 만들었다. 우연히 구하거나 북쪽과의 교역에서 얻은 흑요석으로 반짝이는 거울도 만들었다. 거울은 동물 모양으로 조각한 나무 손잡이에 장착해 사용했다.

그들은 인류 최초의 농부였다. 이는 곧 새로운 종의 탄생과도 같았다. 해 뜰 때부터 어두워질 때까지 노동에 매진하는 오늘날 우리의 삶은 그들이 진흙과 밀을 가지고 했던 실험에서 시작되었다. 이들이 시작한 농업은 널리 퍼져나가 마치 바이러스처럼 모든 사람과 모든 것을 바꿔놓았다. 이는 어느 가족에게서 시작

◇ 독립 왕국이던 스코틀랜드는 1707년 영국에 합병되었다.

된 일이었으며, 가족을 위한 일이었다.

차탈 후유크는 '갈림길에 있는 언덕'을 뜻한다. 갈림길에 서서 지금까지 걸어온 길과 앞으로 나아갈 길을 고민했을 최초의 농부들의 모습을 머릿속에 그려본다. 차탈 후유크에 살던 이들은 수백만 년 동안 이어지던 수렵과 채집 방식을 버린 최초의 인간 중 하나였다. 땅 위에 뿔뿔이 흩어져 살던 사냥꾼들과 달리 이 농부들은 자연의 부름에 따라 한곳에 모여 살며 에너지를 모았다.

저 멀리 있는 우주와 텅 빈 곳에서 빛을 내는 별을 바라보며, 에너지와 물질이 엉기고 뭉쳐 만들어낸 세상 만물을 생각한다. 우리의 조상들이 걸어온 길을 돌아보면, 이 모든 일이 필연이었다는 걸 깨닫게 된다. 인류는 지금의 우리가 따르고 있는 자연 법칙에 따라 할 수 있는 만큼 가까이 모여 살았다. 그것은 거부할 수 없는 자연의 명령이었다.

차탈 후유크의 사람들은 사냥꾼으로 가득 찬 세상에서 홀로 떨어져 나와 새로운 환경을 온몸으로 받아들였다. 최초로 어린이가 많은 가족을 꾸린 것도 이들이었다. 차탈 후유크는 윙윙거리며 들끓는 벌집이었고, 부단히 분열하며 번식력으로 끓어오르는 세포 덩어리였다. 오늘날 수십억 명의 우리 모두를 낳은 것은 바로 이 가족이었다.

2

지구

세상에서 가장 오래된 기억

❧

우리는 말없이 기억하며
이제는 잊힌 위대한 언어
천국으로 향하는 잃어버린 길
돌과 나뭇잎
발견하지 못한 문을 찾는다.

토머스 울프, 『천사여, 고향을 보라』

칼라니시 거석

기원전 2900~2600년경 신석기시대 후반에 만들어진 스코틀랜드
루이스섬의 거석기념물. 이곳에 살던 농부들이 만든 것이다.
지구에서 가장 오래된 암석인 루이시안 편마암을 사용했다.

‡

무언가 잘 이해되지 않거나, 갑자기 길이 보이지 않을 때면 그 일의 맨 처음으로 돌아가 보곤 한다. 일의 시작점으로 돌아가 참조할 만한 것을 찾아보려는 심산이다.

과학자들이 말하기를, 시작이 있기 전의 세계는 완전한 무無였다. 태초에 미지의 지점에서 가늠할 수 없이 작은 점이 나타났다. 우리가 완전히 이해하지 못하는 어떤 이유로 그 점은 밤사이 먼지 버섯이 부풀어 오르듯 팽창하기 시작했다. 팽창된 내부에는 열과, 앞으로 존재하게 될 모든 시간과 공간이 있었다. 일순간 모든 가능성이 생겨났다. 전에는 존재하지도 않았던 그 점에서 말이다. 그러나 팽창이 시작되자, 시곗바늘이 움직이기 시작했다.

쉽지는 않지만, 나는 과학을 경청하며 이해하려 노력한다. 팽창된 내부에서는 섭씨 수십억 도의 열이 발생했고 수소와 헬륨이 탄생했다. 우주의 99%를 차지하는 원소들이다. 물질과 에너지를 골고루 퍼뜨리는 일은 우주의 본성과는 거리가 멀다. 돈과 권력이 몇 사람의 주머니로만 들어가듯 우주에서도 극히 적은 별만이 약간의 온기를 얻는 축복을 받았다. 대게 별들은 춥고 가난하며 서로 멀찍이 떨어져 있다. 「마태복음」에는 이런 구절이 있다. "누구든지 가진 자는 더 받아 넉넉해지고 없는 자는 그마저 빼앗길 것이다."

거스를 수 없는 힘에 따라 물질이 모이고 한데 뭉쳐져 별과 은하가 탄생했다. 별의 내부에서는 나머지 원소들이 생성되었다. 별이 소멸할 때 나온 원소들은 서로 뭉쳐져 그 밖의 모든 것이 되었고, 그중에는 우리도 있었다.

빅뱅 이론은 새로운 전설이자, 믿음 없는 이들을 위한 현대의 창세신화다. 불가해하기도 하고 신화적으로 느껴지기도 하지만, 상식이다. 미국 시트콤 〈빅뱅 이론〉 주제곡 가사에 빅뱅의 역사가 담겨 있을 정도니 말이다.

2013년 플랑크 우주 망원경으로 우주를 관측한 천문학자들은 초기 우주의 잔열을 측정해 우주의 나이가 138억 년이라는 결론을 내렸다. 그러나 2019년 노벨상 수상자인 애덤 리스는 《천체물리학 저널》에 이 결론을 뒤집은 연구 논문을 발표한다. 그는 2013년의 계측치를 검증하기 위해 은하에 흩어져 있는 우주복사에너지를 측정하고 계산했는데, 그 결과 놀랍게도 우주가 그때까지 알려진 것보다 10억 년 정도 젊다는 사실을 발견했다. 그러니까 우주는 125억 살 정도였다.

나는 이 연구를 이해하는 데 다소 애를 먹었다. 마치 산스크리트어처럼 난해한 숫자들이 뒤섞인 이 논문을 통해 내가 겨우 깨달은 것은 우리의 지식이 모래성과 같다는 사실이었다. 10억 년을 놓치고 있었다니. 우리는 우리가 얼마나 아는지 알지 못하고, 얼마나 모르고 있는지는 더더욱 모를 것이다.

지구의 나이는 45억 년, 그러니까 얼추 우주 나이의 3분의 1이다. 지구는 10억 년 이상 뜨겁게 끓어올랐고, 고체보다는 액체에 가까웠으며 단단한 껍질도 없이 녹은 버터처럼 끝없이 흘러내렸다. 작은 점이 무無를 비집고 나타난 지 90억 년에서 100억 년이 지나자 마침내 사람이 딛고 설 수 있는 무언가가 나타났다.

이렇게 펄펄 끓는 하데스의 수프 한가운데서 마치 마법처럼 루이시안 편마암이라는 바위가 만들어졌다. 편마암의 영어 단어 'gneiss'는 독일어에서 기원했다. g는 'gold'를 읽을 때처럼 단단한 소리로 발음하고, 두 개의 s는 'shh'로, 마지막으로 't'는 앞니 뒤에 혀를 가볍게 차서 거의 'tut'에 가깝게 발음한다. G-nysh-T. 또는 '나이스'라고 읽을 수도 있다. 어떻게 읽든, 이 이름은 '불꽃' 또는 '광채'를 의미한다. 조금 열정적으로 발음하면 부싯돌로 쇠를 두드려 불꽃이 튈 때 나는 소리를 묘사한 의성어처럼 들리기도 한다. 불을 만들기 위한 불꽃, 우주를 만들어내는 불꽃, G-nysh-T!

'루이시안 편마암'은 썩 잘 지은 이름이다. 끓어오르는 지구에서 화강암, 대리암, 운모, 석영 등 다른 암석의 재료들이 탄생했고, 열과 압력은 다시 아주 느릿느릿 이 재료들을 요리해 변성암을 만들어냈다. 광물이 뭉쳐진 부분은 띠 모양을 띠게 되었는데, 햇빛이 루이시안 편마암의 표면 결정을 비출 때 광채가 피어오르는 것처럼 보이는 것은 그 때문이다.

더 많은 시간이 지나 약 35억 년 전, 훗날 스코틀랜드 북서부 대부분을 이루는 기반암이 될 갓 구운 암석이 지구의 표면으로 튀어나왔다. 기반암은 『구약성경』에 나오는 거대한 괴물 레비아탄처럼 솟아올라 남극 근처에 자리를 잡았다. 땅덩어리는 대양의 조류를 타고 손톱이 자라나는 속도로 북쪽을 향해 표류해 갔다.

차츰 지구에 단단한 껍데기들이 생겨나면서 우리가 걸어 다니고 바닷물이 담기는 암석권이 만들어졌다. 루이시안 편마암은 로디니아Rodinia, 판게아Pangaea, 곤드와나Gondwana처럼 연이어 나타난 거대한 초대륙(현재의 대륙이 분열·이동하기 이전의 단일 대륙)의 일부였다. 이 땅들은 북쪽을 향해 믿을 수 없이 느린 속도로 흘러갔다. 대륙만 한 암석들은 마치 뗏목처럼 멈출 수 없는 힘으로 한데 모이거나 뿔뿔이 흩어졌다. 지옥의 주방에서는 더 많은 암석이 구워져 나왔고, 오래된 것들과 새로운 것들이 섞여 변화해나갔다.

훗날 북아메리카가 될 암석이 유럽 대륙의 전신에서 떨어져 나왔다. 그 위에 대서양 중앙해령(해저 산맥)이 흉터처럼 솟아나고, 산소와 수소로 이루어진 대양이 두 대륙 사이를 채웠다. 지금의 영국제도가 얼추 제자리에 놓인 것은 지금으로부터 6000만 년 전이다. 훗날 잉글랜드가 될 땅은 홀로 긴 여정을 마친 끝에 자리를 잡았다. 스코틀랜드와 잉글랜드가 맞붙은 자국은 하드리아누스 방벽이 늘어선 자리와 거의 일치한다.

거대한 암석 뗏목들은 감지할 수 없을 만큼 느린 속도로 맞부딪쳤지만, 그 충돌의 힘은 강렬했다. 잇따른 충돌의 결과로 산맥들이 만들어졌다. 산맥들은 하늘 높이 치솟았는데, 스칸디나비아에서 북아메리카로 뻗은 산맥 하나는 지금의 히말라야산맥보다도 높았다.

루이시안 편마암도 충돌의 결과물이었다. 루이시안이라는

이름은 웨스턴아일스의 가장 큰 섬에서 따온 것이다. 이 암석은 스코틀랜드 북서부 습지의 기반을 이루고 있는데, 연구에 따르면 캐나다와 그린란드에도 루이시안 암석이 존재한다고 한다.

5000년 전쯤(35억 살의 암석에겐 찰나의 시간에 불과하리라) 스코틀랜드 루이스섬 서부에는 농부들이 살고 있었다. 그들은 협만이 내려다보이는 길쭉한 언덕에 식물을 재배했다. 기원전 3000년대 초반이 되자 농부들은 이 산등성이에 거대한 바위들을 나란히 놓아두기 시작했고, 이어서 원형으로 배치했다. 그들은 주로 동쪽, 서쪽, 남쪽으로 바위를 늘어놓았고, 바위를 나란히 두 줄로 이어 북쪽으로 향하는 길을 만들었다. 위에서 보면 십자가에 원이 둘러쳐진, 고대 켈트 십자가와 비슷한 형상을 하고 있었다. 몇 세대가 흐른 뒤 원 안에는 무덤 하나가 자리를 잡았다.

이것이 바로 스코틀랜드 루이스섬의 거석기념물 칼라니시 거석이다(게일어로는 'Tursachan Calanais'). 이 유적은 영국에서 가장 유명한 거석기념물 스톤헨지나 이집트의 피라미드보다도 더 오래된 것으로, 만들어진 후 적어도 2000년 동안은 사람들에게 기억되고 향유되었다. 그러나 기원전 800년경 북부의 기후가 변하면서 유례없이 많은 비가 내렸고 습지가 끝없이 생겨났다. 칼라니시 거석의 진실이 잊히기 시작한 것도 그즈음이다. 사람들은 이 바위들을 방치했고, 본래 의미를 잊고 오용하기도 했다. 서서히 쌓인 토탄이 마치 담요처럼 바위 위를 덮었다. 칼라니시 거석은 그렇게 자취를 감췄고 모두에게서 잊혀갔다.

그러나 1850년대 후반에 루이스섬의 소유주이자 한때 잉글랜드은행의 총재였던 제임스 매더슨 경이 1.5미터 두께의 토탄을 제거해 그들을 다시 땅 위로 드러냈다. 1980년대에는 고고학자 패트릭 애시모어Patrick Ashmore가 이 유적을 조사했다. 경이감을 불러일으키는 이 바위들의 정체는 과학으로 쉽게 설명되지 않았다. 이후 해묵은 이론들이 끈질기게 반복되었다. 어떤 이들은 거인들이 바위로 변신한 거라고 했다. 그게 아니면 W.B. 예이츠가 「행복한 목동의 노래」에서 이야기하던 '하늘을 운행하는 별들을 쫓는 점성가(고대의 천문학자)'들을 위한 천문대라고도 했다. 혹자는 신석기시대 농부들이 달의 주기를 따라 바위를 놓은 것이라 주장했고, 어떤 과학자들은 인간이 임의로 만든 별자리처럼 우연의 일치로 그렇게 놓인 것이라 말하기도 했다.

애시모어는 농부들이 바위의 위치로 달의 장동 현상을 예측했을 가능성을 제시했다. 장동 현상이란 18.6년에 한 번 달이 아주 낮게 떠올라 산등성이를 스쳐 지나는 것처럼 보이는 현상이다. 애시모어는 『칼라나이스Calanais』에 이렇게 썼다. "달이 바위들과 함께 춤을 추는 것처럼 보인다. 마치 신이 지구에 잠시 다녀간 것 같다. 하늘을 관찰해 천상의 사건을 예측하는 이에게는 지상의 권위가 부여되었다."

그 지역 사정에 밝은 사람들의 말에 따르면 칼라니시 거석은 '드루임 난 음Druim nan Eum'이라는 근처 산등성이에서 온 것이라고 한다. 그 산등성이의 서쪽 가장자리에는 돌을 떼어낸 흔적과 채석의 잔해들이 여기저기에 남아 있다. 칼라니시 거석 주위에는 루시이안 편마암으로 만든 다른 유적들도 있다. 칼라니시는 보석처럼 완벽하지만 그와 관련된 사실들은 아리송하며 불완전하다. 농부들은 어떻게 거대한 돌들을 거기까지 옮겼을까. 거석을 십자 모양으로 배치한 이유는 무엇일까(그리스도 때문은 아니었다). 우리는 영영 알 수 없으리라.

우리가 만지거나 손에 쥘 수 있는 것 중 가장 오래된 것은 필시 바위일 것이다. 이 부정할 수 없는 사실은 내게 큰 위안으로 다가온다. 신석기시대 농부들이 칼라니시 거석 유적을 세우기 위해 루이시안 편마암을 쓴 것은 근사한 우연이라고 할 수 있다. 그들은 그 암석이 지구에서 가장 오래된 바위라는 사실을 몰랐을 테니까. 그러나 그들이 자신들의 첫 작품을 그토록 오래된 바위로 만들었다는 사실은 썩 잘 어울린다.

21세기를 사는 우리는 돌과 땅에서 점점 멀어지고 있다. 우리는 살아가는 터전을 해치고, 화성이나 그보다 먼 곳으로 이주하기 위한 계획을 세운다. '고향'에 점점 무관심해진다. 우리는 자기 자신의 살과 뼈와도 멀어지고 있다. 먼 옛날 기독교는 우리에게 영원한 삶과 육신 이후의 삶을 약속했고, 오늘날에는 기술이 같은 약속을 건넨다. 트랜스휴머니스트들은 클라우드에 의식을 업로드해서 인공 몸에 의식을 다시 다운로드하는 미래를 상상한다. 죽음이 미치지 못하는 영원한 삶이다.

나는 내가 어떤 선택을 할지 잘 알고 있다. 나는 유한하고 불완전할지라도 이곳 지구를, 살과 뼈를 선택할 것이다. 나는 이 오래된 바위에 마음을 기댄다. 우리 조상들이 그들을 둘러싼 세상과 그곳에서 일어나는 일들을 이해할 수 있으리라는 희망으로 의지했던 바로 그 바위 말이다. 바위는 늘 그곳에 있었고, 어떤 형태로든 영원히 남을 것이다. 우리에게 영혼이라고 부를만한 어떤 본질이 있는걸까? 바위에는 시간이 지나도 사라지지 않는 에너지와 물질로 이루어진 무늬가 새겨져 있다. 땅을 밀고 솟아나 깎이고 닳아서 바다로 씻겨 내려갔다가 되돌아오는 것. 돌과의 연결, 돌에 대한 믿음, 그것이 내게 필요한 유일한 불멸이다.

원을 향한 끌림

✿

하나의 들판을 아는 데도
평생이 걸릴 수 있다.
중요한 것은 깊이지 넓이가 아니다.
울타리에 난 틈
좁은 길을 따라 난 매끄러운 돌 포장
나무가 우거진 초원의 풍경
네 개의 작은 밭뙈기가 만나는 곳에
흐르는 작은 개울
이런 것들을 온전히 경험하는 것도 쉽지 않다.

패트릭 카바나patrick kavanagh, 「교구와 우주The Parish and the Universe」

스털링 캐슬의 전경

스코틀랜드의 도시 스털링에 있는 중세시대에 지은 성.
완만하게 펼쳐진 빙퇴석 고원 위에 우뚝 버티고 서 있다.

‡

나는 스코틀랜드의 스털링이라는 도시에 살고 있다. 내게 세상에서 가장 소중한 곳을 꼽으라면 바로 우리 집 주변의 지대다. 생이 다하는 그 날까지 이곳에 머물고 싶다. 일 때문에 멀리 여행할 때가 아니라면 나는 거의 언제나 이 동네에서 지낸다. 겨우 도로 몇 개와 녹지가 전부지만, 나의 끝없는 호기심과 탐구열을 채우기에 더 바랄 게 없는 공간이다. 세상 이치를 탐구하기 위해 굳이 먼 곳까지 갈 필요가 없다는 사실을 나는 최근에야 깨달았다. 요즘은 내가 사는 곳을 속속들이 알고 싶다는 생각을 한다. 그러나 끝내 충분히 이해하지는 못할 것이다.

우리 집 창밖으로는 오래된 성 한 채가 바라보인다. 성은 쐐기 모양의 석영 - 조립현무암 위에 자리 잡고 있는데, 이 바위는 3억 5000만 년에서 2억 5000만 년 전, 지각 내부의 마그마가 식어서 굳은 지층으로 '스털링 실Stirling Sill'이라 불린다. 그로부터 오랜 시간이 흘러 지금으로부터 수천 년 전, 마지막 빙하가 남쪽으로 움직이며 땅을 깎아낼 때도 스털링 실은 꿈쩍도 하지 않았다. 이 쐐기 모양의 석영 - 조립현무암질 바위산은 주변의 부드러운 퇴적물 입자들을 보호하는 방패 역할을 했다. 빙하와 함께 쓸려가지 않고 남은 암석 부스러기들은 완만한 경사면을 이룬 지형이 되었고 지질학자들은 이러한 모양새를 빙퇴석 고원

crag-and-tail이라고 부른다. 에든버러 성을 받치고 있는 깎아지른 듯한 바위와 에든버러 성과 홀리루드 궁전을 잇는 거리 '로열 마일Royal Mile'도 이와 같은 작용으로 만들어진 것이다.

스털링 실을 만든 마그마는 3억 년 전 석탄기에 퇴적된 석탄층 사이의 틈을 따라 흘렀다. 지금도 갱도와 굴에서 석탄층을 파고든 석영－조립현무암층을 찾아볼 수 있다. 마그마는 석탄을 녹여버리기도 했고, 때로는 아주 오래된 나무를 적절히 구워내 질 좋은 무연탄을 만들어내기도 했다. 이것이 우리 아들이 다니는 학교 놀이터와 내가 개와 함께 산책하는 들판 바로 아래에서 수억 년 동안 펼쳐졌던 땅의 모험담이다. 한 사람이 어떻게 이 모든 걸 충분히 이해할 수 있겠는가? 너무 많은 부분이 땅속 깊이 묻혀 있어서 영영 볼 수도, 알 수도 없을 것이다.

프랑스와 스위스 국경 근처, 제네바의 지하 깊숙한 곳에는 지구에서 가장 커다란 장치가 있다. 둘레 27킬로미터의 둥근 터널처럼 생긴 대형 강입자 충돌기(이하 LHC)다. 100여 개국 이상에서 모인 과학자 수천 명이 고안해낸 이 장치는 우주의 본질을 알아내기 위해 만들어졌다. LHC는 원자보다 작은 입자들을 가속해서 충돌을 만들어낸다. 빛의 속도에 맞먹는 속도로 충돌이 일어나면 입자가 부서지면서 그보다 더 작은 입자가 생성된다. 이러한 충돌의 결과를 연구해서 우주 초기에 입자를 만들어낸 힘을 알아보려는 것이다. 커다란 무언가를 알기 위해서는 작은 것부터 알아야 하니까. 19세기 영국의 수학자 오거스터스 드모르간은 이렇게 썼다.

큰 벼룩의 등에는 벼룩을 무는 작은 벼룩이 있다.

작은 벼룩의 등에는 더 작은 벼룩이 있다.

이것은 무한정 이어진다.

세상에서 가장 가벼운 물질일지라도 엄청나게 빠른 속도로 움직이고 있다면 멈추기가 쉽지 않다. LHC의 출구에는 고밀도 흑연으로 만든 길이 9미터, 지름 120센티미터의 원통이 설치되어 있다. 부서진 입자들은 흑연에 아주 깊숙이 파묻히며 정지하게 된다.

원circle은 인간이 세상을 이해하기 위해 동원한 가장 오래된 형태다. LHC는 그중 가장 새롭고 큰 원이다. LHC를 연구하는 물리학자들에 따르면 우주의 95퍼센트 이상은 암흑물질, 즉 암흑에너지로 이루어져 있다고 한다. 과학자들은 눈에 보이진 않지만 모든 곳에 분명히 존재하는 이 암흑물질을 찾기 위해 애쓰고 있다. 약 2600년 전 중국의 사상가 노자는 『도덕경』에 이렇게 썼다. "하늘과 땅이 있기 전에 알 수 없는 그 무엇이 있었다. 그것은 소리가 없어 들을 수도 없고 모양이 없어 볼 수도 없으나, 다른 것에 의지하지 않고 홀로 우뚝 서서 변치 않는다. 그것의 영향력이 미치지 않는 데가 없고 움직임도 멈추지 않는다. 그러므로 만물의 어머니라 할 만하다." 이것이 암흑물질에 대한 묘사가 아니면 무엇일까?

도道는 원이다. 우리 종은 원을 알아본다. 바람에 진동하는 풀 한 줄기는 해변의 모래 위에 원을 그린다. 양치식물은 작은 원 모양의 몽우리에서 길게 몸을 펼치며 자라난다. 파도는 끊임없이 원을 만들며 부서진다. 해와 달도 둥글다. 옛사람들은 해와 달, 그 밖의 천체들이 원형의 경로를 따라 지구 주위를 돈다고 생각했다. 관찰력이 뛰어난 사람들은 일식과 월식 때 지구가 둥근 그림자를 드리운다는 사실을 알아챘을 것이다. 계절 또한 보이지 않는 원을 그리며 순환한다. 원에는 시작도 없고 끝도 없다. 원은 가장 작은 경계 안에 최대한을 담을 수 있는 가장 효율적인 형태다.

영국제도에 살았던 첫 농부들은 그들만의 원을 만들었다. 그들은 거스를 수 없는 충동을 따라 죽은 자를 위해 돌로 구조물을 만들고 둥글게 봉분을 쌓았다. 아일랜드 미스에 있는 뉴그레인지와 노스 연도분◇은 기원전 3200년경에 만들어졌다. 뒤이어 다른 곳에서도 원들이 신성한 땅을 에워쌌다. 스코틀랜드 오크니제도, 윌트셔 에이브버리에 살았던 농부들은 저마다 기반암을 둥근 모양으로 파내기 시작했다. 암반에 도랑을 파 땅을 감싼 다음 그 안에 원형으로 선돌을 세우고, 그 안에 또 다른 원이 들어앉는 식이었다.♦

오스카 와일드는 다음과 같이 썼다. "새벽, 길고 조용한 길을 따라, 은빛 모래 발로, 두려운 소녀처럼 울었다." 뉴그레인지 무덤의 내부로 들어서면 동짓날에 해가 뜨는 방향으로 돌들이 이

◇ 커다란 돌로 좁은 통로와 묘실을 만들고 흙이나 돌을 덮어 만든 무덤 유적.

♦ 이런 식의 유적을 '헨지'(독일어, 스칸디나비아어로 '매달리다'라는 뜻)라고 통칭하는데, 이는 스톤헨지에서 두 개의 돌기둥 위에 가로로 놓인 돌이 매달려 있는 것처럼 보인다고 해서 붙은 이름이다. 그러니 어원상으로만 보자면 대부분의 거석기념물과는 별 관련이 없다.

어진 널길이 나오고, 그 끝에는 둥근 돌방이 있다. 이 방은 입구보다 180센티미터가량 높은 곳에 자리해 있다. 이는 동짓날에 태양 빛이 무덤 안으로 들어와 생명의 불꽃을 되살리길 바랐던 건축가의 세심함이 반영된 설계다. 아일랜드 미스 카운티에서 한겨울 새벽녘의 햇빛은 다이아몬드만큼이나 귀하다. 일 년 중 바로 그날이면 햇빛이 18미터 길이의 널길을 지나 봉분 깊숙한 곳까지 들어올 것이고, 거기 새겨진 세 갈래의 소용돌이를 17분가량 비출 것이다. 소용돌이 또한 원을 그린다. 세 가닥으로 뻗어나가는 양치식물, 파도의 세 갈래 물결이 떠오르는 문양이다. 혹자는 기독교의 삼위일체를 떠올릴 수도 있겠지만, 뉴그레인지처럼 가장 오래된 고대의 맥락에서 이 문양은 무한함과 시간의 상징으로 여겨진다.

영국은 지구상에서 원형 거석기념물이 가장 많은 곳이다. 영국제도의 섬 곳곳에서는 원에 대한 강한 집착을 발견할 수 있다. 원형 거석기념물은 오크니제도에서 처음으로 만들어졌고, 그후 마치 유행처럼 제도의 끝에서 끝까지 모든 곳에 나타났다.

나는 날마다 개와 함께 골프 코스를 빙 둘러 나 있는 길을 따라 산책을 한다. 1869년에 만들어진 이 골프 코스는 처음에는 홀이 7개뿐이었지만, 1892년 전설적인 골프 코스 개발자 톰 모리스가 솜씨를 더했다. 자신을 '스털링 바위의 딸과 아들'이라고 부르는 스털링 토박이들은 이 골프 코스가 있는 곳을 킹스 파크 King's Park라고 부른다. 13세기 무렵엔 이곳이 왕의 사냥터였기 때문이다. 이곳은 스코틀랜드에서 가장 역사가 긴 사냥터로, 알렉산더 3세의 이름을 따 명명했다. 그는 킹혼Kinghorn에서 성으로 돌아가던 길에 낙마해 죽고 말았다. 그의 유일한 후손은 노르웨이에 살던 일곱 살 손녀 마거릿('노르웨이의 소녀'라는 별명이 있는)이었다. 마거릿은 왕위를 계승하기 위해 스코틀랜드로 향하던 길에 오크니섬에서 죽고 말았고(뱃멀미 때문이라는 설이 있다), 그 후 스코틀랜드 독립전쟁과 1314년의 베넉번 전투가 이어지며 스코틀랜드 독립의 서막이 열리게 된다.

골프 코스를 따라 난 길을 돌아 집으로 가는 길에는 오래된 바위들과 성이 아름다운 장관을 연출한다. 그 너머로는 안산암과 현무암으로 만들어진 구릉지대 오킬 힐스Ochil Hills가 보인다. 특히 눈에 띄는 것은 두미아트Dumyat라고 하는 구릉의 둥그스름한 정상부다. 두미아트라는 이름은 로마 이전 철기시대에 이 지역을 다스렸던 마에아테아Maeatea 부족의 언덕 요새에서 비롯되었다. 역사가 마치 짙은 안개처럼 유서 깊은 도시 스털링을 둘러싸고 있다.

바위 위에 우뚝 선 성과 웅장한 풍경도 좋지만, 나는 내 발아래의 작은 것들에도 관심을 가진다. 3년 전 나는 골프장에서 불과 몇 미터 떨어진 곳에 있는 바위를 하나 발견했다. 풀밭 사이로 살짝 드러나 보이는 암반은 마치 바지가 해져 무릎이 빼꼼히 나온 것처럼 보였다. 바위 주변에는 풀과 관목이 덥수룩하게 자랐고, 작은 나무 한 그루도 서 있었다. 나는 한참을 바위 곁에 서 있었는데, 마침 이른 아침의 따사로운 빛이 바위 위를 비췄다. 그러자 표면에 새겨진 두 개의 동심원이 또렷이 드러났다. 비바람에 마모되었을 고대의 암각화치고는 꽤 선명했다. 동심원의 중앙은 얕은 접시 모양으로 패어 있었다. 마치 작은 돌멩이가 물가에 떨어지며 만든 파문이 화석으로 굳은 것 같은 모양이었다. 얼추 4000~6000년 전에 살았던 신석기시대 농부들이 새긴 암각화로, 고고학자들은 이것을 '컵과 반지'라고 부른다. '컵'의 너비는 2.5센티미터에 깊이는 엄지손톱 정도지만, 이처럼 단단한 바위에 이 정도 크기의 그림을 새기는 일은 만만찮은 일이었을 것이다. '반지'는 컵을 에워싸고 있는데, 가장 작은 것이 15센티미터 정도이고, 더 큰 것은 23센티미터가량 된다. 반지에는 이끼가 가득하다. 바위를 비추는 빛과 드리우는 그림자에 따라 언뜻 다른 형상이 보이는 듯도 하지만, 너무 흐릿해서 확실히 볼 수는 없다.

컵과 반지에서 걸어서 채 1분도 걸리지 않는 곳에 또 다른 돌출 암반이 있다. 바위 위에 올라서면 사방의 탁 트인 경치가 펼쳐지는데, 원을 새기던 이들도 이 경관에서 영감을 받았을지 모른다. 1907년 스털링 자연사협회의 문헌을 보면 이 근처에 돌무덤 한 기가 있었다고 한다. 석관은 오래전에 사라졌지만, 무덤에서 발견한 유골함은 지역 박물관에서 보관하고 있다.

켜켜이 쌓인 지층과 암석들이 우리 동네의 역사를 만들었다. 마을 외곽, 바위 위의 성, 제임스 6세와 내가 세례를 받고 존 녹스◇가 하나님의 불과 유황을 설교하던 홀리 루드 성당, 왕이 사냥하던 킹스 파크와 마에아테아의 잃어버린 요새. 이들은 모두 한때 바위 위를 차지했던 새내기일 뿐이다. 오래전 이곳에 살았던 농부들은 죽은 자를 위해 돌무덤을 만들었다. 그중 누군가는

◇　16세기에 스코틀랜드 종교 개혁을 이끈 신학자이자 역사가.

시간을 들여서 돌로 만든 도구로 바위를 쪼아 컵과 반지를 새겨 넣었으리라. 나는 살아 있는 돌 위에 손을 올리고, 원의 거친 표면을 천천히 만져본다. 역사라고 할 만한 모든 일은 누군가 이 바위에 컵과 반지를 새긴 후에 일어났다. 우리는 사라지겠지만 바위들은 언제까지나 이곳에 있을 것이다.

길의 발명

✤

가장 위대하며 가장 독창적인 마법.
최초의 개척자들이 우리에게 물려준 것.
길은 가장 긴요하며 무엇보다도 절실한 것이었다.
길은 건축물이나 우물보다도 오래되었다.
진정한 인간이 되기 전에 우리는 길을 알았고
동물들은 여전히 알고 있다.
동물은 자기가 만든 익숙한 길을 따라
먹잇감을 찾고 물을 구한다.

힐레어 벨록Hilaire Belloc, 『오래된 길The Old Road』

랭데일 바위

잉글랜드 북서부 산악지대인 레이크 디스트릭트에 있는 암각화 유적.
5000년 전 신석기시대 사람들이 새겨놓은 소용돌이와 동심원,
얕은 컵과 점, 기하학적 문양 등이 남아 있다.

‡

물리학자들은 단 몇 줄의 수학 공식으로 세상 만물을 설명할 수 있는 '모든 것의 이론'을 찾고자 한다.

오래전의 인류는 세상의 이치와 나아갈 길을 알려주는 노래를 알고 있었다. 노래는 세대에서 세대로 전해졌고, 누구든 그 노래를 통해 만물이 어디에서 비롯됐으며 무엇을 의미하는지 헤아릴 수 있었다. 굽이치는 삶의 길목마다 노래가 표지가 되어주었기에 길을 잃어버릴 염려도 없었다. 지금 그 노래들은 완전히 자취를 감췄다(호주 원주민들이 일부를 간신히 간직하고 있을 뿐이다). 우리는 이해하기 어려운 경관 속에서 길을 잃어버렸다. 산과 계곡, 너른 강과 깊은 호수, 캄캄한 동굴과 깎아지른 절벽, 높다란 폭포와 오래된 나무들은 그대로지만, 노래가 사라졌기에 우리는 한때 알았던 것을 더는 알지 못한다. 이제는 연대표 위에 적힌 무미건조한 사실과 모든 걸 가장 작은 입자로 쪼개고 분석하는 과학이 노래를 대신한다.

은퇴한 간호사인 내 친구는 할 수만 있다면 걷는 능력을 병에 담아 사람들에게 나눠주고 싶다고 했다. 우리는 앉아서 살아가는 종으로 진화했다. 직장에서도, 퇴근 후 집에서도, 장거리 여행을 할 때도 우리는 앉아 있다. 이는 인류에게 최근에야 나타난 현상이다. 수백만 년 전 우리 조상들은 뒷다리로 서서 걷기 시작했고, 줄곧 그 방식을 고수했다. 걸음을 뗄 때마다 눈앞에 펼쳐지는 모든 것을 관찰하며 걸어 다녔다. 발바닥으로 경관을 느끼고, 손으로 만지고, 냄새를 맡고, 맛을 보았다. 그들은 경관의 일부였다.

우리가 걷는 방식(뒤꿈치로 땅을 밀어내고 체중을 발볼로, 그다음 발가락으로 보내는)은 지구의 살갗을 두드리는 원시의 리듬이다. 지난 수천 년 동안 사람들은 언제나 걸어 다녔다. 일부 부유한 사람들이야 말이나 수레를 타고 다니기도 했지만 말이다.

오래된 길들은 여전히 자리를 지키고 있다. 비록 흐릿해지긴 했지만, 쉬이 지워지지 않기에 여전히 알아볼 수 있다. 영국 레이크 디스트릭트에 있는 랭데일 바위Langdale Boulder 또한 수천 년 동안 한 자리를 지켰다. 랭데일은 집채만 한 바위에 그림이 새겨진 암각화 유적으로, 근처에 계단형 돌담이 있어서 채플 스타일Chapel Stile(예배당 계단)이라고 불리기도 하고, 콥트 호웨 Copt Howe라고 불리기도 한다. 장비를 갖춘 암벽등반가들이 이 바위를 타기도 한다. 멀리서 보면 언뜻 풀을 뜯고 있는 코끼리 무리처럼 보이는 랭데일 바위는 열과 압력에 의해 압축된 화산재로 만들어진 것이다. 5000년 전 신석기시대 농부들은 이 바위를 쪼아 소용돌이와 동심원, 얕은 컵과 점, 기하학적 문양 들을 새겨놓았다. 이 예술 작품은 이제 흐릿해졌으나, 이른 아침 해가 그림자를 드리울 때면 꽤 선명히 드러난다. 나와 우리 개가 산책하는 길에 있는 스털링 암각화와 양식은 비슷하지만, 양쪽 모두 그 의미는 알 길이 없다.

랭데일 암각화는 그레이트 랭데일 협곡을 이루는 언덕길

초입에 자리하고 있다. 바위의 북쪽으로는 로프트 크래그Loft Crag, 페이비 아크Pavey Ark, 해리슨 스티클Harrison Stickle, 파이크 오스티클Pike o'Stickle이라고 불리는 랭데일 봉우리들이 있다. 신석기시대 농부들은 해리슨 스티클과 파이크 오스티클에서 찾은 돌감으로 돌도끼를 만들었다. 그들이 만든 이른바 '랭데일 도끼'는 먼 지역까지 퍼져 인기를 끌었다. 근방의 여러 섬에서 출토된 돌도끼의 25%는 이 봉우리에서 난 돌로 만든 것이었다.

지질학자들은 이 돌감을 안산암질 응회암 또는 녹색암이라고 부른다. 코끼리를 닮은 바위들과 마찬가지로 이 암석은 빗물에 젖어 진흙이 된 화산재가 오랜 지질학적 과정을 거쳐 돌로 굳어진 것이다. 절묘한 솜씨로 만든 랭데일 도끼는 나무를 베는 도구라고 생각할 수 없을 정도로 섬세하다. 깊은 물속의 옥처럼 반질반질한 이 도끼는 분명 보석처럼 빛났을 것이다. 도끼 표면의 가

랭데일 봉우리

느다란 띠 문양과 마블링은 하늘을 가로지르는 새털구름 조각이나 번개를 연상시킨다. 그러나 이 아름다운 문양은 사실 돌에 균열이 일어나면서 생긴 자국이다. 그러니 이 도끼는 나무를 넘어뜨리든가 하는 본래의 용도로 쓰기에 적절치 않았다. 고고학

자들은 신석기시대 사람들이 실용적 가치가 낮은 랭데일 도끼를 왜 그토록 좋아한 것인지 궁금해했다. 아마도 멀고 위태로운 장소에서 온 돌로 만든 도끼라는 사실이 사람들을 매료시켰을 것이다. 신석기시대 농부들은 매장보다는 화장을 선호했다. 망자는 하늘 위로 피어오르는 연기와 재로 승화되었다. 죽은 자의 영혼인 연기는 땅으로 되돌아오지 않았고, 그 모습은 마치 천국으로 향하는 것처럼 보였을 것이다. 계곡의 가장 높은 봉우리는 죽은 자의 영혼이 마지막으로 머무르는 땅이었고, 그곳의 성스러운 돌은 축복의 상징이었다.

랭데일 봉우리까지 가는 길은 멀고도 험하다. 깎아지른 협곡에 자리한 고대의 채석장에 가기 위해 사람들은 목숨을 걸어야 했을 것이다. 영웅이 되고자 하는 이들만이 귀한 돌을 구하기 위해 언덕을 오르는 여정에 나섰으리라. 혹은 어른으로 인정받고 싶은 소년이 통과 의례를 위해 나섰을 수도 있다.

우리는 랭데일 바위의 암각화를 예술 작품으로 여긴다. 그 추상적인 그림의 의미를 헤아릴 수 없기 때문이다. 그러나 어쩌면 그 그림들은 우리가 더는 읽거나 말할 수 없는 언어로 쓴 매우 명확한 문장일지도 모른다. 천국으로 가는 길을 알려주는 이정표이거나, 채석장에 가기 위해 바위산을 오르는 이들이나, 모험을 떠나는 방랑자들을 위한 기도문일 수도 있다. 지금까지 영국에서 발견된 선사시대 암각화는 800여 개에 이르지만, 실제로는 이보다 훨씬 많이 만들어졌을 것이다. 암각화는 대개 무덤 옆이나 훌륭한 경관이 바라보이는 특별한 곳에 만들어졌다. 그림은 다른 어떤 곳으로 이어지는 오래된 길을 안내하는 표지였을 것이다. "이제는 잊힌 위대한 언어, 천국으로 향하는 잃어버린 길, 돌, 나뭇잎, 발견하지 못한 문."◇

우리 조상들은 다른 모든 동물처럼 꾸준한 발걸음으로 길을 만들고 유지했다. 경관 안에 자리한 이 오래된 길들은 멀리서 보면 푸른 언덕에 하얀 선을 그어놓은 것처럼 보인다. 예술가들은 이 풍경에 영감을 받아 말과 헐벗은 거인을 상상했을지도 모른다. 백악질 땅에 난 길은 여전히 남아 있지만, 부드러운 흙이나 단단한 바위에 만들어졌던 길들은 오래전에 사라지고 말았다.

길은 우리 종이 창조해낸 첫 번째 작품이다. 인류는 생존을 위해 최적의 경로를 찾아 표시해두었다. 작가 힐레어 벨록은 『오래된 길』에서 이렇게 썼다. "사람들이 많이 찾는 길은 얕은 여울이나 고지대 사이의 낮은 땅에 나 있다. 이 길은 위험한 절벽과 위태로운 장소를 피해 여행자를 가장 안전하고 쉬운 경로로 인도한다." 안전한 길을 벗어나 자기만의 길을 개척하려는 자는 시간을 낭비하거나, 심할 경우 고난을 맞닥뜨려야 했다. 물론 우리 중 누군가는 늪지대나 산꼭대기를 지나는 새로운 경로를 개척해야 할 것이다. 그러나 때로는 오래된 길을 따라 보아도 좋을 것이다.

벨록은 '아주 오래된 무엇'을 이해하는 게 중요하다고 이야기한다. 그렇게 함으로써 과거를 다시 경험할 수 있기 때문이다. "단순히 호기심을 채우거나 막연한 진리를 구축하기 위해서가 아니라, 역사를 필수적인 것으로 만들고자 함이다. 몸이라는 외

◇ 토머스 울프, 「천사여, 고향을 보라」 중에서.

피를 입고 현재에 머무르는 우리는 과거를 회복함으로써 한 차원 높은 곳으로 올라간다. 존재의 층위가 넓어지고 영혼은 충만해진다. 경외, 지식, 안도, 좋은 땅에 대한 사랑, 이 모든 것은 역사라는 학문을 추구함으로써 생겨나거나 더 커진다."

반듯한 들판과 그 위로 솟은 언덕에는 옛길의 잔해가 남아 있다. 랭데일 바위에 새겨진 컵과 반지처럼 흐릿해진 오래된 길들은 미처 보지 못하고 지나치기 쉽다. 우리가 잊어버렸으므로 우리 아이들도 그곳을 찾지 않고, 이렇게 몇 세대가 지나면 아무도 그 길을 찾지 않게 될 것이다. 한때 깊이 패었던 길들은 점점 얕아지고, 점차 사라지게 될 것이다. 마치 깊은 물속에 손을 담갔다 뺀 것처럼 흔적조차 없어질 것이다.

컵과 반지가 영영 사라지기 전에, 마지막 남은 오솔길이 평평해지기 전에, 우리는 잊어버린 노래를 대체할 새로운 노래를 만들 수 있을 것이다. 경관이 지닌 진정한 의미로 돌아가자. 특별하고 성스러운 장소로 향했던 조상들의 순례길을 되찾자. 번화한 도시에서 지치고 좌초된 우리는 우리 자신의 땅에서 이방인이 되어버렸다. 자연으로 걸어 들어가 잃어버린 연결 고리를 찾는다면, 거기서 영혼을 치유할 약을 발견할 수 있을 것이다. 그 길에서 고대의 돌을 지날 때, 어쩌면 우리는 그 그림들의 의미를 깨닫게 될지도 모른다.

집

올두바이 협곡

아프리카 북동부에 위치한 올두바이 협곡은 고인류 화석의 보고이다.
1920년대 이래 호모 하빌리스, 호모 에렉투스, 호모 루돌펜시스,
파란트로푸스 보이세이 등의 고인류 화석이 발견되었다.

‡

나의 세계는 집을 중심으로 돈다. 나는 언제까지나 이곳에 머물 것이다. 우리 아이들과 미래에 보게 될 수도 있는 손주들을 위한 넓은 공간이 있기 때문이다. 집의 중력이 우리 가족의 미래를 안전하게 지켜줄 거라고 믿는다. 나는 거석을 숭배했던 신석기시대의 이교도들처럼 시간과 품이라는 제물을 집에 바친다.

　내가 글래스고대학교의 학생이던 1980년대에는 선사시대를 자유로운 유토피아로 상상하는 게 유행이었다. 그때는 몰랐지만, 돌이켜보면 당시 강의에는 정치적 프레임이 끼어 있었다. 당시 정부는 보수당이 집권하고 있었고, 우리 고고학과는 진보당에 가까웠다. 수업에서 듣는 메시지는 암시적이었다. 우리 조상들이 탐욕으로 타락하기 전까지는 수백만 년 동안 평화로운 평등 사회가 지속됐다. 사냥꾼들은 서로 협력했고 여성들은 동등한 부양자로서 존중받았다. 공동으로 자원을 관리했고 서로 더 차지하겠다며 다투는 일도 거의 없었다. 그곳은 에덴동산이었다. 자연히 우리는 에덴동산을 빼앗겼다는 상상을 하게 되었다. 나는 그 메시지를 통째로 삼켰다. 그 속에 낚싯바늘이 숨겨져 있다는 걸 그때는 미처 알아차리지 못했지만, 그 후로 늘 이물감을 느껴왔다.

　지금도 이동하며 사는 삶을 선택하는 이들이 많다. 노마드와 여행자들, 집시와 방랑자 들이 있고, 고원지대를 오가며 양과 소 떼를 기르며 사는 이들과 밀림과 초원에 사는 사냥꾼들도 있다. 유엔에 따르면 오늘날 전 세계에서 이동 생활을 하는 사람의 수는 약 10억 명, 즉 인구 일곱 명당 한 명꼴이라고 한다. 그들은 국가 안에서 또는 국경을 넘나들며 떠돈다. 대학생 때는 평생 정처 없이 떠돌아다니는 삶이 행복할 거라고 넘겨짚곤 했다. 그러나 늘 이동하며 사는 삶을 선택한 이들에게도 마음 한편에는 정착에 대한 바람이 있지 않을까. 정착이란 인간의 아주 오래된 열망이기 때문이다. 집. 우리 집.

영국 노섬벌랜드에는 '호윅Howick'이라는 마을이 있다. 이곳 근처에서는 족히 1만 년 전에 만든 집의 잔해가 발견되었다. 당시는 영국제도의 윤곽이 부단히 변화하던 시기였다(오늘날 영국제도의 윤곽은 수천 년에 걸쳐 완성된 것이다). 훗날 영국제도에 포함된 섬들은 오랫동안 북서 유럽에 붙어 있던 반도였다. 마지막 빙하기 동안에는 해수면이 지금보다 많게는 50미터나 낮았으나, 지구가 따뜻해지면서 얼음이 녹아 해수면이 상승했다. 약 8000년 전 노르웨이 해안에서는 해저지진이 일어났고, 뒤따른 쓰나미로 인해 노르웨이 서부와 스코틀랜드 해안에 최대 10미터 높이의 거대한 파도가 밀어닥쳤다. 이것이 지금까지 알려진 가장 거대한 해저 산사태 중 하나인 스토레가 사태Storegga slide다. 스토레가 사태로 인해 유럽 대륙에서 영국이 분리되었고, 오늘날 우리가 알고 있는 영국제도의 동남부 해안선이 그려졌다. 그 거대한 파도 너머에 살던 사람들은 한순간 섬의 주민이 되었다.

어느 날 해안가를 거닐던 한 아마추어 고고학자가 모래 절벽
에서 굴러떨어진 듯한 석기들을 발견했다. 해안가 근처에 있던,
유럽 대륙과 영국이 붙어 있던 시기에 만들어진 호윅 주거지 유
적에서 나온 것이었다. 곧바로 뉴캐슬대학교 발굴단이 소집되
어 조사에 나섰다. 고고학자들은 유적지의 얕은 원형 구덩이 주
변에서 나무 기둥이 박혀 있던 것으로 보이는 구멍을 발견했다.

그들은 모래 위에 남은 구멍의 흔적을 통해 한때 그곳에 서
있었던 구조물의 모습을 그려보았다. 그것은 하룻밤 야영을 위
해 어설프게 세워둔 텐트가 아니었다. 오랜 세월을 버틸 수 있
는 튼튼한 구조물이었다. 예수가 탄생하기 8000년 전, 노섬벌
랜드의 고인류는 대가족이 살 수 있을 만큼 넓고, 갈대와 풀로
지붕을 덮은 집을 지었다. 바닥 곳곳에 남은 불을 피운 흔적들
이 오랜 시간에 걸친 그 공간의 역사를 들려주었다. 그곳에 살
던 이들은 화덕에서 온기와 빛을 얻었고 겨울에는 개암나무 열
매를 모아 익혀 먹기도 했다. 화덕에서 얻은 방사성탄소연대에
따르면 그 집은 적어도 100년 동안 사용된 것이었다. 아마도 여
러 가족이 이곳을 스쳐 지나갔을 것이다.◇ 호윅 마을의 수렵채
집민들은 드넓은 경관 속을 떠도는 삶 대신 집을 선택했다. 지
금의 우리에겐 집에서 살아가는 일상이 지극히 자연스러운 일
처럼 보인다. 그러나 한곳에 머물며 살아가기로 한 그들의 선택
은 그 시대 인류에게는 혁명적인 것이었다.

◇　이동 생활을 하는 수렵채집민 무리가 세대에 걸쳐 반복적으로 방문하여
몇 주 또는 몇 달 동안 머무르는 장소였을 가능성이 크다.

모래 위에 만든 그 얕은 삶의 터전은 이후 영국제도에 펼쳐진 정주 생활의 토대가 되었다. 호윅 유적지 인근에는 영국 총리를 지낸 얼그레이 가문의 찰스 그레이가 살던 성 호윅 홀Howick Hall이 있다. 우리가 좋아하는 얼그레이 홍차가 바로 그의 이름을 딴 것이다. 전해 내려오는 이야기에 따르면 찰스 그레이를 방문했던 어느 중국인이 호윅에 흐르는 개울물의 맛에 어울리게끔 홍차에 향을 입힌 것이 얼그레이라고 한다. 중석기시대의 수렵채집민들도 바로 그 개울물을 마셨을 것이다.

집의 뿌리는 훨씬 더 깊은 곳에서 찾을 수 있다. 1913년 독일의 고인류학자 한스 렉Hans Reck은 탄자니아의 올두바이Olduvai 계곡에서 최초로 고인류 화석을 발견했다. 사람들은 그 뼈가 50만 년 전의 것이라는 주장을 판타지로 치부했다. 1930년대에는 고고학계의 이단아 루이스 리키가 올두바이 발굴에 합류하며 그곳이 인류의 요람이라는 주장을 펼쳤다. 그의 아내이자 라에톨리에서 발자국을 발굴했던 메리 리키도 루이스가 '거의 인간near-men'◇◇이라고 부르던 화석들을 찾는 일에 힘을 보탰다.

1871년 찰스 다윈은 『인간의 유래』를 출간하며 인류의 가장 가까운 친척인 침팬지가 아프리카에서 기원했으며 호모속의 고인류 역시 아프리카에서 기원했을 것이라고 주장했다. 과학계는 오랫동안 이 주장을 받아들이지 않았고, 리키 부부가 올두

◇◇ 루이스 리키와 메리 리키가 발견한 호모속 외의 고인류 종. 1959년에 메리 리키가 발견한 화석 인류 '진잔트로푸스 보이세이'가 대표적이다. 약 230만 년에서 120만 년 전에 살았던 것으로 추정되는 이들은 저작 운동과 관련된 턱과 광대, 정수리의 시상융기가 매우 발달한 것이 특징이다.

바이 계곡에서 발견한 뼈와 석기들이 50만 년 전의 것이라는 주장 역시 마찬가지였다. 루이스 리키가 주장한 것들 가운데 일부는 사실이 아닌 것으로 밝혀지기도 했지만, 아프리카가 최초의 인류가 탄생한 요람이라는 그의 주장은 현재 정론으로 받아들여지고 있다.

위스콘신대학교의 인류학자 헨리 번Henry Bunn에 따르면 약 200만 년 전의 고인류들은 식사 메뉴를 고르는 데 꽤 까다로웠다고 한다. 그전까지 초기 인류는 사자와 하이에나가 포식을 끝내면 남은 고기와 골수를 발라 먹는 '쓰레기 처리꾼'으로 알려져 있었지만, 번은 그들이 저녁거리를 신중하게 고르는 미식가였다는 증거를 찾아냈다. 올두바이의 한 도살 유적에서 그는 180만 년 전의 인간 사냥꾼들이 남긴 영양과 가젤, 누의 뼈를 발견했다. 턱뼈에 남은 치아를 관찰하여 동물들의 나이를 추정한 결과, 닥치는 대로 사냥했던 사자나 표범과 달리 호미닌 사냥꾼들은 오직 다 자란 동물들만 골라 사냥했다는 사실을 알 수 있었다. 호미닌 사냥꾼들은 나뭇가지 사이에 웅크린 채 적당한 먹잇감이 지나가기를 기다렸을 것이다. 먹음직한 먹잇감이 지나가면 높은 곳에서 뛰어내려와 전속력으로 달려 사냥을 완수했으리라.◇

◇ 200만~100만 년 전의 고인류는 긴 창을 이용한 근접 사냥보다는 대형동물이 지칠 때까지 수십 킬로미터를 쫓아가 탈진하게 만드는 사냥법을 썼다고 추정된다. 이 시기의 고인류에겐 땀을 배출함으로써 뜨거운 한낮에 체온을 유지할 수 있는 능력이 있었기 때문이다. 현재까지 창 형태의 도구가 발견된 사례는 약 40만 년 전인 호모 하이델베르겐시스 단계가 가장 이르다.

다른 영장류들은 긴 소화기관에 적합한 채식 위주의 식단에 만족했지만, 인류는 열량이 풍부한 고단백 육류를 안정적으로 섭취했다. 그 결과 인간의 두뇌는 점점 더 커졌다.◇◇ 500~700밀리리터 정도의 작은 두개골 용량을 가진 초기의 호모속 고인류부터 그보다 세 배 정도 크고 유능한 두뇌를 가지게 된 호모 사피엔스에 이르기까지 인류는 부단히 두뇌를 키워나갔다.

1931년 영국인 고인류학자 도널드 매킨스Donald MacInnes가 올두바이 발굴에 합류했다. 그는 리키가 DK(도널드Donald의 D와 스와힐리어로 도랑을 뜻하는 코롱고korongo의 K)라고 이름 붙인 지점에서 고인류 뼈와 석기, 동물 뼈를 발견했으며 5.5미터 정도 떨어진 곳에 둥그렇게 놓인 돌들을 발견했다. 메리 리키는 누군가 은거지를 만들기 위해 그 화산암 무더기를 의도적으로 배치해놓은 것이라고 설명했다. 돌을 깔아 바닥을 마련한 다음 나뭇가지로 벽을 두르고 주변의 식물들로 지붕을 얹어 바람을 막을 수 있는 텐트를 지었을 것이다. 누가 뭐라 해도 그것은 집이었다. 190만 년 전에 지은 지구상에서 가장 오래된 집이었다.

그러나 그 집은 영구적인 주거지라기보다는 베이스캠프에 가까웠다. 족히 200만 년 전, 가냘픈 두개골 안에 작지만 강한 뇌를 지니고 있던 우리 조상들은 한곳에 머물 필요가 있다는 판단을 내렸다. 아마도 그 무렵 인간의 영유아는 다른 영장류

◇◇ 호모 에렉투스부터 불을 이용해 음식을 익혀 먹게 된 것도 두뇌를 키우는 데 중요한 역할을 했다. 인류는 불로 음식을 조리함으로써 소화에 필요한 에너지를 비약적으로 절약하고 동물성 및 식물성 자원에서 양질의 영양소를 얻을 수 있었다.

새끼들과 달리 성장기 내내 어머니에게 매달려 생활하지 않았을 것이다. 다른 이들이 사냥과 채집 활동에 나선 동안, 아기를 낳은 여성은 모종의 안전한 장소, 즉 베이스캠프에 남아 있어야 했을 것이다. 올두바이의 돌무더기는 인류 최초의 대기실이었다. 여기에는 많은 의미가 내포되어 있다. 예컨대 성에 따른 역할의 차이가 생겼고,◇ 식량을 얻자마자 더 이상 그 자리에서 먹어치우지 않게 되었다는 것 등이다. 200만 년 전의 인류는 식량을 집으로 가져와 기다리는 이들과 나눠 먹을 줄 아는 존재였다.

미래를 계획하는 능력, 바로 눈앞의 현실보다 한 걸음 멀리 내다보며 소중한 이들을 돌보는 행위의 출발점이 여기에 있다. 아주 오래전 올두바이 계곡의 흙바닥에 집과 가족과 함께 하는 식사의 윤곽선이 그려진다. 집 안에서 얻는 가족의 안위는 그때나 지금이나 대수롭지 않게 여길 수 있는 게 아니다. 그 옛날 인류는 고단한 여행을 멈추고 한곳에 머물기를 바랐다. 쉼 없이 변화하는 세상에 사는 우리는 그들의 심정을 이해할 수 있다.

◇　여성이 육아를 전담하고, 남성이 먹을거리를 구해와 가족을 부양하는 성별 분업이 초기 인류 때부터 존재했을 거라는 생각은 얼핏 자연스럽게 들리지만, 고고학적 증거로 뒷받침되지는 않는다. 1980~1990년대에 이 가설을 주창한 학자의 이름을 따서 일명 '러브조이 가설'로 학계와 대중에게 널리 알려졌지만, 19세기적 가족관을 과거에 투영하여 남성 중심적 성 역할과 일부일처제를 진화의 숙명처럼 보이게 만든다는 점에서 꾸준히 비판받았다.

집의 의미

✤

다른 세계의 이야기,
명성이 자자했던 한 가족의 이야기,
끝나지 않을 것처럼 보였던 슬픔과 행복이
커다란 집을 가득 채웠던, 한 가족의 이야기.

존 크롤리John Crowley, 『리틀, 빅Little, Big』

스카라 브레

스코틀랜드 오크니제도에 있는 신석기시대의 마을 유적지.
기원전 3100년부터 약 600년간 사용되었다.
가옥들의 구조는 거의 비슷하다.
중앙에는 화덕이 있고 양쪽 벽에 침대가 있으며
뒤쪽에는 돌로 된 장식장이 있다.

‡

여러 차례 스카라 브레Skara Brae를 방문하고 그곳에 관한 책들도 읽어보았지만, 여전히 그 모든 것이 가짜가 아닐까 하는 의구심이 든다. 물론 그곳은 정말로 5000년 전의 신석기시대 마을이다. 물로 씻어 내리는 변소, 돌로 만든 침대와 찬장을 갖춘 집들이 있는 완벽한 마을. 하지만 바로 그 완벽함 때문에 그곳이 정말로 신석기시대에 지은 마을이 맞는지, 영화 촬영을 위해 만든 세트장은 아닌지 하는 생각이 드는 것이다.

스카라 브레를 방문한 관람객들은 고대의 어느 날 끔찍한 폭풍이 몰려와 이곳 마을을 순식간에 집어삼켰다는 설명을 듣게 된다. 가옥의 문지방에서는 산산이 흩어진 목걸이 알이 발견되었다고 한다. 파도와 모래를 피해 도망치던 여인의 목에서 떨어진 것이리라. 스카라 브레는 모래에 파묻혀 시간이 멈춰버린 스코틀랜드의 폼페이다. 5000년 동안 모래에 파묻혀 있던 스카라 브레는 1850년에 몰아친 또 다른 사나운 폭풍으로 마법처럼 고스란히 그 모습을 드러냈다.

스코틀랜드 오크니 본토 서쪽, 샌드윅 교구에 있는 스카일만 남부 주민들은 자신들의 터전 근처에서 스카라 브레가 발견되었을 때 조금도 놀라지 않았다. 그들은 언제나 유적이 묻혀 있던 그 울퉁불퉁한 언덕을 땅속에 묻혀 있다가 100년에 한 번씩 모습을 드러낸다는 전설의 마을 '브리가둔'으로 여기고 있었기 때문이다.

그 땅의 소유주였던 윌리엄 와트와 오크니섬 출신 골동품 수집가 조지 페트리는 잇따라 스카라 브레 발굴에 나섰다. 그 뒤로도 여러 사람이 모래를 파헤치려고 시도했고 때로는 도굴꾼들이 보물을 찾아 언덕을 샅샅이 뒤지기도 했다. 1924년 왕의 업무 담당관이 스카라 브레가 바닷물에 잠기는 것을 방지하기 위해 방조제를 세웠고, 그 후 3년 뒤에는 비로소 진짜 고고학자가 스카라 브레를 발굴하겠다고 나섰다. 에든버러대학교의 고고학과 교수 고든 차일드Gorden Childe였다. 호주 출신의 차일드는 마르크스주의자였고, 땅을 파는 것보다는 연구실에서 글을 쓰는 걸 좋아했으며 여름이면 반바지에 무릎까지 오는 양말을 신었다. 반바지보다 검은색 트렌치코트를 좋아했고 인디아나 존스 같은 페도라를 즐겨 썼다(인디아나 존스도 완전한 허구는 아닌 것이다).

차일드는 학계의 거물이었다. 그러나 그는 스카라 브레가 철기시대의 유적이라고 생각했다. 이 오류는 한때 지도에도 기록되었으나, 그의 사후인 1970년대에 방사성탄소연대측정을 통해 사실이 아님이 밝혀졌다. 차일드의 학설은 낡고 고리타분한 것으로 치부될 때도 있었고 때로 인종차별적이라는 비판을 받기도 했지만 대체로 주목받았다. 고고학에서 '문화'라는 단어를 처음으로 사용한 것도 바로 그였다. 차일드가 인류학에서 빌려온 개념인 '문화'는 주거지의 양식, 토기 형태, 도구, 매장 의례 등과 같은 공통적인 특성으로 구성된다. 그는 새로운 관념과 기술의 영향으로 삶의 방식이 급격히 변화할 수도 있다고 설명했다. 마르크스주의에 심취했던 차일드는 이를 설명하기 위해 '혁명'이라는 단어를 사용했는데, 이 때문에 그의 글을 읽는 독자들은 더 나은 방향으로의 갑작스럽고 전위적인 변화를 떠올리게 됐다.

그러나 차일드는 늘 상실감과 외로움에 시달렸던 것 같다. 1957년 10월 19일 차일드는 '고벳의 도약Govett's Leap'이라 불리는 호주 블루마운틴의 절벽 아래로 떨어져 죽음을 맞았다. 어떤 이들은 차일드의 죽음을 자살로 본다. 몇몇 이야기에 따르면 그는 뛰어내리기 전 절벽 위에 소지품을 늘어놓았다고 한다. 다른 이들은 차일드가 당시 묵고 있던 호텔의 숙박료를 결제하지 않았다는 점을 들어, 평소 무서우리만치 매사에 철저했던 그가 정말로 자살을 계획했다면 그처럼 허술하게 마무리하지는 않았을 거라고 주장하기도 했다. 한 친구에게 보낸 편지에서 차일드는 (그는 언제가 됐든 자신이 죽고 10년이 지난 뒤에 편지를 열어보라고 부탁했다) "행복하고 강할 때가 인생을 마무리하기 가장 좋은 때"라고 썼다. 예순여섯 살의 고든 차일드는 세월이 자기 어깨에 내려앉는 것을 느끼고 두려워졌던 걸까? 그의 시간은 지나갔으며 다가올 시대는 다른 사람들의 것이라는 생각에 사무쳤던 것일까? '집'은 때로 모호하고 추상적인 실체로 느껴진다. 마음의 안식도 그러하다. 차일드는 호주를 떠나 안식을 얻을만한 곳을 찾아 헤맸으나 끝내 집으로 돌아갈 길을 발견하지는 못했던 것 같다.

차일드는 이동 생활을 하는 수렵채집 사회에서 한곳에 정주하여 농사짓는 삶으로의 변화를 '신석기 혁명'이라고 불렀다. 이것이 인류에게 일어난 최대의 격변이라는 뜻에서였다. 인류는 200만 년 동안 야생 동식물을 찾아 이동하던 삶을 끝내고 비로소 정착하여 안식을 얻었다. 동틀 녘이면 자리에서 일어나 밭을 갈고 씨를 뿌리고 김을 매고 밭을 보수하고 작물을 수확했다. 몇몇은 집에 남아서 맷돌을 향해 허리를 숙인 채 곡식을 갈아 가루로 만들었다.

우리는 하늘 관찰자가 되었다. 구름이 끼면 곧 비가 내리니 씨를 뿌릴 때가 됐다는 뜻이었고, 태양은 곡식이 익어간다는 것을 뜻했다. 우리는 목을 길게 빼고 달과 계절의 움직임을 올려다보았다.

우리는 땅의 주인이 되었다. 땅을 소유하고, 땅을 개척했다. 그렇게 영토와 성벽이 만들어졌고 전쟁이 시작되었다. 사람들은 순환하는 계절과 시간을 본떠 원형으로 돌을 세우고 망자를 위해 돌로 집을 지었다. 조상의 뼈는 땅의 소유권을 나타내는 증거였다(이 들판은 우리 아버지와 그의 아버지의 땅이었고 그들은 지금도 저 무덤 속에 살고 있다. 그러니까 이 땅은 내 것이다). 우리는 우리가 평생 살 집을 지었고 그것을 자식들에게 물려주었다.

집. 마치 가슴 깊은 곳에서 우러나온 그리움처럼 들리는 단어다. 우리가 영원히 살 집. 이것은 아주 오래된 질문들에 대한 완벽한 대답이다. 나는 어디에 속하는가? 경계심을 내려놓고 진정한 자신이 되어도 되는 곳은 어디인가?

스카라 브레 유적 입구에는 그곳이 이집트의 피라미드보다 오래된 마을이라는 설명이 적힌 안내판이 있다. 그러나 이곳을 처음 본 사람들은 하나같이 깜짝 놀라고 만다. 덴마크어에는 소박함과 안락함을 뜻하는 '휘게hygge'라는 단어가 있다. 스코틀랜드에도 이와 비슷한 단어가 있다. '따뜻하고 안전한 곳에 푹 파묻히다'라는 뜻의 '코리courie'다. 스카라 브레는 이 두 가지를 모두 충족하는 마을이었다. 스카라 브레의 농부들은 거대한 쓰레기 더미를 파고 들어가 집을 지었고 단열을 위해 곳곳에 고약한 냄새를 풍기는 오물을 발랐다. 그들 중 누군가가 죽으면 부패한 시신에서 끈적하고 냄새나는 뼈를 추려냈다. 물고기, 동물, 새들을 잡아 내장을 쏟아낸 뒤 손가락을 핏빛으로 물들이며 가죽과 털을 손질했다. 온 가족이 창문도 없는 단칸방에서 화덕 연기를 마시며 한 번도 씻지 않은 몸에서 나는 고약한 냄새로 단단히 뭉친 채 살아갔다. 악취에 관한 그들의 인내, 심지어 음미는 우리와는 사뭇 다른 것이었다. 비바람이 불어오는 겨울이면 사방에 파묻힌 썩은 두엄이 내뿜는 온기를 그저 반가워했을 것이다.

사람들은 바다 옆에 있는 스카라 브레가 풍요로운 바닷가 마을이었을 거라고 상상하곤 했다. 그러나 5000년 전에는 마을과 해안선이 지금보다 수 킬로미터나 더 멀리 떨어져 있었다. 오늘날 오크니섬에는 나무가 귀한데, 신석기시대에도 마찬가지였을 것이다. 밭과 건축물을 만드느라 나무를 마구 베어냈기 때문이다. 한때는 스카라 브레 농부들이 북미 해안에서 떠내려온 목재를 건져내 마을 앞 해변에서 씻어서 사용했을 거라고 추측했다. 그러나 마을에서 해변이 아주 멀리 있었다는 사실이 밝혀지면서 그 가설은 어림도 없는 것이 되었다. 스카라 브레에 살던 사람들은 지붕을 덮는 용도로도, 땔감으로도 나무를 쓰지 않았다.

과거에는 더 많은 집이 있었겠지만, 지금 스카라 브레에 남은 집은 총 여덟 채뿐이다. 집들은 지붕 있는 통로와 길로 서로 연결되어 있는데, 입구를 통과할 때는 허리를 굽혀 손과 무릎으로 기어가야 한다. 여덟 채 중 한 채는 발굴된 상태 그대로 지붕을 덮어 보존하고 있다. 그곳에서 고고학자들은 온갖 놀랄 만한 것들을 찾아냈다. 마치 경황없이 버려진 메리 셀레스티호Mary Celeste◇ 같았다. 돌로 된 침대 아래에서는 나란히 놓인 두 구의 여성 유골이 발견되었다. 차마 그들을 떠나보낼 수 없었던 가족들이 그들의 유해를 할 수 있는 한 가장 가까운 곳에 간직하려 했을 것이다. 사랑을 떠올리게 하고 죽음의 두려움을 잊게 하는 익숙한 내음, 그것이 바로 집의 의미다.

스카라 브레에 사람이 살았던 기간은 600년 정도였다. 그곳의 모든 것을 쓸어간 폭풍우와 그 거센 바람에 날아가 버렸다는 보물에 대한 흥미진진한 소문들이 있지만, 그 이야기를 뒷받침할 증거는 어디에도 없었다. 몇 해 전 나는 오크니제도의 또 다른 섬 스워나Swona를 방문했다. 길이 2.4킬로미터, 너비 800미터의 이 작은 섬은 우연히 바다에 떨어진 잔디 한 떼 정도로밖에 보이지 않지만, 한때는 누군가의 집이자 고향이었다. 스워나 섬의 마지막 주민이었던 로시가 사람들은 1974년 자신들의 보

◇ 미국의 상선으로 1872년 11월 7일 뉴욕을 출발해 이탈리아 제노바로 향하던 중 대서양에서 침몰했다. 1872년 12월 4일에 선체가 발견되었다. 배 안에는 변성 알코올과 승조원들의 소지품이 그대로 남아 있었다.

금자리를 떠나 다시는 돌아오지 않았다. 그들이 키우던 소 떼는 먼 옛날의 들소들처럼 다시 야생 소가 되어 여전히 섬에 살고 있다. 나는 예전 모습 그대로를 간직하고 있는 로시 가족의 옛집에 들어가보았다. 벽난로 위에는 무선라디오가, 테이블 위에는 접힌 신문이 놓여 있었고 그 옆에는 뒤집힌 채 죽은 메뚜기처럼 안경다리를 하늘로 뻗은 돋보기안경이 놓여 있었다. 스워나섬에 살던 사람들은 그곳에서의 삶이 힘겨워지자 썰물처럼 섬을 빠져나갔다. 거기에는 어떤 극적인 요소도 없었다. 거실을 서성이던 나는 문득 허락도 받지 않은 채 남의 집에 들어와 있는 것처럼 느껴졌다. 이상한 민망함과 함께 나는 곧 발걸음을 옮겼다.

스카라 브레의 집들에서도 비슷한 느낌을 경험했다. 집이라는 공간에는 그곳에 살던 사람이 남긴 존재의 잔향이 떠돈다. 사람이 떠나도 그들의 시간은 여전히 그곳에 머문다.

죽음에 대처하는 방법

❧

그러므로 죽음, 그 가장 지독한 악은 아무것도 아니다.
우리가 존재하는 한 죽음은 우리와 함께 있지 않으며
죽음이 이르렀을 때 우리는 이미 존재하지 않는다.

에피쿠로스

피라미드

이집트문명의 대표적인 왕묘 형식. 죽은 파라오가 태양신을 향해 가는 산 또는 계단을 상징한다고 알려져 있다. 피라미드 건축은 고왕국시대인 기원전 2700~2500년경에 정점을 찍었는데, 기자에 있는 쿠푸 왕의 피라미드는 높이가 146미터에 이른다.

‡

스코틀랜드 오크니제도에는 신석기시대 유적들이 많이 남아 있다. 유네스코는 이 유적들에 '신석기 오크니의 심장The Heart of Neolithic Orkney'이라는 이름을 붙이고 세계문화유산으로 지정했다. 5000년 전 오크니제도에서는 무언가 시작되었다. 스톤헨지, 에이브버리 스톤 서클Avebury Stone Circles, 더링턴 월즈 Durrington Walls 같은 영국의 거석기념물들은 모두 오크니섬에 있는 유적들에서 영감을 받아 만들어진 것이다. 오크니의 신석기 유적들은 강한 전염성을 가진 지혜의 원천이었다.

오크니제도에 가면 마치 소용돌이치는 우주의 한가운데 선 듯한 느낌이 든다. 당신이 오크니제도를 방문하게 된다면, 앞서 우리가 함께 살펴본 스카라 브레에서 관광을 시작해도 좋을 것이다. 기원전 3000년 무렵에 만들어진 무덤 유적 매스하우 Maeshowe의 돌방에 들어가 벽과 지붕의 만듦새를 살펴보는 것도 추천한다. 그 독창성과 재주에 감탄한 나머지 오랫동안 품어왔던 어떤 발상을 마침내 부화시키게 될지도 모른다. 마지막으로 거석기념물 스테니스의 돌Standing Stones of Stenness과 브로드가의 반지Ring of Brodgar를 찾아가 보시길. 그 거대한 단순함에 매료되고 말 것이다.

오크니제도의 신석기 유적들은 영감의 시작점이라고 할 수

스레니스의 돌

있다. 이집트의 피라미드나 그리스의 신전들보다 오래된 어떤 발상이 시작된 곳이기 때문이다. 스테니스의 돌 사이를 걷고 매스하우의 아치형 천장 아래에서 서성여본다. 신석기시대 사람들에게 이 공간은 어떤 의미였을까? 신석기시대 건축가들은 그 시대 그 장소에서 이룰 수 없었던 이상을 좇아 투박한 돌무덤과 거대한 석조 구조물들을 만들어냈다. 그들은 원하는 바를 명확히 알고 있었고, 고립된 땅에서 적은 수의 사람들로 최선의 결과물을 구현해냈다. 그 노력은 무려 1000년 동안 이어졌다. 때로 그들은 기존의 것을 허물고 다시 짓기도 했다. 우리가 이 모든 것의 의미를 알 수 있을까? 어렴풋이 알 것 같다가도, 깨달음은 어느새 군중 속으로 사라지는 낯선 얼굴처럼 자취를 감춘다. 오늘날 우리는 오크니제도에서 돌이 지녔던 의미를 모두 잊어버렸다.

그러나 망각은 오히려 더 나은 결과를 불러왔다. 신석기시대의 농부들은 환경이 변화함에 따라 돌로 작품을 만드는 것을 멈추고 새로운 시도를 해야 했다. 그들은 돌을 내려놓고 앞으로 나아갔다. 환경이 그들을 움직였다고 하는 편이 맞을 것이다. 바람은 점점 차가워지고 기후는 악화 일로로 변화했으며, 삶은 더욱 고단해졌다. 거대한 석조 구조물을 만드는 일은 점점 더 힘에 부쳤다. 바람에 실려 온 모래가 밭과 집에 쌓이고 흉년이 들었으며 가축들이 죽어나갔다. 공동체들은 고향을 떠나 뿔뿔이 흩어졌다. 사람들은 스카라 브레에서처럼 빽빽이 모여 살지 않고 들판에 흩어져 살게 되었다. 생존을 위해 새로운 답을 찾아내야 했다. 얼음장 같은 바람과 시련이 홍수처럼 밀려왔기 때문이다. 사람들은 1000년 동안 이어온 생활을 접고 꿈같은 에덴동산을 떠나 새로운 터전을 찾아야 한다는 걸 깨달았다. 그들은 닥쳐온 고난에 적응하고 변화를 직시하기 위해 방향을 틀어 나아갔다.

오크니에서 동남쪽으로 까마득히 멀리 떨어진 메소포타미아 수메르에서의 삶을 들여다보자. 한때 레반트(떠오르는 태양이라는 뜻)라고 불리던 이곳의 농부들은 강이 침범하지 않는 언덕 위에 마을을 건설했다. 함께 힘을 모아 물길을 만들어 농사 지을 땅에 물을 댔다. 변덕스럽고 복수심에 불타는 신들에 맞서 힘들게 수확을 얻어냈다. 살아남기 위해 집단 협력은 필수였다. 언제라도 위협적인 홍수가 밀려와 모든 걸 쓸어가 버릴 수 있었기 때문이다. 그들은 혼돈 속에서 스스로 생존을 책임져야 한다는 사실을 깨달았다. 신들을 피할 곳도, 하늘 아래 안전한 곳도 없는 수메르에서는 비관주의와 숙명론을 말하는 종교가 팽배했다.

고대 이집트 또한 범람하는 강이 삶의 터전을 지배하는 곳이었다. 나일강은 매년 범람하여 비옥한 토지를 만들었다. 지금으로부터 7000여 년 전, 이집트 사람들은 사냥보다 농사를 더 많이 짓기 시작했고, 구리로 도구를 만들고 파피루스로 만든 배를 타고 강을 항해했다. 초기 이집트인들은 갈대 묶음에 진흙을 바른 뒤 햇볕에 구워서 건물 기둥으로 사용했다. 이는 세계 어느 곳에서도 유례를 찾아볼 수 없는 독창적인 방식이었다. 후기 이집트인들은 이를 기리기 위해 돌기둥에 세로줄 모양의 장식을 새겨 넣었다. 선조들이 만든 갈대 기둥에 대한 헌사였다.

기원전 4000년에는 나일강 북부에 하이집트가, 남부에는 상이집트 왕국이 들어섰다. 수메르는 촌락에서 도시로, 도시에서 도시국가로 발전해갔지만, 이집트는 달랐다. 사람들은 각각의 왕국에서 소규모 촌락을 일구며 살았다. 그들은 종교적 의무를 다하기 위해 사원을 찾았으며, 그곳을 지키는 사제들을 위한 종교 중심지가 형성됐다. 기원전 4000년대가 끝나갈 즈음에는 상왕국의 왕 메네스가 하이집트를 정복했다. 하나로 통일된 이집트는 나일강을 따라 1000킬로미터의 좁고 긴 영토 위에 삶을 꾸렸다. 사람들은 촌락에 그대로 살았고, 나일강 서쪽 연안 멤피스에 거대한 왕궁을 지었다. 변덕스러운 왕들은 왕국의 중심지를 테베로 옮겼다. 왕국을 통치하는 파라오는 인간이 아니라 신이었다. 파라오라는 단어는 처음에 왕궁을 의미했는데, 시간이 지나며 '왕'을 뜻하는 단어가 되었다. 이집트인들은 도시를 구성하는 디딤돌이 무엇인지, 도시를 다스리는 이들이 실제로 누구인지 알지 못했다. 대신 모든 것 위에 군림하는 절대 왕권이라는 개념이 자리를 잡았다. 고대 이집트의 상형문자 히에로글리프는 처음에는 대상 자체를 나타내는 표의문자였으나, 시간이 지나면서 표음문자로도 쓰였다. 아주 오랫동안 이집트인들에게 문자는 대상 자체였고, 문자와 문자가 가리키는 대상이 구분된다는 개념은 존재하지 않았다. 대상과 의미는 하나였다. 시간이 흐르면서 그들은 문자가 대상을 지시하는 기호일 뿐이라는 개념을 받아들이기 시작했다.

기원전 3000년대 중반, 고왕국 제4왕조 시기에 기자Giza에는 거대한 피라미드들이 만들어졌다. 죽은 자를 위한 궁극의 집이자 세계 7대 불가사의 가운데 가장 오래되고 유일하게 잔존하는 건축물이다. 이 가운데 가장 규모가 큰 것은 쿠푸Khufu 왕(또는 케오프스Cheops라고도 불리는)의 피라미드다. 피라미드 건설은 장장 20년에 걸쳐 진행되었다. 수천 명이 동원되었고, 사람들은 하나에 수 톤씩 나가는 돌을 200만 개 이상 날랐다. 완성된 피라미드의 네 변은 모두 230미터로, 오차 범위는 1퍼센트를 넘지 않았다. 꼭대기까지의 높이는 146미터, 전체 면적은 5만 2000제곱미터에 달했다. 세계의 과학자들과 몽상가들은 모두 이 신비로운 유적에 매혹되었다. 링컨대성당(높이 160미터)이 만들어지기 전까지 피라미드는 지구상에서 가장 거대한 인공물이었다. 피라미드 건축에는 기초적인 수학 지식을 갖춘 잘 먹고 잘 조직된 노동자들이 필요했다. 피라미드 내부와 지하에는 세 개의 방이 있다. 하나는 지하실, 나머지 두 개는 각각 여왕과 왕의 방이다. 중앙에 있는 왕의 방에서는 빈 화강암 석관이 발견되었다. 피라미드 내부에 있던 귀중한 것들은 이미 한참

전에 도굴되어 사라진 후였다.

쿠푸는 고왕국의 왕이었다. 이후 중왕국과 신왕국, 침략을 받았던 두 번의 중간기를 합쳐 3000년이 넘는 시간 동안 이집트 문명은 그 명맥을 이었다. 고대 이집트가 이룩한 성취와 승리는 바로 지속성이다. 그토록 오랜 세월 동안 두 번이나 왕국이 침탈되는 동안에도 피라미드는 건재했다. 비옥한 실트(파라오의 선물)를 가져다주는 나일강 곁에서 농사를 지으며 단순한 삶을 살았던 이집트인들은 세대가 바뀌어도 자신들의 역사를 기억할 수 있었다.

그러나 그들은 언제나 죽음의 공포에 사로잡혀 있었다. 계급과 상관없이 부유한 사람도 가난한 사람도 모두 내세에 대한 집요한 환상을 품었다. 고대 이집트는 죽지 않은 자의 미래에는 별로 관심이 없었다.

오크니제도의 신석기시대 농부들은 대를 이어 반복되는 세계의 패턴을 파악했다. 오랫동안 온건한 기후가 이어졌고 곡식도 풍요로웠다. 하늘의 별들은 늘 같은 길을 따라 움직이며 마음에 위안을 주었다. 사람들은 파종과 수확의 계절 사이에 거대한 거석기념물을 세웠으며 무너뜨리고 다시 세웠다. 그러다 기후와 환경이 변화했고, 모든 것이 바뀌었다. 그들은 새로운 길을 찾아 나서야 했다.

그러나 이집트는 이러한 환경 변화를 겪지 않았고 따라서 경로를 수정할 필요도 없었다. 수천 년의 세월 동안 동일한 삶의 패턴이 부단히 반복되었다. 강이 범람하고 곡식이 무르익었으며 농부들은 곡물을 수확하고 저장했다. 작은 부분까지 철저히 관리 감독했던 엄격한 관료제를 통해 어마어마한 노동력을 집결시켰고, 지구상에서 가장 큰 묘비를 세웠다. 사람들은 오래도록 죽음을 준비하면서 일생을 보냈다. 죽은 자의 집은 변치 않는 돌로 지었으나, 허리 굽혀 일하는 사람들이 살 집은 곧 사라질 진흙 벽돌로 만들었다. 평화롭고 단조로운 삶을 살아가던 그들은 삶 이후의 시간을 꿈꾸었다.

반대로 오크니제도의 사람들은 불안정한 환경 탓에 역동하는 삶 자체에 집중해야만 했다. 그곳의 생활은 고단하기 짝이 없었고, 바로 그 이유 때문에 사람들은 사는 일에 몰두했다. 오크니제도에서는 청동기와 철기, 그 밖의 모든 혁신이 탄생했고 켈트족, 로마인, 바이킹 등 새로운 민족들이 유입되었다. 고대 이집트는 3000년 동안 변함없는 위용을 자랑했으나, 그 변함없음 때문에 변화를 겪지 못했다.

한 폭의 정물화처럼 평화롭고 안정적이지만 큰 변화가 없는 삶. 또는 굽이치는 파도를 따라 쉼 없이 나아가 변화를 일궈내는 삶. 당신의 인생은 지금 어느 쪽에 더 가까운가? 둘 중 어느 쪽에서 살아가고 싶은가?

4

세입자들

이 세계의 세입자들

나는 그곳에 없으리라.
나는 일어나 나가리라.

스티븐 빈센트 베네Stephen Vincent Benét, 「미국식 이름들American Names」

드마니시 두개골 화석

아프리카 대륙에서 처음 등장한 인류의 조상은 약 190만 년 전 아프리카 바깥으로 이동을 시작했다. 조지아 공화국 드마니시에서 발굴된 두개골 유적은 아프리카 대륙 밖에서 발견된 가장 오래된 호미닌 화석이다. 현재까지 이곳에서 다섯 개체분의 호모 에렉투스 화석이 발견되었다.

‡

글래스고대학교에 입학하고 첫 두 해 동안 나는 중세사를 공부했다. 그때 공부했던 인물들 가운데 가장 강렬하게 기억에 남은 이는 몽골의 마지막 군주였던 티무르다. 엘리자베스 시대의 극작가였던 크리스토퍼 말로는 그를 '탬벌레인 대왕 Tamburlaine the Great'이라고 불렀고, 에드거 앨런 포와 윌리엄 셰익스피어는 그에게 타메를란Tamerlane이라는 별명을 붙여주었다. 티무르는 정복을 위해 전쟁을 벌였고, 그 결과 알렉산드로스 대왕보다 더 큰 제국을 건설했다. 그의 잔학함에 관한 이야기는 끝도 없이 이어진다. 그는 자신이 잠든 어머니에게 떨어진 한 줄기 빛으로 잉태되었다고 주장했으며 자신을 신의 골칫거리라고 칭했다. 그는 바그다드인 10만 명의 머리를 잘라 120개의 탑을 쌓았고 수백만 명을 죽였다. 번개라는 별명으로 불렸던 오스만 제국의 술탄 바예지드 1세는 자신이 세상에서 가장 뛰어난 군주라고 선포했는데, 이게 그만 탬벌레인 대왕의 귀에 들어가고 말았다. 분노한 티무르는 1402년 터키의 앙카라에서 술탄과 술탄의 군사 수천 명을 완전히 박살 냈다. 한 기록에 따르면 바예지드 1세는 20년 동안이나 철창에 갇힌 채 티무르의 개들에게 끌려다녔다고 한다.

티무르는 유럽은 야만인들이 사는 쓸모없는 곳이라고 여겨

침략하지 않았다(무시했다는 편이 맞겠다). 유럽인은 자신들이 언제나 중요한 존재였다고 생각하는 경향이 있다. 그러나 유럽이 세계사에서 중요한 자리를 차지하게 된 건 지난 수백 년 전쯤이었다. 그전까지 중요한 사건은 모두 다른 곳에서 벌어졌다. 메소포타미아의 티그리스와 유프라테스강 유역과 이집트의 나일강에서 문명이 떠오르고 지는 동안 유럽에서는 어떤 흥미로운 일도 일어나지 않았다.

티무르는 런던이나 파리, 로마에는 관심이 없었지만, 캅카스 지역에는 호시탐탐 눈독을 들였다. 그는 조지아 공화국의 드마니시라는 마을을 무참히 공격해 정복했다. 드마니시는 역사가 긴 마을이었다. 티무르가 이슬람교를 들여오기 전에 드마니시에는 800년 이상 동방정교회가 자리 잡고 있었다. 서아시아와 동유럽의 교차점에 있는 드마니시는 두 세계를 오가는 모든 이들의 교역로였다. 이 마을은 곧 도시에 맞먹을 만큼 부유해졌고 수백 킬로미터 떨어진 곳까지 이름을 떨쳤다. 티무르가 도착하기 전까지 이곳은 셀주크 제국의 지배를 받았고 티무르가 떠난 뒤에는 오스만 제국의 영향 아래에 놓였다. 그러나 드마니시는 거듭된 침략과 처참한 약탈로 점차 쇠퇴했고, 18세기 무렵에는 먼지 한 톨 남지 않게 되었다. 마지막 파도가 불어닥치더니 어깨를 으쓱하고는 떠나가 버렸다.

고인류학자들은 1991년부터 드마니시에서 인류 화석을 찾기 시작했다. 지금까지 한 아름 정도 되는 많은 화석이 발굴되었는데, 모두 약 250만 년 전 시작된 플라이스토세(지질학적 시대) 혹은 빙하기 동안 아프리카 밖으로 걸어 나온 호모 에렉투스 종이었다.

드마니시에서는 서로 닮은 듯 닮지 않은 다섯 개체분의 두개골이 발굴되었다. 상악전돌prognathic이라고 하는 툭 튀어나온 위턱과 긴 얼굴형, 가파른 경사로처럼 이어지는 턱과 눈썹, 동굴 같은 입을 채우고 있는 커다란 치아는 비슷하지만, 그 외의 이목구비는 조금씩 다 달랐다.

그들의 정체는 노인 남성 하나와 성인 남성 둘, 젊은 여성 하나와 성별을 알 수 없는 젊은이 하나였다. 가장 크기가 크고 완전하게 보존된 남성의 두개골은 1995년에 발견되었다. 전체적인 체적은 크지만, 두개골의 용량은 550cc로 다섯 개체 중 가장 작았다. 현생인류의 평균과 비교하면 3분의 1밖에 되지 않는 수치다. 우리는 그들이 어떤 생각을 했는지, 자신이 본 것을 어떻게 이해했는지 알 수 없다. 그들에겐 언어도 예술도 없었지만, 우리와 꼭 같이 생긴 손가락으로 세상을 살아갔다.

주변에서 발견된 동물 뼈로 미루어볼 때 이 옛사람들은 날카로운 송곳니를 가진 고양잇과의 포식자들과 함께 살았던 것으로 추정된다. 이 호모 에렉투스 화석들이 발견된 곳은 포식 동물들이 먹잇감을 끌고 와 게걸스럽게 식사를 하는 어두운 동굴 안이었다.

고인류학자들의 설명에 따르면 이 다섯 구의 희생양은 약 190만 년 전 수백 년의 간격을 두고 그 동굴로 끌려왔다. 거의 200만 년 전이라니, 가늠조차 어려운 시간이다.◆ 한곳에서 발견되었으나 서로 다른 생김새를 지닌 이 다섯 개체의 화석은 과학계 일대에 충격과 논란을 불러왔다. 전에는 아프리카에서 호미닌의 두개골이 발견되면 기존에 알려져 있던 화석과 비교하여 아주 작은 차이만 있어도 새로운 종으로 명명하고는 했다. 따라서 고인류 종은 계속 늘어났다. 호모 에르가스터, 호모 가우텐겐시스, 호모 하빌리스, 호모 루돌펜시스… 그런데 드마니시에서 각양각색의 생김새를 지녔으며, 비슷한 시기에 살았던 인류 화석 다섯 개체 분이 발견된 것이다. 이는 생김새가 다르다고 해서 무조건 다른 종이 아니며, 이들 모두가 하나의 종, 즉 호모 에렉투스(곧선사람)일 수 있다는 가능성을 의미했다.

초기의 호모 에렉투스는 시간상으로 우리(호모 사피엔스)보다는 우리의 친척이자 '아프리카의 작은 유인원'으로 불리는 오스트랄로피테쿠스와 더 가까웠다.

오스트랄로피테쿠스는 사람처럼 두 발로 걸을 수 있었던 첫 번째 부류였다. 그들은 아직은 인간, 즉 호모Homo라고 할 수는 없었지만, 유인원과는 달리 팔로 물건을 든 채 먼 거리를 달릴

◆ 이 정도 시간의 폭은 쉽게 와닿지 않는다. 연대순으로 보면 티라노사우루스 렉스는 스테고사우루스보다 오늘날 우리와 더 가깝다. 클레오파트라는 피라미드를 건설했던 고대 이집트인들보다 우리와 더 가깝다. 제2차 세계대전 직후 프랑스 아날학파의 역사학자 페르낭 브로델은 '장기 지속longue durée'이라는 개념을 고안해냈다. 브로델은 시간이라는 바다에서 인간이 인식할 수 있는 것은 표면 위에 뜬 작은 공기 방울에 불과하다고 썼다. 순간 만들어졌다가 사라지는 점들이 우리가 살아가는 세월이라는 것이다. 그 작은 공기 방울과 거품은 고양이의 발톱보다 작은 파도에 의해 부서지는데, 파도는 바로 제국들의 성쇠를 말한다. 그러나 빛이 닿지 않는 저 깊은 바닷속에는 우리가 감지할 수 없는 시간의 휨이 있다. 우리가 느낄 수 없는 영겁에 걸친 시간의 움직임이 지구의 바위와 지층에 쌓인다. 가장 아래에는 관성이, 아무 일도 일어나지 않는 나른함만이 존재한다.

수 있었다.

조지아의 드마니시에서 발견된 호모 에렉투스는 오스트랄로피테쿠스와 같은 세계를 공유하며 같은 공기를 마셨다. 이 사실은 내게 아담과 이브의 이야기만큼 흥미진진하게 들린다. 아담 adam이라는 이름은 살갗처럼 분홍빛을 띠는 진흙을 의미하는 히브리어 단어 'adamah'에서 온 말이다. 아담은 바로 그 흙으로 만들어졌고, 에덴동산에서 쫓겨난 다음에는 해가 뜰 때부터 질 때까지 흙을 갈아엎으며 일하다가 다시 흙으로 돌아가도록 운명지어졌다. 인간human, 즉 '호모'는 인도유럽조어로 땅의 존재를 뜻하는 단어 'dhghomon'에 그 뿌리를 두고 있다. 우리는 인간이다. 고인류학자들의 분류에 따르면 호모 에렉투스 역시 인간이고, 오스트랄로피테쿠스는 아니다. 그러나 호모 에렉투스와 오스트랄로피테쿠스는 같은 시간 같은 공간에 살았다. 인간과 인간이라고 할 수 없는 존재가 세계를 공유했다.

오랫동안 고고학자들은 호모 에렉투스를 원숭이 같은 사람 ape-men, 야만적인 멍청이로 치부했다. 그러나 최근 일부 학자들이 호모 에렉투스가 문제 해결 능력을 갖춘 존재였음을 보여주는 증거를 찾아내면서 그들의 실추된 명예를 조금씩 되찾아주고 있다. 호모 에렉투스는 구대륙 저 끝까지 뻗어나갔다. 남아프리카에서 출발하여 수십만 년 뒤에는 에티오피아까지 이르렀다. 그들 중 몇몇은 지부티의 해변에 서서 아덴만 너머를 응시하다가 해협을 건너 아라비아반도에 당도했을 것이다. 빙하기였던 플라이스토세 동안 간혹 해수면이 낮아지면 걸어서 해협을 건너기도 했을 것이다. 이들은 아라비아부터 구대륙 구석구석으로 퍼져나갔다. 오늘날에도 아프리카를 떠나는 이민자와 난민들은 200만 년 전 호모 에렉투스가 개척한 그 경로를 그대로 따르고 있다.

우리가 살고, 이름을 부여하고, 목숨 걸고 지키며 이방인을 내쫓으려 하는 이곳에 우리는 아주 잠시 머물 뿐이다. 이곳에 대해 악착같이 소유권을 주장하는 이들을 볼 때마다 나는 대단히 안타깝다. 그것은 마치 말을 귀찮게 하는 파리들이 말이 누구의 것인지를 두고 싸우는 꼴과 같다. 우리가 속한 종, 호모 사피엔스는 지구의 주인이 아니다. 호모 에렉투스나 오스트랄로피테쿠스가 지구의 주인이 아니었던 것처럼 말이다. 우리는 집 문서도 없는 세입자에 불과하다. 우리는 빌린 방 아래에 땅을 파고 건물의 뼈대를 세웠다. 건물 아래에는 기반암이 있고, 그 기반암 안에는 화석이 되어버린 지난 세입자의 해골이 있다. 우리는 단지 스쳐 지나가는 존재다. 계약 기간이 끝나면 우리와 우리의 잡동사니들은 말끔히 사라지고 벽에는 다른 이들의 액자가 걸릴 것이다. 이 사실에서 깊은 위안을 얻는다. 이 또한 모두 지나갈 것이다.

벼랑 끝의 사피엔스

못 하나가 모자라서….

어딘가의 속담

토바 호수

화산이 무너지면서 생긴 분지를 칼데라라고 한다. 토바 호수는
약 7만 5000년 전 토바 화산 폭발로 형성된 분지에 물이 괴어 만들어진
칼데라호다. 동남아시아에서 가장 큰 규모의 칼데라호이며,
길이는 100킬로미터, 너비는 30킬로미터에 이른다.

‡

미국의 유명한 만화가 개리 라슨Gary Larson이 그린 석기시대의 교실 삽화를 본 적이 있다. 그림 속 네안데르탈인 선생은 표범 가죽을 걸치고 무표정한 얼굴로 제자들에게 무언가를 말하고 있다. 선생의 생김새와 차림새는 학생들과 별반 다르지 않다. 그런데 그 가운데 유달리 달라 보이는, 어딘가 원숭이를 닮은 어수룩한 표정의 학생이 한 명 있다. 선생은 특별히 누군가를 주시하지 않은 채 이렇게 말한다. "성적표가 나왔는데, 통과하지 못한 학생이 있군."

통과하지 못한 학생은 누굴까? 원숭이를 닮은 그 학생이다. 이것이 천재 만화가의 눈에 비친 진화다. 이 삽화는 코믹하지만 쓸쓸한 뒷맛을 남긴다. 우리는 네안데르탈인에게 어떤 미래가 다가오고 있는지 알고 있기 때문이다. 네안데르탈인들은 그들이 진화의 가지치기에서 무사히 살아남았다고 생각하고 있지만, 우리는 그들의 차례가 머지않았음을 안다. 적자생존의 가지치기를 피하지 못한 모든 고인류는 역사 속으로 사라졌다.

다른 모든 종과 마찬가지로 인류종 또한 자연의 편집 과정에서 무수히 잘려나갔다. 자연은 엄격한 편집자처럼 작품 하나하나를 들여다보고 사정없이 가위를 휘둘렀다. 오스트랄로피테쿠스(삽화에 있던 그 어리숙한 학생), 호모 에렉투스, 호모 안테세

소르, 호모 하이델베르겐시스, 호모 네안데르탈렌시스 등은 지금까지 자연이 수행했던 수많은 실험의 흔적이다. 지금까지 발견된 이들의 화석은 한데 모아도 궤짝 몇 개에 담을 수 있을 정도로 적다. 그나마 이들은 용케 화석으로 남아 우리에게 알려지게 되었으나, 그 밖의 다른 버전의 인류들은 치아 한두 점만을 존재의 증거로 남긴 채 사라졌다. 지금까지 지구에 살았던 동물과 식물 중 90퍼센트가 절멸했다. 지구는 가늠하기 어려울 만큼 수많은 생명체로 가득 차 있지만, 자연은 그들의 수를 계속 덜어냈다. 그의 몇몇 자손들은 태어나자마자 죽었다. 개중에는 수백만 년 동안 살아남아 최종 선택을 받은 것처럼 보이는 이도 있었지만, 그들에게도 어김없이 끝은 찾아왔다. 자연은 연쇄살인마다. 이는 좋을 것도 나쁠 것도 없는 사실이다.

지구는 45억 살이고 우주의 나이는 이보다 3배 더 많다. 호모 사피엔스는 20만 년 동안 이 땅에 존재했다. 우주의 관점에서 보면 찰나와도 같은 시간이다. 인간의 수는 1800년에 처음으로 10억 명을 넘었고, 오늘날 지구상에는 약 80억 명의 인간이 있다. 전에 없이 많은 수다. 지금 우리는 마치 세계를 장악한 듯 기고만장하지만, 우리 종 또한 존재의 절벽에서 떨어지지 않으려고 버둥거리던 때가 있었다.

호모 사피엔스의 탄생에 이바지한 고대 인류 중 몇몇 부류는 수십만 년 동안 심각한 멸종 위기를 겪었다. 우리의 조상들은 아주 오랫동안 위태로울 정도로 멀찍이 흩어져 살았다. 2010년 유타대학교의 과학자들은 두 명의 현대인에게서 고대 인류의 DNA 꾸러미를 발견했다. 현대인의 DNA에서는 때로 유전학자들이 Alu(Arthrobacter luteus) 서열이라고 부르는 짧은 코드가 발견된다. DNA는 완강한 생존자다. 끊임없이 자신을 복제하는 데 뛰어난 능력을 지니고 있다. 유전체 속에 들어온 Alu 염기서열은 좀처럼 사라지지 않기에 오랜 조상부터 우리에게까지 끈질기게 이어져 내려올 수 있었다. 유전학자가 현대인의 유전체에서 Alu 염기서열을 찾는 것은 고고학자가 현대 건물의 밑바닥에서 고대의 주먹도끼를 찾는 것과 같다. 먼 과거와의 연결고리를 찾는 것이다.

유타대학교의 유전학자들은 두 현대인의 유전체를 서로 비교했다. 하나의 유전체에서 Alu 서열을 발견할 때마다 그것과 관련된 돌연변이 서열을 찾아 면밀히 분석했다. 과학자들은 두 현대인의 유전체에 존재하는 돌연변이를 비교하며 아주 먼 조상들의 DNA에 얼마나 많은 유전적 다양성이 존재했는지 추정했다. 또한 두 유전체 사이에 존재하는 차이의 정도를 조사하여 그 당시 인류의 인구 규모를 추정했다.

어렵고 복잡한 이러한 과정 끝에 얻은 결론은 허망할 정도로 단순한 것이었다. 과거 수백만 년 동안 생존했던 인류종의 개체수는 딱할 정도로 적었다. 호모 에렉투스, 호모 에르가스터, 그밖에 지금의 우리와는 완전히 달랐던 지구를 그림자처럼 스쳐 지나간 인류들이 중동, 아시아, 유럽에 점점이 흩어져 살았다. 아프리카에서 탄생한 이들은 어느 시점이 되자 다른 지역으로 퍼져나갔다.

DNA 가닥을 분석해서 실제 인구 규모를 추산하는 건 난해한 작업이다. 유타대학교 과학자들은 각 고인류 종의 인구가 3만

명을 넘지 않았을 것으로 추정했다. 전체 인구 가운데 재생산할 수 있는 개체 수가 절반에서 3분의 2 정도였다고 한다면, 1만 8000명 남짓 되는 이들에게 한 종의 운명이 달려 있었다는 말이 된다. 게다가 이 1만 8000명의 가임 인구가 대륙의 끝과 끝에 흩어져 있었다고 생각해보라. 로미오는 스페인에, 줄리엣은 터키에 있었다면 어떠했을지 말이다.

이 가설은 아직 검증되지는 않았다. 이 추정치가 의미하는 바에 대한 논쟁은 계속되고 있다. 아프리카와 유라시아 대륙 전역에서 고인류 화석이 발견되었으므로, 학계에서는 우리 조상의 수가 꽤 많았으며 우리가 그들 중 극히 일부의 화석을 발견했을 뿐이라고 생각했다. 그러나 최근에는 이와 정반대의 이야기를 들려주는 증거들이 속속 등장하고 있다. 수백만 년 동안 고작 몇 올밖에 안 되는 실낱들이 모여 호모 사피엔스라는 한 조각의 태피스트리를 만들어낸 것일지도 모른다.

비교적 최근에도 우리는 존재의 절벽에 아주 가까이 내몰린 적이 있다. 인도네시아 수마트라섬의 초대형 화산 분지에는 동남아시아에서 가장 큰 칼데라호인 토바호가 있다. 토바호는 길이 100킬로미터, 너비 30킬로미터, 깊이는 500미터에 이른다.

2017년 생물학자들은 토바호 남쪽의 열대우림에서 새로운 오랑우탄 종을 발견했다. 말레이어로 '숲에서 온 사람'이라는 뜻을 가진 오랑우탄은 침팬지와 보노보, 고릴라와 함께 인류와 가장 가까운 동물 가운데 하나다. 확실히 밝혀지진 않았지만 약 1500만 년 전 진화의 여정에는 갈림길이 나타났다. 그즈음 살고 있던 유인원의 공통 조상은 아마도 나무에서 생활했으며 무게는 20킬로그램 남짓 되었을 것이다. 갈림길에 섰던 이들 중 일부는 훗날 침팬지, 보노보, 고릴라, 오랑우탄으로 이어지는 길을 택했고, 나머지는 그 길에서 빠져나와 인류, 즉 우리가 되는 길을 걸었다. 2001년이 되어서야 생물학자들은 오랑우탄속屬에 보르네오 오랑우탄과 수마트라 오랑우탄이라는 두 종이 있다는 사실을 알게 되었다. 2017년 토바호 부근에서 발견된 오랑우탄은 세 번째 종으로, 서식지의 이름을 따 타파눌리tapanuli라는 종명으로 불린다. 현재 타파눌리 오랑우탄은 1000제곱킬로미터 남짓 되는 넓은 영역에 800마리 정도가 서식하고 있다고 한다. 이들이 처한 상황은 불과 얼마 전 우리 조상들이 겪었던 상황과 유사하다. 인류도 이와 비슷한 절멸 위기에 처했었기 때문이다.

7만 5000년 전, 인도네시아 수마트라섬의 토바 화산이 대폭발을 일으켰다. 지난 10만 년 동안 지구상에서 일어난 화산 폭발 가운데 가장 강력한 폭발이었다. 어마어마한 화산재와 먼지가 수년간 지구 전역의 대기를 뒤덮었다. 각 분야의 학자들(고고학자, 고인류학자, 생물학자, 식물학자, 기후학자, 유전학자)은 토바 화산이 초래한 결과에 관해 오랫동안 탐구해왔다. 몇 년간이나 하늘을 가렸던 화산재는 육지와 바다로 떨어졌다. 인도양과 아라비아해, 남중국해, 남극에서 뽑아낸 시추 시료에서 이 화산재가 포착되었으며 그린란드 빙원에서는 약 2.4킬로미터 깊이에서 발견되기도 했다. 인도에서는 네안데르탈인 혹은 호모 사피엔스가 만든 석기와 나란히 퇴적된 화산재가 나오기도 했다.

학자들은 토바 화산 폭발이 초래한 결과에 관해 의견이 분분하다. 아프리카 말라위 호수에서 시추한 시료에서는 화산 폭발

이 일어났던 시기 즈음의 꽃가루가 확인되기도 했다. 이는 화산 폭발 이후 화산 겨울(큰 규모의 화산 폭발 이후 화산재나 부산물로 인해 지구 온도가 낮아지는 현상)이 이어져 생명체가 자랄 수 없었을 거라는 가설에 배치되는 증거였다.

케임브리지대학교의 고고학자들은 인도 안드라 프라데시에 있는 선사 유적지 즈왈라푸람에서 토바 화산 폭발 전과 후에 만들어진 퇴적층과 거기서 나온 석기들을 면밀히 조사했다. 연구팀은 석기의 형태와 만듦새가 일관적이라는 증거를 들어 화산 폭발 전과 후에 같은 집단이 계속해서 살았을 것이라고 결론 내렸다. 석기의 주인이 네안데르탈인이었는지 호모 사피엔스였는지는 불분명하지만 말이다.

그러나 어떤 학자들은 토바 화산의 폭발로 생긴 다량의 먼지와 화산재가 10년 이상 하늘을 덮었으며, 화산 겨울이 더 오랫동안 이어졌을 거라고 본다. 만약 그렇다면 식물은 햇빛을 받지 못해 자라지 못했을 것이며 초식동물과 인간도 먹이를 구하지 못해 굶어 죽었을 것이다. 폭발 이후 겨우 2000~3000명 남은 인류가 먼지구름을 뚫고 새어 나온 한 줌 태양 빛에 의지해 겨우 삶을 부지했을 거라는 시나리오를 제시하는 학자도 있다. 그러나 사실 토바 화산 폭발이 일어나기 전부터 지구의 온도는 이미 수만 년 동안 꾸준히 낮아지고 있었다. 그러니 어쩌면 모든 게 묘한 우연의 일치일지 모른다.

인간의 외모는 왜 이처럼 다양한 것일까? 왜 우리는 피부색이 창백하거나 검거나 누르께하고, 눈동자가 푸르거나 갈색이거나 녹색이거나 불그스름한 걸까? 어떻게 바이킹과 줄루족,

산족과 몽골인으로 나뉘게 된 걸까? 유전학자들은 아프리카에서 기원한 현생인류가 같은 유전자를 나눠 가졌는데도 어떻게 이렇게 다양한 모습을 갖게 되었는지 이해하고자 했다. 어떤 종의 개체 수가 충분히 많다면, 여기저기서 돌연변이 염기서열이 발생하더라도 그것이 발현되고 퍼져나갈 확률은 크지 않다. 더욱이 돌연변이가 집단 전체의 본질을 바꾸는 일은 거의 일어나지 않는다. 규모가 크고 건강한 집단에서 무작위로 발생하는 돌연변이는 바다에 떨어진 잉크 한 방울처럼 자연스럽게 사라지기 마련이다. 유전학자들에 따르면 화산 폭발 같은 재난이 일어나 어떤 종의 개체 수가 급감하면 인구의 병목현상이 발생한다고 한다. 토바 화산 폭발 이후 몇십 년 동안 화산 겨울이 이어졌다면, 거의 수백 년 동안 기온이 뚝 떨어졌을 것이고, 수많은 종이 절멸 위기에 놓였을 것이다. 인류 개체 수가 급감하여 가임 인구가 몇 남지 않은 상황은 돌연변이에게 자기 유전자를 널리 퍼뜨릴 수 있는 절호의 기회였다. 토바 화산 폭발이 정말로 종말에 가까운 재앙이었다면, 돌연변이는 쉽사리 인구 전체에 퍼져나갈 수 있었을 것이다.

어떤 돌연변이는 단점보다 이점이 많았다. 가령 선천성 색소 결핍증이라는 돌연변이는 호모 사피엔스의 생존에 도움을 주었다. 햇빛이 부족한 지역에서는 창백한 피부를 가진 사람이 어두운 피부를 가진 사람보다 살아남기에 더 유리하다. 밝은 피부를 가진 사람은 매우 적은 양의 햇빛만 받아도 비타민 D를 합성할 수 있기 때문이다. 반대로 멜라닌 색소가 많은 어두운 피부는 강한 햇빛 아래에 있어도 손상이 적기 때문에 적도 부근 같은 환경에서도 생존할 수 있다. 선천성 색소 결핍증이라는 돌연변이가 없었다면 호모 사피엔스는 극지방에서 적도에 이르기까지 세계 곳곳에서 성공적으로 생존할 수 없었을 것이다.

자연은 우리의 생과 사에 관심이 없다. 생명의 책은 사정없이 편집되어왔고, 이는 멈출 수 없는 일이었다. 인류는 수백만 년 동안 존재의 벼랑 끝에 매달려 버텨 왔으나, 지난 200년 동안엔 지나칠 정도로 증식했다. 라슨의 만화에 나오는 네안데르탈인처럼 우리는 우리가 자연의 시험을 통과했다고 착각하고 있는 듯하다. 그러나 이는 어리석고 순진한 낙관일 수 있다. 어쩌면 우리는 여전히 시험대에 올라 있을지도 모른다. 지금과 같은 속도로 꾸준히 지구의 환경을 파괴한다면, 우리는 토바 화산 폭발보다 더한, 돌이킬 수 없는 위기를 맞을지도 모른다.

당신이 젖은 흙냄새를 좋아하는 이유

나무들은 썩고, 썩어서 넘어가고
수증기는 흐느끼며 땅에 눈물을 흘리고
사람은 태어나 밭을 일구다가 그 밑에 눕고
여러 여름이 지나면 백조도 죽는다네.

앨프리드 테니슨Alfred Tennyson, 「티토노스Tithonus」

레펜스키 비르

다뉴브강의 세르비아 쪽 기슭에 있는 중석기시대~신석기시대의 마을
유적이다. 유적에서 발견된 건물은 모두 같은 구조를 지니고 있었다.
사다리꼴 형태의 바닥에 붉은 진흙을 바른 것이 특징이다.

‡

신은 최초의 인간을 흙으로 빚어냈다. 이러한 이야기는 세계 곳
곳에서 찾아볼 수 있다. 자신의 조상이 자기가 살아가는 땅의
진흙에서 비롯되었을 거라는 상상은 그만큼 모두에게 썩 자연
스럽게 느껴졌던 듯하다.

　우리 개 그레이시는 습기 머금은 흙냄새를 좋아한다. 나도 그
냄새를 좋아한다. 촉촉한 흙냄새는 비가 다가오고 있음을 알려
주는 신호다. 나뭇잎들이 바람에 은빛으로 물들고, 그레이시는
머리를 높이 쳐들고 콧구멍을 벌름거린다. 킁킁거리며 공기를
들이마시고 기분 좋게 머리를 흔든다.

　페트리코petrichor(그리스어로 돌을 뜻하는 'petros'와 신들의 피
를 뜻하는 'ichor'를 합친 것)는 젖은 흙의 냄새를 뜻하는 단어다.
말랐던 흙이 습기를 머금을 때 내뿜는 향을 생각하면 된다. 자
연의 유기물이 생명을 다하면 흙 속의 악티노박테리아가 유기
물의 사체에 침투한다. 예컨대 나뭇잎이나 식물이 땅에 떨어지
면 악티노박테리아가 그것을 화학적 혼합물로 분해해서 생명
체가 다시 흡수할 수 있는 상태로 만든다. 건조한 시기에는 이
분해 과정이 더디게 진행되거나 멈춘다. 그러다 마침내 비가 내
리면(더 정확하게는 빗방울이 떨어지기 직전에 공기와 흙이 습기를
충분히 흡수하면) 이 과정이 다시 시작된다. 유기물이 분해될 때

는 지오스민geosmin이라는 자연 알코올이 생성된다. 지오스민은 흙에서 만들어지는 다른 식물성 기름과 결합하여 우리가 좋아하는 '촉촉한 흙냄새'를 만들어낸다.

인간은 물 없이 살 수 없는 동물이므로, 가뭄 뒤에 찾아오는 비에 특별히 민감할 수밖에 없다. 그래서 우리는 1조 개의 공기 분자 가운데 지오스민 입자가 몇 개만 섞여 있어도 그 냄새를 탐지해낼 수 있다. 이것이 인간이 비 냄새를 맡는 원리다. 물론 빗물 자체는 향이 없지만, 흙에서부터 뿜어져 나와 공기 중에 부유하는 비 냄새는 우리를 들뜨게 한다. 도시와 실내에서 주로 생활하는 현대인은 주는 거 없이 받기만 하려는 심보로 자연의 자원을 이용하려 든다. 현대인은 자연과 동물의 세계에서 더 멀어지는 것을 진보라고 여기는 듯하다. 그러나 우리가 다가오는 비 냄새를 맡을 수 있다는 사실, 그리고 그것을 좋아한다는 사실은 우리가 땅과 흙에 긴밀히 연결된 존재라는 걸 말해준다.

루마니아와 세르비아의 국경에 있는 제르다프Djerdap 협곡은 다뉴브강이 만들어낸 지형이다. 강의 중류 부근, 강이 남에서 동으로 흐르는 지점은 물살이 유난히 빠르고 수심도 깊다. 강한 물살이 쉼 없이 흐르며 바위를 깎아낸다. 햇빛이 주로 머무는 강의 오른편 기슭에는 부드럽게 경사진 말발굽 모양의 단구(강물이나 바닷물의 침식, 흙·모래·자갈의 퇴적으로 강·호수·바다의 연안에 생긴 계단식 지형)가 절벽 아래쪽 우거진 나무 사이에 비밀스럽게 자리해 있다. 지금으로부터 9000년 전, 몇몇 사람들이 그곳에 보금자리를 꾸렸다. 사냥꾼이자 어부였던 그들은 계곡이 가장 좁아지는 곳에 마을을 만들었다. 이곳이 바로 레펜스키 비르Lepenski Vir다. 레펜스키 비르는 세르비아어로 '붉은 진흙 소용돌이'라는 뜻이다.

레펜스키 비르의 최하층(이곳에 정착했던 최초의 주민들이 밟았던 땅)에서 나온 꽃가루를 통해 당시 마을 주변에 자작나무와 솔송나무속의 침엽수가 자생했음을 알 수 있었다. 이는 그 무렵의 기온이 오늘날보다 낮았다는 뜻이다. 레펜스키 비르의 주민들은 살을 에는 차가운 바람을 피하고자 깎아지른 절벽과 빽빽한 숲 근처 강기슭에 마을을 꾸렸다. 마을 뒤로는 숲과 동물들이, 앞에는 강과 물고기가 있었고, 주변에는 채집할 수 있는 야생 자원이 널려 있었다. 자작나무와 침엽수림 외에도 목재를 얻을 수 있는 너도밤나무, 팽나무, 노간주나무, 참나무 등이 있었고 엮거나 묶는 데 쓸 만한 덩굴식물도 풍부했다.

마을이 위치한 단구 맞은편의 강 건너 멀리에는 사다리꼴 모양을 한 높이 600미터의 트레스카박Treskavac 산봉우리가 모든 것을 내려다보고 있다. 마을 주민들은 이 산봉우리의 모양에 크게 영향을 받은 듯하다. 집의 바닥을 사다리꼴로 만들었기 때문이다. 케이크 조각에서 뾰족한 끝부분을 잘라낸 듯한 모양이다. 레펜스키 비르의 사람들은 일제히 강과 산봉우리가 바라보이는 방향으로 집을 세웠고, 초승달 모양(크레센트)으로 일렬로 이어지게끔 배치했다. 집을 지을 때는 근처 경사면에서 구한 분홍빛이 나는 석회석 이회토를 사용했다. 이회토를 불에 굽고 가루로 만든 다음 물과 재를 넣어 반죽해 일종의 석회 모르타르(시멘트에 모래를 섞어 물에 갠 것. 벽돌이나 석재 따위를 맞붙일 때 쓴다)를 만들었다. 그것을 땅에 펴 발라서 부드럽고 단단한 바닥을 만들었다. 마치 땅이 그들에게 할 일을 일러주고 그들은 그 말을 따른 것만 같다.

레펜스키 비르의 주민들은 모두 같은 설계도로 집을 지었다. 집의 중앙에는 직사각형 화덕을 놓았고, 구멍을 깊게 파 통나무를 넣고 돌로 단단히 고정했다. 이 모든 작업은 분홍색 콘크리트가 완전히 마르기 전에 마쳐야 했다. 기다란 기둥이 지붕을 떠받들고, 사다리꼴 평면 양쪽에 비스듬히 박힌 기둥들이 중앙의 지붕 기둥을 지지했다. 그 결과 정면은 넓고 높되 뒤쪽으로 가면서 비스듬히 낮아지는 형태의 집이 탄생했다. 지붕 기둥의 한쪽 끝은 기반암에 고정했다.

이 디자인은 그 후 2000년 동안 변함없이 유지되었다. 집을 지어 한 시절을 살았고, 때가 되면 낡은 집을 허물고 새로 지었다. 집 안에서는 종종 큼직한 강자갈로 만든 '물고기사람' 조각상이 발견되었다. 물 밖으로 나온 물고기처럼 눈을 부릅뜨고 헐떡거리듯 입을 쩍 벌리고 있는 형상이다. 어떤 이들은 그 조각상이 강의 신을 형상화한 것이라고 해석한다. 레펜스키 비르를 연구한 고고학자들은 그곳에 가장 먼저 지어진 건축물이 일종의 사당이었을 것으로 추측했다. 사당의 바닥은 공들여 만든 티가 났고 물고기사람 조각상이 나오기도 했다. 레펜스키 비르의 사람들이 자신을 위한 집을 짓기 전에 신들을 위한 집을 먼저 지은 것일지도 모른다.

레펜스키 비르의 사람들에게는 공동묘지 매장 풍습이 있었다. 그러나 때로는 집의 초석 아래에 시신을 묻은 것으로 보인다. 주거지의 땅 아래에서 유골 전체나 두개골, 턱뼈가 발견되었기 때문이다. 마을에서 발견된 어떤 무덤에서는 등을 바닥에 댄 채 다리를 사다리꼴 모양으로 접어 가부좌를 튼 유골이 나왔다. 우연인지 의도한 것인지는 아무도 모른다.

9000년 전 레펜스키 비르의 사람들은 아프리카에 살던 호모 사피엔스의 후손이다. 지금까지의 연구에 따르면 8만 년 전 아프리카 대륙에서 걸어 나온 모든 호모 사피엔스는 서로 연결되어 있다고 한다. 그중 일부는 수만 년에 걸쳐 중동을 지나 유럽에 도달했다. 최근 DNA 분석에 따르면 그 개척자들은 어두운 피부와 밝은색 눈동자를 가지고 있었다.

고고학자들과 고인류학자들은 네안데르탈인과 호모 사피엔스가 마주쳤을 때 어떤 일이 벌어졌을지 궁금해했다. 현대 유럽인의 DNA를 분석한 결과에 따르면 두 종은 짝짓기를 하기도 했다. 현대 아프리카인들의 살과 뼈에는 네안데르탈인으로부터 유래한 DNA가 없지만, 유럽인은 많게는 4퍼센트의 네안데르탈인의 DNA를 지니고 있다. 두 종의 만남 이후 수천 년 뒤 네안데르탈인은 멸종했지만, 우리의 게놈 안에는 여전히 그들의 메아리가 남아 있다. 두 종이 만났을 때 울려 퍼진 그 메아리는 강철에 부싯돌이 닿을 때처럼 불꽃을 만들어냈을 것이다. 새롭고 다른 것들이 한데 섞이면서 우리는 부분의 합을 뛰어넘는 존재가 될 수 있었다. 그 혼합물에서 한없는 창조성이 마법처럼 피어났다. 최초의 음성 언어와 완벽에 가까운 도구 제작 기술, 인류가 만들어낸 최상의 예술품들이 그것이다. 달과 별로 가는 길은 네안데르탈인과 호모 사피엔스 사이의 첫 자손에게서 시작되었을 것이다.

호모 사피엔스가 유럽에 당도하고 나서 네안데르탈인이 그 땅에서 얼마나 더 버텼는지에 관해서는 여러 의견이 있지만, 마지막 빙하기가 저물 무렵에는 얼마 남지 않은 한 줌의 네안데르탈인마저 칠판의 글씨가 닦여나가듯 사라진 뒤였다. 새로운 세입자인 호모 사피엔스가 그 땅을 통째로 차지한 것이다.

그러나 호모 사피엔스에게도 빙하기는 혹독했다. 학자들의 연구에 따르면 마지막 빙하기 동안 살아남은 인구는 불과 수천 명 정도였다. 그들은 유럽 남쪽 끄트머리에서 겨우 생을 유지하며 절멸의 벼랑 끝에 서 있었다. 지금으로부터 1만 2000년 전이 되자 비로소 빙하가 물러났고, 오랜 추위를 견디고 생존한 사람들은 시나브로 북쪽을 향해 퍼져나갔다. 레펜스키 비르에 정착한 이들은 빙하에 내주었던 땅에 다시 돌아온 사람들이었고, 아마도 어두운 피부와 밝은색 눈동자를 지녔던 이들의 후손이었을 것이다. 그들은 자기들이 흙으로 만들어졌다는 사실을 알고 있었고 집의 바닥을 바로 그 흙으로 마련했다. 각각의 집들은 하나같이 강과 산을 향해 놓였다. 레펜스키 비르 사람들의 뼈를 분석하여 얻은 결과에 따르면 그들의 주된 먹거리는 강에서 잡은 생선이었다. 그들은 자신들이 이 세계의 일부라는 사실을 감지하고 있었다. 우리처럼 그들도 젖은 흙냄새를 맡으면 곧 비가 내릴 거라는 사실을 알았다.

레펜스키 비르의 사람들은 2000년 동안 마을을 일구고 살았다. 2000년이라는 시간은 서구에 기독교가 존재했던 시간과 맞먹는다. 그들은 아마도 자신들이 보는 세상이 언제까지나 같은 모습일 거라고 생각했을 것이다. 그러나 그들 또한 우리 모두와 마찬가지로 세입자에 지나지 않았다. 레펜스키 비르에서 동남쪽으로 저 멀리 떨어진 차탈 후유크와 본주클루 후유크에는 다른 종류의 세입자들이 살고 있었다. 그들은 레펜스키 비르의 주민들과는 반대로 밝은색 피부와 어두운 눈동자를 가지고 있었다. 그들은 야생 밀을 순화시켰고, 농부가 되었다. 사냥꾼과 어부의 시간은 서서히 저물어가고 있었다.

기억

『오즈의 마법사』중에서 도로시의 말

헨버리 운석 충돌구 평원

호주 대륙 중심부에 위치한 이 평원에서는
약 5000년 전 운석이 충돌하면서 생긴 분화구들을 볼 수 있다.
가장 큰 분화구의 규모는 지름 180미터, 길이는 15미터나 된다.

✚

캘리포니아 실리콘밸리의 IT 선구자들은 먼 미래를 내다본다. 페이팔의 피터 틸이나 스페이스엑스의 일론 머스크는 21세기의 모세이자 세례자 요한이나 다름없다. 이들은 싱귤래리티 대학(미래학자 레이 커즈와일이 만든 아카데미로, 유전공학·나노공학·로봇공학 등 첨단 기술을 활용한 변화를 이끌 인력 양성을 목표로 한다)이나 인류미래연구소 같은 싱크탱크를 후원하며 추상적으로만 느껴지는 이론과 과학기술들을 현실화하고 있다. 이들은 미래가 탈인간의 것이라고 말한다.

트랜스휴머니즘은 10년도 더 전에 나온 아이디어다. 1990년 진보적 사상가 맥스 모어는 『트랜스휴머니즘: 미래주의 철학을 향하여』라는 에세이에서 트랜스휴머니즘을 이렇게 정의했다. "생명 증진의 원리와 가치에 따라 과학과 기술을 통해 현재의 인간 형태 및 한계를 넘어선 지적 생명체의 진화를 지속 또는 가속하는 것을 목적으로 하는 생명철학의 한 갈래." 트랜스휴머니즘을 지지하는 사람들은 디지털 우주에 인간의 의식을 업로드하면 서버에 전원이 들어와 있는 한 언제까지고 존재할 수 있을 거라고 설명한다. 더 나아가 이 의식을 로봇이나 사이보그에 다운로드하면 물리적 세계와의 직접적인 상호작용도 가능할 것이다. 듣는 사람의 관점에 따라 멋진 신세계처럼 느껴질 수도, 끝이 없는 지옥처럼 느껴질 수도 있는 이야기다.

기독교가 처음 등장했을 때, 사람들은 빈자와 부자, 남녀노소 가리지 않고 누구에게나 영생을 약속한다는 점에 끌렸다. 유일신 하나님을 믿기만 하면 모두 천국에 갈 수 있으며, 모든 영혼이 똑같이 중요하다는 개념은 가히 혁명적이었다. 그전까지 영생은 파라오나 소수의 선택받은 자들, 가장 용맹한 전사에게만 주어졌기 때문이다.

과학은 지난 수백 년간 느리지만 꾸준하게 이 개념을 지워나 갔다. 19세기 독일의 철학자 프리드리히 니체는 『즐거운 학문』에서 기독교 신의 사망진단서에 서명을 남겼다. "신은 죽었다. 신은 죽어 있다. 그리고 우리가 그를 죽였다." 이 글에는 어떤 감정도 담겨 있지 않다. 그래서인지 사람들은 니체가 신의 죽음을 기뻐하며 기념하고 있다고 오해하곤 한다. 그러나 사실 니체는 동시대인들과 미래의 동료 여행자들에게 신을 죽인 범죄에 대한 심판이 우리를 기다리고 있음을, 신의 부재로 생긴 진공상태가 다른 무언가로 채워질 것임을 경고하고 있다. "살인자 중의 살인자인 우리는 어떻게 스스로 구할 것인가? 이 세계가 지녔던 것 중 가장 신성하고 가장 강력한 자가 우리의 칼 아래 피흘리며 죽어 있다. 누가 우리의 피 묻은 손을 닦아줄 것인가? 단순히 그럴 가치가 있는 것처럼 보이기 위해 우리 자신이 신이 되어서는 안 되는가?"

트랜스휴머니즘은 육신을 초월한 영생이라는 인간의 오랜 소망을 부활시켰다. 과학을 토대로 한 트랜스휴머니즘에 영혼이 끼어들 틈은 없다. 대신 생물학적 '패턴(의식 또는 개인의 정체

성)'이 있다. 미래학자이자 트랜스휴머니스트인 레이 커즈와일
은 『마음의 탄생』에서 정체성을 "시간이 흘러도 지속되는 물질
과 에너지의 패턴"이라고 설명했다. 지금까지 패턴(소프트웨어)
은 인간의 뇌와 신경계(하드웨어)에서 구동되었고, 하드웨어가
낡고 닳아 없어지면 소프트웨어 또한 소멸했다. 그러나 곧 도래
할 과학기술의 도움을 받는다면 패턴(영혼, 의식, 정체성, 뭐라고
부르든)은 육신의 유한함이 미치지 못하는 영원에 도달할 수 있
을지 모른다.

　이 모든 이야기는 결국 '기억'으로 귀결된다. 트랜스휴머니즘
은 하릴없이 퇴화하는 우리의 살과 뼈가 우리의 기억과 패턴을
안전하게 보관해주지 못하므로 찾아낸 인위적인 방법이다. 영
원히 기억하고 기억되기 위한 노력인 것이다.

　호주 북부의 앨리스 스프링스라는 마을에서 남쪽으로 130킬
로미터를 더 가면 헨버리 운석 충돌구(태양계를 떠돌던 운석이
나 소행성이 행성에 충돌해서 만든 구덩이) 평원The Henbury Crater
Field이 나온다. 약 5000년 전, 시속 4만 킬로미터로 진행하던
니켈-철 성분의 운석이 대기 중에서 산산조각 난 후 이곳에 떨
어졌고, 표면에 충돌하며 한 무리의 구덩이를 만들었다. 우리
종은 약 6만 년 전부터 그 대륙에 살았던 것으로 추정되므로, 이
충돌을 직접 목격했을 수도 있다.

　19세기 후반 무렵 헨버리 스테이션이라는 이름이 붙은 수천
제곱킬로미터의 영토에는 유럽인 혈통의 호주인들이 살고 있
었다. 1899년 이 땅의 소유주 중 하나였던 월터 파크는 사람이
만든 것 같은 거대한 원형 구덩이를 발견하고 프란시스 길른

Francis Gillen이라는 민족학자에게 편지를 보낸다. 그러나 20세기가 될 때까지 아무도 그곳을 찾지 않았다. 그러다 1916년 광물 탐사자인 제임스 미첼James Mitchell이 우연히 마을 남쪽에 있는 대장간에서 니켈이 잔뜩 함유된 철 덩어리를 발견하게 된다. 미첼은 철 덩어리가 헨버리 스테이션에서 온 것이라는 이야기를 들었지만 1921년이 되어서야 그곳을 방문했고 더 많은 철 덩어리들을 찾아냈다. 이렇게 해서 미첼은 헨버리 평원의 구덩이가 운석의 충돌로 만들어진 운석 충돌구라는 사실을 알아낸 첫 번째 백인으로 기록되었다. 미첼은 호주 원주민들 사이에 헨버리 스테이션에 관한 무시무시한 전설이 있다는 사실도 알게 되었다. '오래전에 하늘에서 불의 악마가 내려와 그곳의 모든 걸 파괴했다. 그 후로 그 땅은 터부시되었다.' 길 안내를 해주던 원주민 가이드가 헨버리 평원에 동행하는 것만은 극구 거부하며 들려준 이야기였다. 그러나 이 모든 사실은 미첼이 보고를 게을리 한 탓에 세상에 매우 더디게 알려졌다. 그는 1930년대 초반이 되어서야 금속 시료를 애들레이드대학교에 보냈고 헨버리 평원은 그제서야 세간의 관심을 받게 되었다.

헨버리 평원의 원주민들은 그곳을 방문하는 과학자들에게 그들 사이에 전해 내려오는 전설을 들려준다. 아주 옛날 악마가 불과 죽음을 가지고 하늘에서 내려왔으며, 그곳에서 물을 마시는 사람은 누구든지 온몸이 '철로 가득 차는' 위험을 감수해야 한다는 이야기다.

이 전설에 관한 논쟁은 끝도 없이 이어졌다. 어떤 이들은 5000년 전 운석이 충돌할 때 주민들이 그 광경을 목격했고 그

것이 전설로 남아 후대에 전해졌다고 생각한다. 그렇다면 이야기가 수천 년을 이어져 내려왔다는 말이 된다. 논쟁의 반대편에 있는 회의주의자들은 원주민들이 유적을 조사하러 온 과학자들에게 들은 사실을 전설로 변주한 것이라 주장한다. 운석 충돌은 오래전에 잊혔다는 것이다. 어느 쪽이 맞는지는 모른다.

호주에는 운석 충돌과 관련된 스물여섯 곳의 유적지가 있다. 그중 몇몇은 호모 사피엔스가 그 대륙에 머물렀던 지난 6만 년 이내에 만들어진 것이다. 헨버리 평원의 전설은 수천 년간 이어져 내려온 목격담일까? 아니면 현재의 방문객들이 지어낸 이야기일까?

기억은 우리를 우리이게 한다. 불완전할지라도 말이다. 기억은 의식의 산물이다. 과학은 우주의 나이가 140억 년이라고 하고(그러나 이 숫자는 눈앞에서 어른거리는 오로라처럼 자꾸만 바뀐다) 호모 사피엔스의 나이는 약 20만 년이라고 한다. 우리가 아는 한 인간은 의식을 지닌 유일한 동물이다. 의식 없이는 자신을 인지할 수 없고, 시간도 인식할 수 없다. 우리는 우리가 동물이라는 사실을 아는 유일한 동물이며, 우리 이전에 시간이 존재했다는 사실을 아는 유일한 생명체다. 아무도 우리 이전에 존재했던 수십억 년의 세월을 세지 않았기에, 그 시간들은 없는 것이 되었다. 시간은 우리에게서 시작되었다. 우리 종의 의식이 깨어나자 우주도 비로소 처음으로 깨어났다.

호주 원주민들은 아주 오래전에 일어났던 온갖 사건들에 관해 이야기하는 걸 즐긴다. 하늘에서 내려온 불의 악마뿐 아니라 몇 년 또는 평생토록 이어진 가뭄에 관한 전설도 있다. 육지에 사는 씨족들은 광대한 내해內海를 기억한다. 이들이 들려주는 어떤 이야기는 현대 과학이나 지질학의 발견과 일치하기도 하고, 그렇지 않기도 하다. 전통적인 호주 원주민들은 그들이 호주에 영원토록 살아왔으며 그곳의 유일한 종족이었다고 이야기한다. 그러나 고인류학자와 유전공학자, 생물학자 들은 다른 이야기를 들려준다.

호모 사피엔스는 아프리카에서 처음 등장했다. 어느 시점에 이르자 그들은 그 광활한 대륙을 떠나 이동을 시작했고 중동을 거쳐 아시아, 유럽, 마지막으로 약 2만 5000년 전 오늘날의 베링해협을 따라 아메리카 대륙으로 향했다. 호주 원주민의 조상들은 6만 년 전 남아시아에서 호주로 건너갔을 것이다. 그러나 수만 년에 걸친 이 여정을 노래하는 전설은 어디에도 없다. 아프리카에서 긴 여정을 시작했을 때 우리 종은 의식을 지니고 있지 않았을 것이다. 한때 지구상에 존재했다가 오래전에 사라진 모든 종처럼 호모 사피엔스 또한 계획과 목적 없이 깊은 잠에 빠져 있었을 것이다. 호주의 토착 원주민들이 말하는 '꿈Dreaming'이라는 개념은 기억의 한계 너머에 존재하는 시간을 의미하는 듯하다. 호주 원주민들의 드림타임Dreamtime◇은 의식이 도래하기 전의 시간에 대한 희미한 자각인지도 모르겠다.

우리는 캔자스에서 아주 멀리 떠나왔다. 우리는 매일매일 더 빠른 속도로 우리의 육신과 동물적인 본성, 심지어는 인간적인 본성에서도 멀어지고 있다. 탄소로 만들어진 생명체의 탄생 이

◇   호주 원주민의 신화. 인류의 조상이 창조한 가장 복된 시대.

후 수십 억 년이 지난 지금 우리는 생명을 지닌 기계를 보고 있다. 이것이 반드시 나쁘다고 생각하지는 않는다. 그러나 마지막 한 발을 내딛기 전에 그것이 어떤 결과를 초래할 것인지, 그것이 무엇을 의미하는지는 정확히 알고 있어야 할 것이다.

'이니eeny, 미니meeny, 마이니miney, 모mo(하나, 둘, 셋, 넷)'는 로마시대 이전에 영국제도에서 사용했던 숫자 체계다. 잉글랜드 이북에는 다른 방식이 남아 있다. 요크셔 데일스 니더스데일에는 과거 그 지역의 목동들이 양을 세던 방식을 기억하는 이들이 있다. 야은yain, 타은tain, 에데로eddero, 페데로peddero, 핏츠pitts, 타이터tayter, 레이터layter, 오버로overo, 코버로covero, 딕스dix. 이러한 기억들은 실재하는 화석이며 역사라는 기반암의 파편이다. 기억하는 일은 자기 자신과 가족과 역사를 인지하는 방식이다. 기억이 사라지면 인간도 사라진다. 결국 방부제와 기계에 자리를 내어주게 되더라도 머릿속 기억을 잘 간직하는 편이 좋을 것이다. 아무리 불완전할지라도, 기억은 우리를 우리이게 하기 때문이다.

뼈와 망각

세상이 조금이나마 나아지는 것은,
일부는 역사에 기록되지 않은 행위 덕분이다.
그리고 당신과 내가 생각했던 것만큼
세상이 나쁘지 않은 까닭의 절반은,
눈에 띄지 않는 곳에서 성실히 살다가
찾아오는 이 없는 묘지에 잠든 이들이 적지 않기 때문이다.

조지 엘리엇,『미들마치』

잉글랜드 동남부 켄트주에 있는 신석기시대의 무덤이다.
사르센 사암으로 만든 묘실과 흙과 돌을 쌓아 만든 봉분, 봉분을 둘러싼
거석들로 이루어져 있다. 내부에서 열일곱 개체분의 인골이 발견되었다.

‡

2017년에 나는 오크니 본토 근처에 있는 루지Rousay섬을 방문한 적이 있다. 신석기시대 무덤 유적이 많아서 고고학자들은 이곳을 북부의 이집트라고 부른다. 나는 라이로의 언덕Knowe of Lairo이라고 불리는 무덤을 보기 위해 이곳을 찾았다. 'Knowe'는 야트막한 구릉, 그중에서도 인간이 만든 인공 언덕을 일컫는 옛말이다. 오크니 본토는 유명한 유적들(스카라 브레, 브로드가의 반지, 스테니스의 돌)을 보기 위해 몰려든 관광객으로 언제나 성시를 이룬다. 그에 비해 오크니 본토에서 배를 타고 들어가야 하는 루지섬은 훨씬 한산한 편이다. 라이로의 언덕은 평평한 단구 위에 흙을 쌓아 만든 무덤으로, 아인할로우 사운드라는 하천을 굽어보고 있다. 무덤 입구의 폭은 겨우 50~60센티미터로 진흙 바닥을 기어야 겨우 통과할 수 있다(신석기시대 무덤들은 대개 입구가 좁아 들어가는 데 애를 먹는다). 입구를 통과하면 두 사람이 겨우 들어갈 정도로 폭이 좁은 석실이 나타난다. 사암 재질의 판석을 솜씨 좋게 쌓아 만든 이 석실의 높이는 무려 4미터로, 위로 갈수록 좁아지게 디자인되어 있다. 양쪽 벽에 우묵하게 들어간 공간에는 사람의 뼈가 놓여 있었다. 양차 세계대전 사이에는 정성스레 만든 돌도끼와 토기 파편이 발견되기도 했다.

섬 주민 가운데 무덤 안에 들어가본 사람은 거의 없다고 한다. 주민들은 주변에 무덤이 워낙 많다 보니 딱히 특별한 감흥이 일지 않는다고들 얘기한다. 하지만 이건 뭘 모르는 외지인에게 하는 소리다. 어려서부터 무덤을 지키는 혼령 이야기를 들으며 자란 루지섬 사람들은 유적을 경외시하며 함부로 하지 않는다. 비교적 최근인 1911년 오크니의 한 농부는 정말로 유령을 만났노라고 보고한 적이 있다. 농부는 자기가 소유한 들판에 있는 유적지를 마구 헤집고 있었는데, 어디선가 회색 수염을 기르고 누더기를 걸친 노인이 나타나 이렇게 경고했다고 한다.

그대는 지금 자신을 파괴하고 있네, 내 말을 믿게, 친구여. 만약 멈추지 않는다면, 뒤늦게 후회해도 소용없을 걸세. 내 말을 듣게, 친구여. 내 집에서 떠나주게, 그렇지 않으면, 내 말을 잘 듣게, 한 삽을 더 뜬다면, 그대의 소 여섯 마리가 옥수수밭에서 몰살당할 것이네. 자네가 여기서 멈추지 않는다면, 친구여, 내 말을 명심하게. 그대의 가문은 여섯 번의 장례식을 치러야 할 것이네, 내 말을 명심하게. 잘 있게나, 친구여.

운 좋게도 나는 라이로의 언덕이 자리한 땅을 소유한 농부를 만나 이야기를 나눌 수 있었다. 농부에 따르면 과거 오크니제도의 작은 섬◇에 살던 사람들은 영국 본토는 말할 것도 없고 오크니 본토까지도 좀처럼 나가지 않았다고 한다. 루지섬만으로 충분했기 때문이다. 농부는 그들끼리 하는 이야기를 들려줬다.

◇   오크니제도는 약 70개의 섬으로 이루어져 있다.

어느 날 섬에 살던 한 노인이 치과를 방문하기 위해 난생 처음 오크니의 수도 커크월을 찾았다. 노인이 집으로 돌아오자 가족들과 이웃 들이 일제히 대도시에 관해 물었다. 그는 답했다. "거기엔 온통 집밖에 없어."

농부는 랜드로버 자동차를 샀다가 런던으로 가는 여행권에 당첨되었던 또 다른 농부의 이야기도 들려주었다. 비행기를 타고 런던에 도착한 농부는 그에게 도시 관광을 시켜줄 리무진 기사를 만났다. 기사는 농부에게 버킹엄 궁과 타워 브리지, 대영 박물관 등을 두루 안내해주고 저녁에는 소호의 나이트클럽에도 데려갔다. 루지섬에 돌아온 농부는 런던 여행이 즐거웠는지 묻는 친구들에게 이렇게 답했다. "어휴, 다신 안 갈 거야. 거긴 아무것도 없던걸."

통상적인 관점과는 다른 각도로 세상을 보는 이들의 이야기는 늘 흥미롭다. 모두가 똑같은 것을 추구하는 건 아니라는 사실을 알 수 있기 때문이다.

영국 켄트 지역의 트로슬리 마을 근방에는 콜드럼 거석 Coldrum Stones이라고 불리는 신석기시대 무덤이 있다. 콜드럼 흙무덤Coldrum Long Barrow이나 애드스콤 거석Adscombe Stones 으로 불리기도 한다. 유적이 여러 이름으로 불린다는 건 불확실함과 망각을 의미한다. 신석기시대는 우리의 기억이 닿지 않는 곳에 있기에 이야기는 계속 새로 쓰이기 마련이다. 덧없는 기억에 기대어 그곳에 살았던 첫 번째 농부들의 생각을 헤아릴 수 있을 리 만무하다. 그 시대의 개성은 시간 속으로 사라져갔다.

어떤 이름으로 부르든, 콜드럼 거석은 인류가 오크니제도에 만든 무덤 중 가장 오래된 것이다. 방사성탄소연대에 따르면 콜드럼 거석은 6000년 전에 만들어졌다. 켄트는 잉글랜드의 정원이라고 불릴 만큼 비옥한 토질을 자랑하는데, 신석기시대에도 마찬가지였을 것이다. 농사짓는 기술이 유럽에서 건너왔다는 점을 생각해보면, 유럽 대륙과 가까운 켄트에 빠르게 농경지가 만들어진 것은 놀랄 일이 아니다.

메드웨이강을 향해 동쪽으로 뻗은 야트막한 산등성이. 그 위에 쓸쓸히 서 있는 거대한 직사각형 모양의 사르센 사암. 오늘날 남아 있는 콜드럼 거석의 모습이다. 사르센sarsen이라는 단어는 아랍 또는 이슬람교도를 의미하는 '사라센Saracen'의 변형이다. 사르센은 잘 부서지는 규질사암의 일종이다. 한때 잉글랜드 남부의 지각을 구성하던 이 암석은 시간과 비바람에 떨어져 나와 돌과 바위가 되었다. 농경지를 개간하는 농부들에게 이 바위들은 골칫거리였다. 그런 연유로 '사르센'은 불편하고 비협조적인 것을 뜻하는 단어가 되었다.

콜드럼 거석은 라이로의 언덕만큼 잘 보존되지 못했다. 콜드럼 거석들은 송장처럼 뽑혀나갔다. 콜드럼을 이교도의 우상이라고 여겼던 고지식한 기독교인들이 수단과 방법을 가리지 않고 유적을 허물었기 때문이다. 거기다 유적 어딘가에 금과 보물이 있을 것이라고 믿은 도굴꾼들까지 나타나 무덤을 마구 파괴했다. 지금은 뚜껑도 없는 상자처럼 서 있는 돌들이 전부지만, 콜드럼 거석은 한때 사르센 연석으로 만든 무덤의 한가운데 위치한 석실이었다. 유적이 너무 황폐해진 탓에 지금은 확실히 말하기 어렵지만, 아마도 무덤의 동쪽 끄트머리에는 사르센 암석으로 만든 입구가 있었을 것이고, 그 앞에서 축제가 열리기도 했을 것이다. 묘실은 뚜껑 역할을 하는 돌로 덮여 있었을 것이다. 흙을 쌓아 만들었던 무덤의 원래 높이와 면적은 대략 추정해볼 수밖에 없다. 사람들은 19세기 전반부터 콜드럼 거석을 발굴하고 조사해왔는데, 가장 최근 연구에 따르면 묘실 내부에는 열일곱 개체분의 뼈가 매장되어 있었고, 마지막으로 무덤이 사용된 시기는 4000~5000년 전 무렵이라고 한다.

콜드럼이 활발히 사용되던 시기에는 아마 많은 이의 뼈가 그곳에 묻혔을 것이다. 그러나 지금은 열일곱 명의 유해(남성 다섯 명과 여성 네 명, 십대 네 명과 어린이 두 명, 유아 두 명)만이 남았다. 전체 공동체 중 단지 몇 사람만이 묘실에 안치되었을 것이다. 신석기시대 무덤에서 발견되는 유해가 극히 적다는 사실로 미루어볼 때 당시 사람들은 망자를 무덤에 안치하지 않고 다른 방식을 택했을 것이다. 고고학자들은 그들이 시신을 들판에 내놓고 야생동물과 새들이 자연스럽게 처리하도록 두었을 거라고 추정한다. 일부는 지금은 사라진 무덤에 안치되기도 했겠지만, 확실히 무덤은 소수의 사람에게만 주어진 안식처였다. 그들은 나머지 사람들과 무엇이 달랐을까? 무덤에 안치된 이들이 누구였든, 얼마나 특별했든 그때의 그 농부들과 건축가들은 모두 사라졌다. 한 줌의 뼈가 들어앉은 그곳은 한때 중요한 공간이었지만 이윽고 모두의 기억에서 멀어졌다.

콜드럼 거석에서 발견된 유해들은 온전한 형태로 따로따로 놓여 있지 않았고, 여러 사람의 뼈가 한데 엉켜 있었다. 연대측정 결과에 따르면 그 뼈들은 약 5000년 전 얼추 비슷한 시기에 묻힌 것이라고 한다. 뼈의 주인들은 특정한 지위를 가진 중요한 인물이었을 수도 있다. 혹은 원래대로라면 얼마간 석실에 안치되었다가 옮겨져야 했는데, 무덤이 폐기되는 바람에 그곳에 영원히 머물게 된 것일지도 모르겠다. 어쩌면 그들은 그 지역의 왕비와 왕, 공주와 왕자였을 수도 있다. 이들이 얼마나 특별한 인물이었는지는 알 수 없지만, 폭력을 알았다는 것만은 확실하다. 두개골 세 구(두 명의 여성과 한 명의 성별 미상 인물)에서 타격으로 인한 골절의 흔적이 발견되었기 때문이다. 그중 두 명은 부상을 입고도 얼마간 살다가 죽었지만, 한 명은 두개골 골절이 사인이 되어 그곳에 묻혔다.

과거 잉글랜드의 인구 밀도는 매우 낮았고, 사람들은 숲과 늪을 사이에 두고 드문드문 떨어져 살았다. 너른 경관 한복판에 우뚝 서 있는 콜드럼 거석은 마치 텅 빈 바다에서 전복된 요트가 보내는 비상 신호처럼 그곳을 지나는 사람들에게 메시지를 보냈을 것이다. 우리가 여기 있어…. 우리가 여기 있어…. 콜드럼 거석은 성지 순례를 하는 순례자의 길과 멀지 않은 곳에 있다. 그 길에 순례자의 길이라는 이름이 붙은 것은 비교적 최근의 일이다. 하지만 사실 그 길은 선사시대부터 이용되어왔고, 가늠할 수조차 없는 긴 역사를 지니고 있다. 역사가이자 시인이던 힐레어 벨록이 '가장 긴요하고 무엇보다도 절실한 것'이라고 표현했던 오래된 길이다. 옛사람들은 세상을 이해하고 연결할 방편으로 길을 만들고 발자국을 남겼다. 한때는 막막한 황무지였던 땅에 걸음을 옮길 수 있는 길을 만들어낸 것이다.

월트셔에 있는 웨스트 케넷 롱 배로우West Kennet Long Barrow

유적은 잉글랜드에서 가장 유명한(그리고 가장 많은 관광객이 찾는) 신석기시대 무덤이다. 웨스트 케넷 롱 배로우는 석회질의 흰 암석 무더기로 만든 무덤으로 길이가 무려 100미터에 이른다. 그러나 이곳 역시 극소수의 사람들을 위한 안식처였다. 고고학자들은 커다란 사르센 바위가 무덤의 입구를 막아 폐쇄되기 전까지, 웨스트 케넷 롱 배로우는 한 세대(약 25년) 동안 축제에 이용되었을 것이라고 추정한다. 그 기간 동안 여러 사람이 오가며 뼈를 안치하거나 도로 빼갔을 것이다. 여성과 남성, 젊은이와 노인의 뼈는 각각 다른 방에 놓였으며 콜드럼에서처럼 여러 사람의 뼈가 무더기로 발견되었다. 신석기시대 사람들은 시신을 한동안 들판에 내놓고 새들과 곤충들이 살을 처리하게 둔 다음 끈적하고 냄새나는 뼈를 추려서 무덤에 넣었을 것이다. 아무리 사랑하는 이의 시신이라고는 하지만 부패한 모습과 악취가 끔찍하지 않았을까? 그러나 그들은 그런 것들에 익숙했다. 한 무더기의 뼈에는 여러 사람의 두개골과 팔다리뼈가 한데 엉켜 있었다. 마치 한 사람 한 사람이 모여 하나의 커다란 형체를 만든 듯했다.

　신석기인들은 죽은 자의 뼈를 추려내고 이곳저곳으로 옮겼다. 괴이하게 느껴지기도 하지만, 사실 그들에게는 친밀한 행위였다. 사랑하는 가족이 죽으면 나머지 일가친척들이 그의 뼈를 집으로 옮기기도 하고, 때로 무덤에 있던 뼈들을 다른 곳으로 가져가서 또 다른 마법과 의례를 치렀을 수도 있다. 그들은 죽음을 가깝게 여겼다. 웨스트 케넷의 입구가 영영 닫혀버렸을 때 무덤 안에는 40구의 유해만이 남아 있었다. 한때는 그들이(비록 마른 뼈밖에 남지 않았다 하더라도) 산 자와 죽은 자 사이에 오가는 대화에서 선명한 목소리를 냈을 것이다. 우리는 더 이상 들을 수 없는 목소리다.

콜드럼 거석, 웨스트 케넷 롱 배로우, 라이로의 언덕, 그 밖의 다른 무덤들에 남겨진 뼈는 신석기시대에서 흘러나온 목소리다. 뼈의 주인들은 한때 그들의 세상에서 중요한 인물이었을 것이고, 그들의 이야기는 동시대 사람들과 후손들에게 널리 퍼졌을 것이다. 사람들은 망자의 뼈를 보물 상자에 담아 안전히 보관했고 그렇게 그들을 기억하고자 했다. 그러나 지금 우리는 그들을 완전히 잊어버렸고, 잃어버렸다. 한때 대단한 사람들이었던 그들은 이제 영원히 무명으로 남았다.

예나 지금이나 망각은 밀물처럼 밀려든다. 신석기시대 농부들은 기껏해야 수천 명밖에 되지 않았다. 그들은 누군가 죽으면 그의 유골을 돌로 만든 상자에 보관했고, 나머지는 들판에 내버려 두었다. 그것이 그들이 할 수 있는 최선이었을 것이다. 그토록 기억하고자 애썼지만, 기억은 오래갈 수 없었고 오래가지 않았다. 사후에도 기억되고자 하는 열망은 헛된 일이다. 그러나 21세기를 사는 우리 역시 잊히는 것을 두려워한다. 우리는 사라질 것이고 우리를 알고 사랑한 이들 역시 사라질 것이다. 우리는 잊힐 것이다. 우리는 그저 이 자명한 사실을 받아들이고 삶에 충실해야 한다.

사람이 앉았던 자리

❀

반대로, 반대로 돌아라, 시간이여.
훨훨 날아서 날 다시 어린아이로 만들어주렴,
오늘 밤만이라도!

엘리자베스 애커스 앨런Elizabeth Akers Allen,

「저를 토닥여 재워주세요Rock Me to Sleep」

둔 호수

‡

다양한 역사 다큐멘터리 프로그램을 진행하면서 나는 생물학, 화학, 물리학, 기계공학, 신경과학, 약학 등 다양한 분야의 과학자들과 협력해왔다. TV 방송 제작 과정은 으레 그렇듯 카메라 앞에 서는 시간은 짧고, 대기 시간은 길다. 그 기다림의 시간 동안 나는 함께 일하는 과학자들에게 궁금한 것들을 묻곤 한다. 예컨대 뇌 과학자를 만나면 이런 질문을 한다. 제 머릿속에서 제 아내의 휴대폰 번호는 어떤 모습을 하고 있나요?

지극히 작은 것들에 대한 과학인 양자론에 따르면 물질은 관찰되고 있을 때와 그렇지 않을 때 각기 다르게 행동한다고 한다. 관찰자가 존재하지 않는 상태의 우주는 일정하게 고정된 상태가 아니라 수많은 가능성이 뭉뚱그려진 덩어리에 가깝다는 것이다. 그렇다면 내 머릿속에 있는 무의식 역시 관찰되지 않은 상태의 우주처럼 모호한 상태일까? 아내의 전화번호를 떠올리거나 전화를 걸지 않을 때, 어수선한 내 머릿속에서 그 정보는 어떤 형태로 존재하는 것일까?

상상 속에서 나는 현미경으로 내 두개골 안의 독방에 들어앉은 뇌를 속속들이 관찰한다. 기억은 무엇으로 만들어지는가? 나는 여러 전문가에게 이 질문을 던져 보았는데, 그들의 대답은 대체로 비슷했다. 기억은 만질 수 있는 형태로 존재하기보다는,

일정한 순서로 나열되어 서랍에 보관된 서류에 가까웠다. 예컨대 아내의 전화번호는 내 머릿속에서 길이라는 형태로 존재한다. 열한 자리 숫자로 된 아내의 전화번호를 처음 알게 되었을 때 나는 마음속 풀밭에서 그 숫자를 따라 걸었다. 0, 7, 8… 내가 숫자를 따라 길을 내자 풀 몇 줄기가 납작하게 누웠다. 한 번만 기억하고 말았더라면 그 풀들은 내가 떠난 뒤에 이내 제자리를 찾았을 것이고 길은 흔적도 없이 사라졌을 것이다. 그러나 그 번호를 거듭 사용하면서, 즉 그 길을 몇 번이고 걸으면서 풀들은 완전히 납작해져 좀처럼 다시 일어나지 않았다. 오랫동안 남을 길이 만들어진 것이다.

길이 반드시 쭉 뻗은 직선인 것은 아니다. 핀볼이 이리저리 부딪치며 만드는 길처럼 지그재그 모양일 수도 있다. 번호를 떠올릴 때마다 나의 의식은 처음부터 끝까지 그 길을 밟는다. 내가 번호를 더 이상 기억하지 않으면 길은 사라질 것이다.

나는 기억에 관심이 많다. 왜 어떤 것은 기억에 남고, 어떤 것은 잊히고 만 걸까? 왜 기억하고 있는지 도무지 알 수 없는 편린들도 있다. 아무 일도 일어나지 않았던 하루의 어떤 순간들, 별 의미 없는 대화의 메아리, 비연속적인 사실들과 노래 구절들. 이것은 누가 만든 기억일까? 애써 길을 내려 하지 않았는데도 어째서인지 아주 뚜렷하게 남은 기억의 길들을 생각해본다. 1896년 프랑스 철학자 앙리 베르그송은 『물질과 기억』에서 "뇌의 기능은 기억하는 데 있는 것이 아니라 망각하는 데 있다"라고 했다. 이는 분명 옳은 통찰이다. 우리는 기억으로 남기는 것보다 훨씬 많은 순간을 경험한다. 시야와 소리, 냄새, 감정과 생각들… 우리의 뇌는 보관할 가치가 있는 정보를 담을 공간을 마련하기 위해 쓸모없는 길들을 지우느라 늘 바쁘다.

지구도 기억을 한다. 수십억 년의 세월 동안 지구에는 수없이 많은 생명이 살았고, 우리는 그들이 우연히 남긴 존재의 작은 흔적들을 발견하게 되곤 한다.

1985년 열여덟 살이던 나는 처음으로 고고학 발굴에 참여하게 되었다. 장소는 스코틀랜드 에이셔주 댈멜링턴에 있는 둔 호숫가였다. 몇 해 전 이곳에서는 석기시대 사냥꾼들이 쓰던 플린트(쇠에 대고 치면 불꽃이 생기는 아주 단단한 회색 돌. 부싯돌과 유사하다)의 부스러기와 사용하고 남은 처트(규산을 함유한 퇴적암)의 흔적이 발견되었다. 석기시대인들이 돌로 도구를 만들 때 생긴 이 같은 부스러기를 고고학자들은 '데비타지debitage'라고 부른다. 둔 호숫가의 데비타지는 지금으로부터 8000~9000년 전인 중석기시대의 것으로 추정되었다. 훗날 스코틀랜드가 될 땅은 마지막 빙하기를 지나고 있었고, 얼마 되지 않는 사람들은 생존을 위해 고군분투하고 있던 때였다.

우리의 발굴 책임자 토머스 램 애플렉은 사람 좋고 카리스마가 넘치는 매력적인 인물이었다. 그는 우리에게 4주 동안 호수 가까이에 있는 수십 제곱미터의 땅을 조사하게 했다. 우리는 몇 개의 구덩이를 조심스럽게 파 내려가며 모든 층을 기록하고 사진을 찍었다. 토머스는 1970년대에 두 번째 학위를 따기 위해 대학에 돌아온 60세가 넘은 늦깎이 학생이었다. 그전에 그는 식물학을 전공했으며 전투기 조종사로 전쟁에 나가기도 했고 채소 농원 경영자와 프렌치 불독 브리더로 일한 적도 있었다. 돈

키호테 같은 성격의 토머스는 잊기 힘든 독특한 인물이었고, 나의 뇌리에 영원히 사라지지 않을 길을 남겼다. 그는 우리가 발굴에 착수한 장소에 스타Starr라는 이름을 붙였다. 발굴 기간에 우리가 머물렀던 다 무너져가는 시골 민박집의 이름을 딴 것이었다. 그 집을 생각하면 요리할 때 사용했던 오래된 오븐과 거기서 피어오르던 자욱한 연기가 가장 먼저 떠오른다.

우리는 마치 대단한 고고학적 발굴을 앞둔 사람들처럼 비장하고도 호기로운 마음으로 땅을 파 내려갔다. 그러나 곧 예상치 못한 난관에 부딪혔다. 발굴 2주 차에 비가 내리기 시작한 것이다. 비는 좀처럼 그칠 기미가 보이지 않았다. 처음에는 단지 조금 불편하고 처량 맞은 것이 문제였지만 호수의 수위가 점차 높아지자 사태는 훨씬 심각해졌다. 우리가 애써 작업했던 발굴 구덩이 바로 근처까지 물이 차올랐다. 위기에 대처할 마땅한 방도를 찾지 못하자 토머스는 나를 근처 고지대의 평평한 땅으로 데려갔다. 2년 전에 그가 발굴구덩이를 팠던 장소였다. 구덩이는 프로젝트가 끝난 뒤에 다시 흙으로 메워졌고 나와 토머스가 다시 갔을 때는 지면 위에 아무 흔적도 남아 있지 않았다. 그곳에 도착하자 토머스는 2년 전 유적이 잠시 노출되었을 때 그린 평면도를 내게 보여주었다. 흩어진 석기 파편들이 그려진 그 그림은 마치 추상화처럼 보였다. 손톱보다도 작은 각진 격지◇들이 색종이 조각처럼 흩어져 있는 모습이었다. 평면도를 보는 내게 그가 가만히 물었다.

◇   석기를 제작하는 과정에서 떨어져나온 조각.

"어떤 패턴이 보이나?"

나는 그 무수한 형체들을 다시 바라보았다. 마치 우주 한가운데 있는 소행성 군단을 찍은 사진 같았다. 나는 고개를 저었다.

그는 나에게 한 번 더 자세히 보라고 하고선 평면도의 중심에 있는 두 쌍의 빈 공간을 가리켰다. 원형으로 난 그 빈칸에는 어떤 부스러기도 떨어져 있지 않았다. 맥주잔 받침 크기 정도 되는 한 쌍의 원형 아래로 그보다 작은 두 개의 원형이 보였다.

토머스가 일러주기 전까지는 그곳이 비어 있다는 사실조차 알아차리지 못했고, 보고 나서도 어리둥절하기만 했다. 나는 바보 같은 표정으로 토머스를 쳐다봤다.

"바로 여기가 부싯돌로 석기를 만든 사람이 무릎을 꿇고 앉았던 자리라네. 위쪽에 있는 큰 두 개의 원은 두 무릎이 닿은 공간이고, 그 뒤의 작은 원 두 개는 발끝이 놓였던 자리지."

그의 말을 듣고 느낀 충격이란! 둔 호수의 다른 모든 것들(토머스의 인간적인 매력, 끝없이 내리던 비, 오븐에서 나던 연기…)과 함께 나는 그 전율의 순간을 기억한다. 우리는 그 석기 제작자가 여성이었는지 남성이었는지도 알지 못했다. 그러나 수천 년 전 바로 그곳에서 누군가 얼마간 무릎을 꿇고 앉아서 자신에게 필요한 석기를 만들었다는 것만은 알 수 있었다. 나는 그의 무릎과 발가락이 닿은 자리에 손을 대보았다. 얼마간의 노동이 끝나자 그는 자리에서 일어나 그가 가야 할 곳으로 영원히, 완전히 사라졌다. 사랑하는 사람의 신발 끈을 고쳐매 주거나, 떨어진 물건을 줍기 위해 무릎을 꿇는 사소한 행동들을 우리는 살면서 얼마나 자주 할까? 지금으로부터 수천 년 뒤 당신을 전혀 알지 못하는 미래의 누군가가 당신이 잠시 머물렀던 자리를 발견하는 것을, 그 흔적이 당신의 존재를 증언하는 순간을 상상해보라.

내가 고고학에 매력을 느끼는 가장 큰 이유가 바로 이것이다. 역사는 책이나 편지, 일기, 문서, 묘비명 등의 문자로 구성된다. 문자로 적힌 이야기들은 정보를 담고 있지만 글쓴이의 관점에 따라 쉽게 왜곡되기도 한다. 그에 반해 고고학은 사람들이 남기고 간 것들, 말이 없는 사물들을 연구하는 학문이다. 무덤, 건축물, 예술품 등 어떤 것들은 공들여 제작되어 특정한 자리에 배치되고, 어떤 것들은 그저 버려지거나 우연히 사라졌다. 둔 호숫가에서 찾은 무릎과 발가락이 닿았던 자리처럼 무심코 남겨진 무언가도 있다. 누구에게 보이려는 목적으로 만들어지지 않았으나, 수천 년이 지난 후 누군가에게 발견되어 평생 잊지 못할 기억으로 남게 된 무언가.

고고학자로 일하는 동안 나는 비어 있는 곳에서 가장 많은 의미를 찾아냈다. 이는 내가 별로 중요하지 않으며 가치 없다고 느끼는 것들이 실제로는 그렇지 않을 수 있다는 사실을 깨닫게 했다. 1만 년 정도가 흐르면 나와 당신, 우리가 한때 가졌던 모든 것이 다 사라질 것이다. 그러나 어쩌면 우리가 소중히 여기지 않았던 무엇인가는 오래도록 남아 기억될지 모른다. 어쩌면 아무 의미도 없어 보이는 사소한 행동이나 몸짓도 미래의 어떤 시간에서는 완전히 다른 의미를 지니게 될지도 모른다. 우리는 우리가 기억될 것인지 잊힐 것인지 선택할 수 없고, 어떻게 기억될 것인지는 더더욱 그렇다. 그것은 다른 이들에게 달렸다.

6

공존

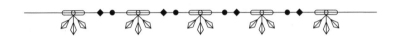

네안데르탈인과 호모 사피엔스

❧

그러나 내 마음은 외로운 언덕에서 사냥하는
고독한 사냥꾼
녹색은 외로운 언덕, 저 멀리 그늘진 곳
백색은 사냥꾼의 채석장, 한때 사랑했던 사람의 얼굴.

윌리엄 샤프William Sharp, 「고독한 사냥꾼The Lonely Hunter」

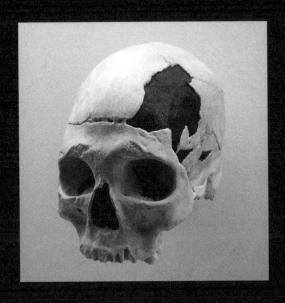

페슈테라 쿠 오아세의 화석

'뼈들의 방'이라는 뜻을 가진 루마니아의 페슈테라 쿠 오아세 동굴에서
발견된 호모 사피엔스의 화석. 3만 8000년 전의 것으로 추정되며,
유럽에서 발견된 가장 이른 시기의 현생인류 두개골이다. 이곳에서 발견된
화석들은 높고 둥근 이마와 뚜렷한 턱 등 현생인류의 특징을 보이지만,
네안데르탈인의 유전자도 지니고 있었다.

‡

다뉴브강은 독일 바덴에서 시작하여 오스트리아와 헝가리, 발칸반도의 여러 나라를 거쳐 흑해로 흘러들어간다. 다뉴브강은 현재 유럽의 주요 교통로로 이용되는데, 호주 출신의 고고학자 고든 차일드는 선사시대 사람들도 이 강을 주요 이동 경로로 삼았다고 주장했다. 그의 주장 이후 이 가설을 뒷받침하는 증거가 줄줄이 등장했다. 수백만 년 동안 인류의 갈래에 속했던 수많은 이가 지푸라기 쓸리듯 다뉴브강과 라인강 사이 계곡과 협곡을 따라 흘러 들어갔다. 호모 에렉투스가 유럽으로, 종국에는 영국 제도로 들어갈 때 밟았던 경로도 바로 이 길이었다.

다른 고인류들처럼 호모 사피엔스 또한 탐험가였고 방랑자였다. 그들은 끊임없이 퍼져나가 지구의 모든 곳에 이르렀다. 호모 사피엔스의 여정은 아프리카에서 시작되어 중동으로 이어졌고, 이전부터 사용되던 동쪽 길을 따라 아시아와 호주, 베링해협을 통과해 아메리카 대륙으로 뻗어나갔다. 한 사람이 평생 동안 얼마나 멀리 이동했는지 누가 알겠는가? 그들은 수천 년에 걸쳐 점증적으로 이동 거리를 늘렸다. 더 많은 산등성이를 넘고 더 많은 강을 건너며 지구의 구석구석으로 퍼져나갔다. 서쪽으로 향했던 사람들은 차일드가 말했듯 다뉴브강을 따라 걸었다. 그들의 후손들은 훗날 루마니아와 세르비아 사이의 국경

지대가 될 땅을 밟았고, 철문Iron Gates이라고 알려진 가파르고 좁은 협곡을 통과했다.

호모 사피엔스는 지금으로부터 약 4만 년 전에 유럽 대륙에 입성했다. 그러나 그들이 유럽에서 멀지 않은 이스라엘 땅에 당도한 것은 무려 17만 7000년 전으로 추정된다. 이스라엘 카르멜산에 있는 미슬리야 동굴에서 호모 사피엔스의 특징(네안데르탈인에 비해 좁은 얼굴 형태, 좁은 이마, 전체적으로 덜 강건한 인상, 뚜렷한 턱)을 가진 젊은 성인의 왼쪽 위턱뼈 일부가 발견되었기 때문이다. 즉 호모 사피엔스는 유럽 대륙을 바로 코앞에 두고도 건너가지 못했다. 그들은 이르면 6만 년 전에 유럽보다 훨씬 더 멀리 있는 대륙인 호주에 발을 디뎠다고 알려져 있다. 그런 그들이 서쪽으로 더 나아가지 못했던 이유는 무엇일까?

호모 사피엔스는 예민한 지각과 숙련된 기술을 갖춘 이들이었다. 능력과 용맹함으로 무장하고 자신보다 훨씬 덩치 큰 사냥감을 제압했으며 공포와 위험에 맞섰다. 사냥감이 가득한 광대한 유럽 대륙을 선망했을 호모 사피엔스는 왜 그토록 오랫동안 유럽의 코앞에서 서성이기만 했을까?

고고학자들과 고인류학자들은 한 종류 혹은 더 많은 인류가 이미 그 땅에 살고 있었기 때문이라는 설명을 내놓았다. 동쪽으로 방향을 잡은 호모 사피엔스는 해양 자원을 적극적으로 활용하며 해안을 따라 전진했을 것이다. 전임자들(네안데르탈인, 호모 에렉투스 등)은 해양 자원을 간과하거나 기피했을 것이다. 신출내기들은 틈새시장인 해안을 따라 동쪽으로 멀리멀리 나아갔다. 반면 서쪽으로 진입하기 위해서는 동물과 육상 자원이 있는 내륙 깊숙한 곳으로 들어가야 했는데, 그곳에는 이미 오래전부터 다른 이들이 살고 있었다. 고도로 숙련된 그 땅의 지배자, 네안데르탈인 사냥꾼들이었다. 호모 사피엔스보다 크고 강하며 오랫동안 춥고 혹독한 기후에 적응해 살아남은 네안데르탈인의 존재는 남쪽 출신 이주민들에게 두려움 그 자체였을 것이다. 어두운 피부에 털 없이 매끈한 몸을 가진 호모 사피엔스는 그들이 차지하고 있는 차가운 세상에 들어간다는 생각만으로도 몸을 떨었을 것이다.

1994년부터 1998년 사이에 독일 니더작센에 있는 쇠닝겐 유적에서는 나무로 만든 창들이 발견되었다. 오늘날의 창과 비교해도 손색없을 정도로 세련된 솜씨를 자랑하는 이 도구는 길이 180~240센티미터 정도로, 가문비나무와 소나무로 제작되었다. 창끝의 3분의 1지점에 무게중심을 두었는데, 오늘날 창던지기 선수가 사용하는 창도 이와 동일하다. 가늘고 맵시 있는 이 창은 10미터 이상을 날아가 사냥감에 치명상을 입힐 수 있었다. 이 도구의 제작자는 네안데르탈인이었다.

이 창의 발견은 네안데르탈인의 기술과 능력에 대한 기존의 인식을 완전히 바꿔놓았다. 이러한 도구를 만들고 사용했다는 사실은 그들이 섬세하게 소통할 수 있었고 크고 위험한 먹잇감을 잡기 위해 계획을 세우며 그에 대비해 자신을 무장할 수 있었다는 것을 뜻한다. 다시 말해 쇠닝겐에서 발견된 창들은 네안데르탈인이 우리의 생각보다 더 현대적이며 지혜로웠다는 사실을 일깨워주었다. 네안데르탈인이 둔하고 멍청하여 호모 사피엔스에게 쉽사리 쫓겨났을 것이라고 여기던 사람들은 생각

을 바꿔야 했다. 네안데르탈인은 수천 년 동안 유럽이라는 사냥
터를 잘 관리하며 유지해온 이들이었다.

때가 되자 사냥꾼이자 어부였던 한 무리의 사람들이 다뉴브
강을 통과해 레펜스키 비르에 정착했다. 시간이 더 흐른 뒤에는
차탈 후유크에서 어깨를 서로 바짝 맞대고 살아가던 농부들이
사냥꾼과 어부의 자리를 대신했다. 유럽 땅 곳곳에는 사원과 헨
지, 둥글게 늘어선 선돌, 죽은 자와 산 자들의 집이 만들어졌다.
그리고 이 모든 것들이 일어나기 전에 유럽으로 향하는 길이 열
렸다. 모두가 알고 있었지만 누구도 의식하지 못한 채, 그저 끊
임없이 밀려드는 발자국을 따라 길이 났다.

네안데르탈인은 빙하기의 어떤 시기에 유럽에 살았다. 네안
데르탈인의 삶과 시대에 대해 점점 더 많은 게 밝혀지고 있지
만, 여전히 많은 부분이 수수께끼로 남아 있다. 네안데르탈인은
50만 년가량 이곳저곳에 흩어져 살았고, 변화하는 세계에 맞춰
진화해나가다가 끝내 멸종했다. 1856년 뒤셀도르프 근처의 네
안데르 계곡에서 처음으로 네안데르탈인의 화석을 발견한 우
리는 그들에 대한 험담을 일삼았다. 처음 발견된 뼈들을 바탕으
로 그들이 우람한 체격을 가지고 있었을 거라고 추정했고, 체격
에 걸맞게 게으르고 둔하며 바보 같았을 거라고 상상했다. 그
뒤로 네안데르탈인에 대한 인식이 조금씩 나아지기는 했지만,
여전히 그들은 현생인류의 그늘 뒤에 구부정하게 선 모습으로
그려지곤 한다. 우리는 그들과 멀찌감치 거리를 둔 채 우리가
친족 관계라는 사실을 믿고 싶지 않아 한다. 가난한 가족을 부
끄러워하는 사람처럼 군다.

성경의 「창세기」에는 우리와 네안데르탈인의 관계를 묘사한 듯한 이야기가 나온다. 이삭의 아내 리브가가 쌍둥이를 임신하자 하느님은 그가 '태중에 두 민족을 품고' 있으며 '한 족속이 다른 족속보다 강하다'고 일러주었다. 에서는 먼저 태어나 장남이 되었다. 그는 털옷을 입은 듯 온몸이 붉은 털로 뒤덮여 있었다고 한다. 어머니가 에서를 품에 안기 전, 미처 태어나지도 않은 야곱이 리브가의 자궁에서 한 손을 쑥 뻗어 마치 도로 끌어들이려는 듯 에서의 발꿈치를 붙들었다. 쌍둥이는 완전히 다른 모습으로 성장했다. 에서는 '능숙한 사냥꾼, 들사람'이었고 야곱은 '장막에 거주하는 조용한 사람'이었다. 그러나 이윽고 야곱은 꾀와 속임수를 써서 형의 장자권을 빼앗는다. 야곱은 아버지의 모든 재산과 축복을 얻어내고 에서가 가진 모두를 빼앗았다. 성경 속 이 이야기는 현생인류가 형뻘인 네안데르탈인에게 저지른 일에 대한 화석화된 기억이 아닐까? 우리는 네안데르탈인을 동굴에 사는 괴물로 기억함으로써 한때 그들 몫의 유산을 빼앗은 우리를 정당화하려는 건 아닐까?

2002년 2월, 동굴 잠수부들이 루마니아의 아니나 마을 근처에 있는 협곡 '철문' 아래로 깊이 들어갔다. 물에 잠긴 통로를 기어가자 지하에 있는 통로와 방이 나왔다. 벽에 난 아주 작은 틈에서 마치 숨을 내뱉는 것 같은 공기의 흐름이 포착되었다. 잠수부들이 조금씩 꿈틀대며 공기가 흘러나오는 쪽으로 나아가자 그들의 눈앞에 또 다른 오래된 공간이 나타났다. 그들은 그 공간에 '페슈테라 쿠 오아세Peştera cu Oase'라는 이름을 붙였다. 루마니아어로 '뼈들의 방'이라는 뜻이었다. 고고학자들은 잠수부들이 찾아낸 그 공간이 1만 7000년 동안 누구의 방해도 받지 않은 채 잠들어 있었다는 사실을 알아냈다. 그곳에서는 동굴곰과 늑대, 염소를 포함해 온갖 포유류의 뼈 5000점이 발견되었다. 어떤 곰 뼈들은 제단처럼 생긴 바위에 조심스럽게 올려져 있었다. 뼈들의 방에서는 아래턱뼈 한 점을 비롯해 인간의 뼈도 발견되었다. 방사성탄소연대를 측정한 결과 인간의 뼈는 약 3만 8000년 전의 것이었다. 유럽에서 발견된 가장 오래된 현생인류의 증거였다.

　연구자들을 더욱 놀라게 한 건 페슈테라 쿠 오아세의 인류 화석이 호모 사피엔스와 네안데르탈인의 DNA를 모두 지닌 하이브리드라는 사실이었다. 뼈 모양만으로도 그렇다는 사실을 어느 정도 유추해볼 수 있었다. 페슈테라 쿠 오아세에서 나온 어떤 두개골 화석은 뚜렷한 아래턱뼈를 지니고 있었고, 네안데르탈인의 이마에 있던 안와상융기는 갖고 있지 않았다. 이는 분명 호모 사피엔스의 얼굴에서 찾을 수 있는 중요한 특징이다. 그러나 현생인류와 닮긴 했지만, 고인류의 특징을 가진 두개골들도 발견되었다. 뼈 전문가들이 DNA를 분석해본 결과, 페슈테라 쿠 오아세에서 발견된 인류 화석 중 적어도 하나는 네안데르탈인에게서 전해 내려온 유전자 몇 가닥을 지니고 있다는 게 밝혀졌다. 그 뼈의 주인은 네안데르탈인과 현생인류의 결합으로 탄생한 선조로부터 겨우 4~6세대 아래의 사람이었다.

　호모 사피엔스와 호모 네안데르탈렌시스 사이에 한때 이종교배가 일어났다는 사실이 밝혀진 것은 비교적 최근의 일이다. 현대의 모든 유럽인은 네안데르탈인의 유전자를 지니고 있다.

오늘날 학자들은 현대인의 다양성(우리를 우리답게 하는 것)을 만들어낸 근원이 바로 네안데르탈인과 현생인류의 이종교배였을 것이라고 본다. 미래를 여는 열쇠를 가진 자는 아프리카에서 등장한 호모 사피엔스가 아니었다. 강인하고 지혜로웠던 네안데르탈인도 아니었다. 가장 빼어난 솜씨를 지닌 자는 그 둘이 함께 만들어낸 종이었을지 모른다.

다뉴브 회랑을 따라 북서쪽으로 향하던 호모 사피엔스는 우연히 네안데르탈인과 마주했을 것이다. 그 둘은 함께 어울렸고 자녀를 낳았고, 그 자녀들 가운데 하나쯤은 자손을 보았을 것이다. 그리고 이 땅에는 그들의 뼈가 먼지가 되어 남아 있을 것이다.

선조들이 다뉴브강을 건너온 이후 우리는 오랜 세월 길을 잃고 헤맸다. 한때 우리 종을 두려움에 떨게 했던 존재들은 이제 모두 잠들어버렸다. 인간은 한때 높은 봉우리를 신성시하고 두려워했으나, 지금은 지구에서 가장 높은 에베레스트산마저 등반의 대상이 되었다. 에베레스트산의 옛 이름은 '지구의 어머니 신'이라는 뜻의 초모룽마Chomolungma였다. 산이 그 이름으로 불리던 시절에는 정상을 오르는 것은 말할 것도 없고 산비탈을 지나는 것조차 금기시되었다. 지금은 등반자들을 위해 마련한 베이스캠프가 쓰레기로 가득하다.

찾는 이 없는 저 멀리 어딘가에 우리 모두의 고향이 있다. 우리는 그곳에서 너무 멀리 떠나온 나머지 그곳을 알아보지도, 그리워하지도 못한다. 그러나 그곳(우리를 둘러싼 모든 곳)은 언제나 눈을 크게 뜨고 우리를 내려다보고 있다. 조만간 자연에 용

서를 구하고 그동안의 잘못에 대한 대가를 치러야 할 때가 올지
도 모른다.

동물과 인간

❧

옛 인간 종족은 모든 타조의 조상뻘인 새의 날개 아래서
몰래 불을 훔쳤고 이기적인 목적으로 사용하기 시작했다.
동물들은 겁을 먹고 인간에게서 멀리 달아났다.
그러나 동물들은 떠나간 이후에도
한때 그들이 인간과 조화롭게 대화할 때
나눴던 소리의 의미를 결코 잊지 않았다.

로런스 밴더포스트Laurens van der Post, 『바람 같은 이야기A Story Like the Wind』

쇼베 동굴 벽화

프랑스 남부 아르데슈에 있는 쇼베 동굴에서는 약 3만 년 전의 후기
구석기시대 동굴 벽화가 발견되었다. 목탄과 황토로 그린 말과 들소,
매머드 등 수백 개의 동물 그림이 구불구불한 석회암 벽을 채우고 있다.

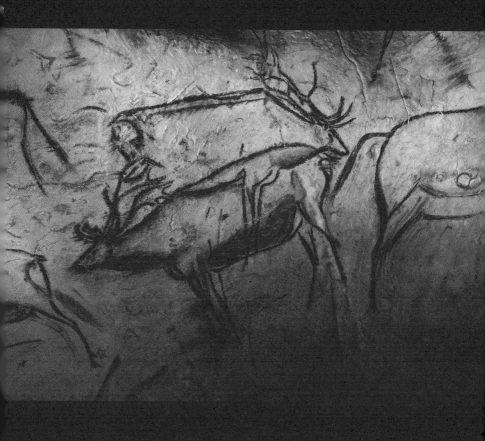

‡

브리태니커 백과사전에 따르면, 미술사에 처음으로 등장한 완전한 미술 전통은 2만 년 동안 이어진 '오리냐크Aurignac'라고 불리는 구석기시대의 한 시기에 시작되었다. 오리냐크라는 이름은 이 미술 전통이 처음으로 알려지게 된 프랑스 남부 오트가론 지방의 오리냐크 동굴에서 따온 것이다. 이 동굴에서는 3만 년 전의 고인류 화석 다섯 구가 발견되었다. 모두 건장한 생김새를 지닌 그들은 바로 우리 종의 첫째이자, 유럽에 나타난 완전한 현대인 크로마뇽인이었다. 장담할 수는 없지만 이들은 유럽 대륙에서 약 4만 년 혹은 그보다 더 긴 시간을 살았으며, 첫 1만년 동안은 네안데르탈인들과 땅을 공유했다.

크로마뇽인은 마지막 두 번의 빙하기 사이인 간빙기에 유럽에 살았다. 그곳에 먼저 온 네안데르탈인처럼 그들도 동굴을 이용했다. 그들은 수백억 년 동안 세차게 흐른 물이 만들어낸 구불구불한 석회암 동굴에 벽화를 그렸다. 이번 장에서는 그들이 남긴 그 예술 작품에 관해 이야기해보려 한다.

1994년 12월 장-마리 쇼베Jean-Marie Chauvet를 선두로 한 세명의 동굴탐험가들이 프랑스 남부 아르데슈Ardèche에 있는 석회암 동굴의 좁은 입구 안으로 들어갔다. 오늘날 르 퐁 다르Le Pont d'Arc라고 불리는 거대한 천연 석회암 아치가 근방에 있는

르 폼 다르

곳이다. 쇼베가 이곳에 온 것은 '바바Baba'라고 불리던 그의 친구이자 동굴탐험가 미셸 로사Michel Rosa에게 동굴에 대한 정보를 들었기 때문이었다. 같은 해 봄 바바는 그곳 부근의 작은 틈에서 공기가 흘러나오는 것을 감지하고 그 너머에 동굴이 있을 것이라 추정했다. 바바는 동굴에 진입하지는 못했지만, 자신이 찾은 것을 쇼베에게 말해주었고 그해 말 쇼베가 다른 두 명의 친구들과 그곳의 동굴을 찾아냈다. 바바 동굴이라는 이름이 붙을 수도 있었던 그 동굴은 쇼베 동굴이라고 불리게 되었다.

수십만 년 전, 어두컴컴한 곳을 찾아 헤매던 크로마뇽인 무리는 거대한 르 폼 다르를 보며 매머드의 굽은 등을 떠올렸을 것이다. 그 모습에 감명을 받은 그들은 땅속 세계를 더 탐험하기로 했을지도 모른다. 크로마뇽인들이 이용했던 동굴 입구는 2만여 년쯤 전에 낙석으로 가로막히고 말았지만 쇼베가 찾은 것보다 더 오래되고 진입하기도 쉬운 입구였다. 그들은 그곳을 통해 다른 세계로 들어갔다. 매머드와 동굴사자, 키가 4미터나 되는 곰과 거대한 뿔을 지닌 메갈로케로스가 사는 밝은 세상을 뒤로하고 동굴 안으로 들어간 것이다.

벽화를 남긴 그 예술가들이 동굴에 거주했던 것 같지는 않다. 그들은 때마다 경건한 마음으로, 혹은 떨리는 마음으로 동굴을 찾아 바위 표면에 동물들을 그렸다. 땅 위에서는 사냥을 위해 그들을 쫓아다녔지만, 땅 아래 세계에서는 그들의 다른 본질을 쫓았다. 그곳에서 동물은 사냥감이 아닌 동료 여행자일 뿐이었다. 크로마뇽인들은 횃불에 의지해 바위 표면을 더듬어가며 적당한 위치를 찾았다. 불을 피워 나온 숯으로 그림을 그렸고 불그스름한 황토 가루로 피와 생명을 표현했다. 숯을 묻힌 손가락과 말 털로 만든 붓으로 형상을 그려내 그들의 영혼이 떠오르게 했다. 살아 움직이는 것 같은 바위의 기복이 동물의 근육과 움직임을 자연스럽게 표현해주었다. 거대한 야생 소를 뒤쫓는 사자를 그리고 곰 가족을 스케치하고 말과 염소의 헐떡임을 표현했다. 동굴 안을 세차게 흐르며 바위벽을 깎아냈던 오래전의 물줄기처럼 바위 위에 동물들의 향연이 펼쳐졌다.

쇼베 동굴은 시간이 멈춘 곳이다. 그곳에는 3만 년 전에 꺼진 불에서 나온 재가 그대로 남아 있다. 바닥을 덮은 먼지 위에는 크로마뇽인 여성과 남성, 아이들의 발자국이 남아 있고, 벽에는 곰이 할퀸 자국이, 움푹 팬 바닥에는 곰이 겨울잠을 잤던 흔적이 남아 있다. 고고학자들은 동굴 안에서 곰의 두개골 150점을 찾아냈다. 곰들은 때때로 그 공간에 머물렀다.

훌륭한 벽화 실력만큼이나 인상적인 것은 동굴에서 발견된 수많은 붉은 황토 조각들이었다. 두 명의 크로마뇽인이 그곳에 있었다. 한 사람은 다른 사람보다 키가 컸고, 한 사람은 손가락이 굽었다. 그들은 번갈아 한 손에 황토를 쥐고 침을 섞어 벽에 그림을 그렸다. 그들의 생각과 손길은 어둠 속에 영원히 밀봉되었다.

크로마뇽인은 스스로 동물이라는 사실을 알았던 첫 번째 인간이었을 것이다. 그것은 숫제 고충이었다. 그들은 그들의 존재를 알았고, 시작과 끝이 있다는 사실을 알았다. 그들은 동물들 가운데 유일하게 '왜'라는 질문에 이끌렸다. 크로마뇽인은 자기들과 네 발 달린 친구들을 거의 분리하지 않았던 것 같다. 어떤 형상들, 특히 사자의 형상은 사람을 닮았다.

알고 있는 것을 써라. 작가가 되려는 이에게 많이들 하는 조언이다. 그렇다면 사냥꾼은? 사냥하는 대상을 잘 알아야만 할 것이다. 구석기시대 사람들은 동물의 왕국에서 동물인 동시에 인간이었다. 그들은 매 순간 위협에 시달렸고 삶은 두 손에 담긴 물과 같았다. 강하고 빠른 다른 동물보다 수적으로도 열세였다. 그러나 그들은 사자와 늑대 같은 포식동물을 덮칠 수 있는 독보적인 재주를 갖고 있었다. 장거리를 달릴 수 있었고 물건을 들고 나를 수 있었다. 무기를 상상하고 만들어낼 수 있었다. 맞서 싸우는 대신 물러날 줄 알았고, 나뭇가지 위에서 기다리다 창이나 화살로 일격을 가할 줄도 알았다.

만약 동물과 사람이 서로 대화할 수 있던 시절이 있었다면, 분명 그때였을 것이다. 우리는 인류가 언제부터 동물과 다른 방식으로 말하게 되었는지 모른다. 언제부터 우리가 언어와 단어로 계획을 말하고 생각을 나누기 시작했는지 알지 못한다.

크로마뇽인은 불을 사용했다. 나무와 나무를 맞대 빠르고 영

리한 손으로 불꽃을 만들어냈고, 겁에 질린 맹수들을 미리 마련
해둔 덫이나 깎아지른 절벽으로 정신없이 달려가도록 유도했
다. 우리 조상들은 분명 취약했지만 나름의 방식으로 위험한 존
재였다. 포식자였고 사냥꾼이었으며 무엇보다 자신과 가족의
생존이 목표물을 정확히 타격하는 일에 달려있음을 알고 있었
다. 사냥의 실패는 곧 죽음을 의미했다.

'실수를 범하다'라는 뜻의 영어 동사 err는 라틴어의 erro에
서 비롯하였다. Erro는 언어학적으로 산스크리트어의 arsati와
인도유럽조어의 ers와 가깝다. 모두 '정처 없이 헤매다'라는 뜻
을 가지고 있다. 그리스어에서 '목표물을 놓치다'라는 뜻의 동사
hamartano는 특히 창을 던지는 행위와 관련한 단어다. 그리스
어로 된 『신약성경』에서 hamartano와 그 명사형인 hamartia는
각각 '죄를 짓다'와 '죄'를 뜻하는 단어로 '멸망을 부르는 약함'
또는 '결점'이라는 의미로 쓰인다. 이러한 맥락에서 '죄를 짓다'
는 곧 '목표물을 놓치다'라는 말과 같다고 볼 수 있다. 오리냐크
전통을 이어가던 크로마뇽인 사냥꾼에게 '죄'는 곧 '창이 빗나
가다'라는 뜻이었을 것이다.

언어의 뿌리를 이해하는 일은 그것을 사용했던 이들의 역사
를 이해하는 일이다. 우리의 먼 조상들은 깊은 생각들과 씨름했
고, 이해하려고 애썼으며, 의미를 캐내려 했다. 내게는 이것이
매우 중요하게 느껴진다. 문자를 쓸 수 있게 된 후 사람들은 모
든 것을 뒤로한 채 분연히 홀로 떠난 영웅의 이야기를 만들었
다. 영웅은 어둠의 세력으로부터 아버지를 구출하기 위해 지하
세계로 향하고, 미지의 존재와 싸운다. 아버지를 구한 영웅은

세상을 바로 세울 지혜와 함께 빛의 세상으로 돌아온다. 이런 이야기는 문자보다도 오래되었다. 오래전 사람들이 모닥불 주변에 둘러앉아 지하세계를 여행하는 영웅의 이야기를 나누는 장면을 그려본다.

지금으로부터 수만 년 전, 빙하가 차고 기울기를 반복하던 시절, 크로마뇽인들은 자기들의 삶에 보고 느낄 수 있는 것 이상의 무언가가 있다는 사실을 알고 있었다. 우리는 상상조차 할 수 없는 위험과 역경 속에서 살아가면서도 그들은 답을 찾아 헤맸다. 어둠 속으로 모험을 떠났고, 불과 예술을 활용해 함께 살아가던 존재들의 영혼을 불러냈다. 바위 표면의 울퉁불퉁한 면과 부드러운 곡선을 따라 펼쳐진 동물들의 움직임을 바라보았고 검고 붉은 선들을 눈으로 좇았다. 그들은 사냥감이자 동반자였던 존재를 이해하고자 했다. 오늘날 우리는 많은 걸 배웠고 알게 되었지만 여전히 방향을 잃고 헤맨다. 어쩌면 우리가 좇는 것의 정체를 정확히 이해하지 못하고 있기 때문일지도 모른다.

옛것과 새것

✤

카르나크의 돌들로 돌아가서 (혹은 떠나서)
이미 수많은 견해가 나와 있음에도 불구하고
누군가 굳이 내게 내 생각을 묻는다면
나는 거부할 수 없는, 반박의 여지가 없는 의견을 낼 것이다.
이것이 내 결론이다.
카르나크의 돌들은 단지 커다란 돌들일 뿐이다!

귀스타브 플로베르Gustave Flaubert, 『오버 스탠드 앤드 필드Over Stand and Field』

카르나크 열석

프랑스 브르타뉴반도에 있는 신석기시대의 열석 유적.
대략 3000개의 선돌과 고인돌 들이
4킬로미터에 달하는 땅 위에 줄지어 서 있다.
신석기시대인 기원전 5000~3000년 무렵 만들어진 것으로 추정되지만,
어떤 목적으로 만들어진 것인지는 베일에 가려져 있다.

‡

우리에겐 과거를 보존하고자 하는 욕망이 있다. 언어가 존재한 이래로 사람들은 언제나 이야기를 만들어왔고, 입에서 입으로 전해져온 과거의 이야기를 나누기도 했다. 구전으로만 전해지던 이야기들은 문자가 발명된 이후 기록으로 남았고 역사가 되었다. 기원전부터 현재까지, 헤로도토스부터 크세노폰, 폴리비우스, 카이사르까지… 우리 곁에는 언제나 역사가들이 존재했다. 그러나 과거의 장소와 사물의 시간을 밀봉해 보존하겠다는 욕망은 비교적 최근에서야 생겨났다.

에이브버리 스톤 서클은 영국에서 가장 유명한 거석기념물인 스톤헨지 바로 근처에 자리하고 있는 유적으로, 선사시대 스톤 서클 중 최대 규모를 자랑한다. 15톤 이상 나가는 거대한 100개의 사르센 암석이 커다란 원을 그리며 서 있고, 그 원의 안쪽으로는 크기가 똑같은 두 개의 커다란 암석이 서 있다. 1720년대 초반에 영국에 살던 호고주의자好古主義者 윌리엄 스터클리William Stukeley는 이 에이브버리의 바위에 깊은 관심을 품었다. 그러나 정작 그곳 주민들은 거석 유적을 치워버리지 못해 안달이었다. 그들이 느끼기에 거기엔 뭔가 악한 기운이 서려 있기 때문이었다. 주민들은 둥글게 늘어선 바위들이 거인이 변한 것이라거나 이교도들이 마법을 벌이기 위해 만든 것이라고 여겼고, 어서 그 바위를 무너뜨리고 근사한 교회를 지어야 마땅하다고 생각했다. 지금도 많은 바위가 사라졌지만, 스터클리가 아니었다면 그나마도 지킬 수 없었을 것이다.

영국제도의 곳곳에서 이와 비슷한 일들이 종종 벌어졌다. 이 교회의 신도들과 저 회당의 교인들이 고대 유적들에 '의로운' 분노를 퍼부었다. 얼마나 많은 유적이 이런 식으로 파괴되었을까? 막대한 유지보수 비용을 쏟아서라도 오래된 건축물을 보존해야 한다는 생각은 현대에 들어서 탄생했다. 과거에는 대주교가 새로 부임하면 으레 기존의 예배당을 허물고 그 자리에 새 성당을 세우곤 했다. 우리 조상들은 '호고주의'에는 전혀 관심이 없었다.

17세기와 18세기 호고주의자들이 남긴 기록을 보면 수천 년간 사람의 손이 닿지 않은 동굴에서 매머드, 검치호, 코뿔소 같은 고대의 동물 뼈를 발견했다는 이야기가 가득하다. 1823년 1월 윌리엄 버클랜드라는 목사는 영국 가워Gower반도에 있는 염소굴 동굴Goat's Hole Cave 아래를 탐험했는데, 그곳에서 동굴을 가득 채운 고대의 동물 뼈를 발견했다. 그는 그것이 성경에 나오는 대홍수의 증거라고 주장했다. 그런가 하면 1797년 영국 서머싯주 멘디프 구릉의 버링턴 쿰Burrington Combe에서 토끼굴을 파 내려가던 두 남성은 동굴 하나를 발견했다. 동굴 바닥에는 100구도 넘는 사람 뼈가 빽빽이 늘어서 있었다(오직 사람 뼈만 있었다). 그러나 이 토끼 사냥꾼들은 그들의 발견에 딱히 관심을 두지 않았고, 1860년이 되어서야 윌리엄 보이드 도킨스William Boyd Dawkins라는 호고주의자가 이 동굴을 찾아 나섰다. 그는 멘토이자 동료였던 윌리엄 탤벗 아벨린William Talbot Aveline의 이름을 따서 동굴에 아벨린스 홀Aveline's Hole이라는 이름을 붙였다. 아벨린스 홀에서 본격적인 고고학 조사가 이루어진 것은 1941년 즈음이었는데, 그때는 동굴에 21구의 유해밖에 남아 있지 않았다(처음 굴을 발견했던 토끼 사냥꾼들의 말이 사실이었다고 가정한다면). 아벨린스 홀에서 발굴한 뼈들은 브리스틀 박물관에서 보관했으나, 안타깝게도 1940년에 독일 공군의 폭격을 받아 대부분 파괴되었다. 최근 들어 남아 있는 뼈 파편에 관한 연구가 이루어졌고, 전문가들은 그것이 약 1만~1만 1000년 전에 살았던 중석기시대 사냥꾼들의 뼈라는 사실을 밝혀냈다. 그 사냥꾼들은 체구가 작았고, 자신들의 삶에 대해 별다른 흔적을 남기지 않았다.

영국 동부의 셋퍼드Thetford 근교에는 그라임스 그레이브Grime's Graves라고 불리는 신석기시대의 플린트 광산이 있다. 광산으로 들어가는 입구는 1000년 전부터 알려져 있었다. 앵글로색슨족은 자신들이 믿는 신 그림Grim의 이름에 착안해 그라임스 그레이브라는 이름을 지었다. 그들은 그림이 그곳을 지었다고 생각했을 것이다. 19세기 후반 즈음에 고고학자 윌리엄 그린웰William Greenwell과 한 성직자가 이곳을 본격적으로 조사했고, 5000년 전 도끼날을 만들 플린트를 찾던 신석기인들이 파낸 갱도를 찾아냈다. 광산 내부에는 사슴의 뿔로 만든 곡괭이가 옛 모습 그대로 벽에 비스듬히 기대어 쉬고 있었다. 지진과 사태로 광산의 입구가 막힌 뒤 수천 년 동안 그대로 잠들어 있었던 것이다.

우리 조상들은 오랜 시간 동안 유적과 유물, 뼈가 산재한 경관을 누비며 살아갔지만, 그것들에 별다른 관심을 두진 않았던 것 같다. 종교적 열의를 지닌 사람들이 의도적으로 손상한 것들을 제외하면, 유물은 대체로 방치되었다. 아마 그들은 생존을 위한 거친 노동에 몰두하느라 먼지 쌓인 유물들을 한가하게 감상할만한 여유가 없었을 것이다.

프랑스 북서부의 브르타뉴 지방, 카르나크 북부의 드넓은 평원에는 대략 3000개의 돌이 4킬로미터에 걸쳐 늘어서 있다. 바로 카르나크 열석이다. 이 유적은 기원전 5000~3000년 전에 만들어졌다고 알려졌지만 정확하지는 않다. 카르나크 열석 근처로는 죽은 자의 유해를 안전하게 지키기 위한 고분과 고인돌들도 볼 수 있다.

지평선 너머까지 길게 줄지어 서 있는 돌들에는 묘한 매력이 있다. 카르나크 열석은 구불구불한 혈관처럼 늘어서 있다. 그들 사이에 서 있노라면 넋을 놓게 된다. 카르나크 열석이 처음 만들어졌을 때 어떤 모습이었을지는 아무도 모른다. 지금의 모습은 파괴와 보존의 손길이 더해진 결과물이다. 오랜 세월 동안 많은 돌이 넘어졌다. 노인의 치아처럼 느슨하게 박혀 있는 돌을 흔드는 지진도 한몫했을 것이다.

18세기 무렵에는 꽤 많은 사람이 카르나크 열석에 관심을 보였는데, 각자 다른 방식으로 유적의 의미를 해석하고 나섰다. 드루이드 교단(브리튼섬에 살던 켈트족의 종교)의 학교를 짓기 위한 초석이라거나, 고대인들이 돌들 사이로 별의 움직임을 관찰하려 한 것이라는 설명도 있었다. 프랑스의 공학자 펠릭스 르루아예 드라소바제르Félix Le Royer de La Sauvagère는 카이사르의 병사들이 천막을 지지하기 위해 돌을 세운 것이라는 가설을 내놓기도 했다. 『마담 보바리』를 쓴 프랑스 소설가 귀스타브 플로베르는 1847년 5월 카르나크를 방문하여 다양한 해석들을 일별한 뒤, 카르나크의 돌들은 단지 커다란 돌들이라는 것 이상의 설명은 할 수도 없고 해서도 안 된다는 결론을 내렸다.

1860년대에는 스코틀랜드 출신의 호고주의자 제임스 밀른 James Miln이 카르나크의 돌들을 살펴보고자 나섰다. 그는 거의 모든 돌이 누워 있다는 사실을 알아차렸다. 밀른은 가이드이자 보조 역할을 해줄 그 지역 출신의 재커리 르 루지크Zacharie Le Rouzic를 고용했다. 밀른은 그 돌들을 세운 종족의 끈질긴 생명력에 깊은 인상을 받았다. 그는 『카르나크 발굴조사』라는 책에서 이렇게 적었다. "세계의 주인이었던 로마인들도 왔다가 사라졌는데, 조잡한 솜씨로 돌을 세운 종족이 여전히 건재하다는 사실이 놀랍다."

루지크는 밀른의 사후에 한 걸음 더 나아갔다. 누워있는 카르나크의 돌들을 일으켜 세운 것이다. 그러나 1900년대에는 유적에 대한 안타까운 보수와 재조정이 잇따라 일어났다. 1930년대와 1980년대에는 가도를 내기 위해 돌들을 옮겼다. 1991년에는 프랑스 문화재관리국이 유적을 보호한답시고 주변에 울타리를 둘러 일반인의 출입을 제한했는데, 얄궂게도 엄숙한 녹색 철책을 두르는 과정에서 다시 많은 돌이 옮겨지게 되었다. 2002년에는 '모두 함께 연합Everyone Together Collective'이라는 단체가 저항의 표시로 이 철책의 열쇠를 장악하고 출입구를 개방했다. 이 모든 일은 저마다 좋은 의도로 일어난 것이지만, 결과적으로는 유적을 뒤죽박죽으로 만들고 말았다. 오늘날의 카르나크 열석이 수천 년 전 그것이 만들어졌을 당시의 모습과 얼마나 닮아 있을지는 쉬이 짐작하기 어렵다. 수천 년 전의 건축가들이 의도했을 미묘한 관념은 분명 사라져버렸을 것이다. 어림짐작으로 위치를 맞춰 돌을 일으켜 세우는 데만 급급했기 때문이다.

수많은 관광객이 카르나크를 찾는다. 어떤 날은 돌들 사이로 방문객들이 가득 찬다. 몇 년 전 그곳을 직접 방문했을 때 무척 깊은 인상을 받았다. 갖가지 모양과 크기의 그 많은 바위를 마주하기 전까지는 고대인의 야심을 감히 가늠할 수 없었다. 도대체 왜, 누가, 어떻게 그 바위를 그곳에 놓은 것일까? 그 누군가의 노고를 떠올리면 절로 마음이 겸허해진다.

나는 프랑스 고고학자인 세르주 카생의 안내로 카르나크의 돌과 무덤 들을 둘러볼 수 있었다. 카생은 열석을 만든 사람들이 농경민이 아니라 사냥꾼이었을 거라고 추정했다. 브르타뉴 지방은 마지막 빙하기 동안에도 빙하로 덮이지 않았고, 덕분에 인류의 첫 번째 삶의 방식이었던 사냥이 수만 년 동안 끊이지 않고 이어질 수 있었다. 빙하가 저 멀리 물러간 다음에도 육지와 바다에서 사냥으로 식량을 구해 살아가던 브르타뉴의 사람들은 어느 날 완전히 새로운 관념을 가진 이주민들과 마주하게 된다. 북쪽과 동쪽에서 몰려온 농경민들, 거대한 변화의 선봉에 선 이들이 농사를 짓고 가축을 먹일 땅을 찾아 그 땅에 당도한 것이다.

카생은 등 뒤의 바다와 눈앞의 농경민들에게 포위된 사냥꾼들이 어떤 저항의 의미로 돌을 세웠을 거라는 가설을 들려주었다.

이대로 역사의 저편으로 사라지지 않겠다는 의지, 자긍심을 지키겠다는 다짐을 돌로 표현했을 거라는 거였다. 여러 생각이 들었다. 어쩌면 사냥꾼들은 저항에 성공했을지도 모른다. 한 손에 채찍을 들고 이주민들의 주인 노릇을 했을지도 모른다. 이주민들에게 땅을 빌려주거나 밭을 갈게 하고 열 맞춰 돌을 세우도록 지시했을 수도 있다.

유럽 대륙과 영국제도에는 카르나크 열석을 위시한 수많은 거석기념물이 만들어졌다. 가장 잘 알려진 것으로는 주변의 여러 헨지에서 에이브버리로 이어지는 통로인 애비뉴Avenue가 있다. 스코틀랜드의 케이스네스와 서덜랜드 지방에도 카르나크보다는 훨씬 작은 규모지만 열석 유적이 있다. 그중에서 윅Wick 남부에 있는 힐 오 매니 스테인스Hill o' Many Stanes(돌이 많은 언덕이라는 뜻)에 있는 열석 유적이 특히 아름답다. 90센티미터 높이의 선돌 200여 개가 남쪽을 바라보는 언덕 경사면에 부채꼴 모양으로 늘어서 있다. 여러 사람이 이 유적을 해석하려 해봤지만 역시 신통치는 않았다.

유적을 보존하려는 사람들에 따르면 카르나크 열석은 여전히 위험에 노출되어 있다. 제대로 관리되지 않고 방치되거나 이런저런 것들에 침범당하기도 한다. 스톤헨지도 비슷한 상황에 처해 있다. 유적 아래를 관통하는 터널이 뚫릴지도 모르기 때문이다.

어떤 고대 유적과 역사적 건축물들은 과거의 시간을 간직한 화석과 같다. 옛 건물의 원래 모습을 유지하기 위해 비용을 들이고 위험을 감수하는 것보다는 허물고 새로 짓는 쪽이 쉽고 빠르고 경제적인 방법이라고 말하는 사람도 있을 것이다. 그러나 허물고 지워버릴 때마다 우리는 우리의 일부를 (그것이 좋은 부분이든 나쁜 부분이든) 잃는다. 과거를 잊어버리거나, 애초에 일어나지 않았던 일로 치부해버리는 게 가장 손쉬운 길처럼 보일 때도 있을 것이다. 그러나 쉬운 선택이 늘 옳은 선택인 것은 아니다.

나는 희망과 영감을 찾아 오래전 사냥꾼들의 마음을 들여다본다. 카생이 상상했던 카르나크의 역사처럼, 기억이란 끊임없이 흐르는 시간에 맞서는 우리의 저항이다. 세상은 점점 더 빠르게 변하고, 인간은 기계의 심부름꾼으로 전락하고 있다. 하드 드라이버와 서버는 기록하고 저장하지만, 기억하지는 않는다. 기억에 뜻이 담기지 않으면 우리 손에는 데이터만이 남을 것이다. 이는 기억하는 것과는 다르다. 자신과의 끈을 놓지 않기 위해, 그리고 우리를 만든 것이 무엇인지 헤아리기 위해, 우리는 기억해야 한다. 끝내 자신의 긍지를 붙들고자 했던 오래전 사냥꾼들처럼, 사냥감을 속속들이 이해하고자 했던 크로마뇽인 예술가들처럼. 이미 수많은 동식물이 멸종 위기에 처해 있다. 과거의 모든 존재와 사물 들이 언제까지나 그대로 있을 거라는 생각은 위험한 착각이다. 얼마나 많은 것이 이미 잊히고 영원히 사라졌을지 생각해보라. 잠시 다른 곳을 보는 사이 그들은 우리에게서 멀어져 가고 있다.

L.P. 하틀리의 말마따나 과거는 외국이다. 과거는 이곳에 이르게 된 우리의 모든 발걸음과 헛발질을 기록한 책이다. 과거는 솔질 한 번에 쓸려나가는 거미줄처럼 위태로운 것이기도 하다.

그 책의 많은 페이지가 이미 사라지고 없다. 기억하는 일을 다른 누군가에게 맡겨서는 안 된다. 우리 모두 조금씩 몫을 나눠 가져야 한다.

우리가 알기로, 우주 전체를 통틀어 기억에 몰두하는 존재는 인간뿐이다. 이를 당연한 일로 여겨서는 안 된다.

7

나아가기

쉼 없이 이동하는 삶

✤

개척자들은 길을 만드네
도로가 한 번도 난 적 없는 곳에.

샘 월터 포스Sam Walter Foss, 「길가에 있는 집The House by the Side of the Road」

쿠르간

약 5000년 전 이래 유라시아 북부 초원 지대에 살던 유목민들이 남긴
거대한 무덤을 일컫는다. 지하에 묘실을 놓고 흙이나 돌로 봉토를 쌓아
만들었다. 단독묘 또는 합장묘이며, 무기와 장신구, 희생된 동물, 마차 등의
껴묻거리가 함께 발견되는 경우가 많다.

‡

러시아 볼가강의 지류인 사마라강의 충적평야에는 인간이 만든 거대한 언덕들이 장관을 이루고 있다. 이 언덕의 정체는 약 5000년 전 이곳을 지나던 유목민들이 만든 무덤 '쿠르간kurgan'이다. 인공 구릉을 일컫는 말인 쿠르간은 동슬라브 어군과 튀르크 어족(지금은 사라진 고대 유라시아 언어)에 뿌리를 둔 단어다. 러시아의 스텝steppe(아열대 사막 주변에 넓게 펼쳐진 초원)에서는 수많은 쿠르간이 공동묘지를 형성하고 있는 모습을 볼 수 있다.

일반적으로 쿠르간은 땅을 깊이 파서 직사각형의 묘실을 마련한 뒤 그 위에 둥그런 언덕 모양으로 흙을 쌓아 만든다. 간혹 묘실에 통나무를 두르기도 한다. 쿠르간은 처음에는 한 사람을 위한 무덤이었으나, 시간이 갈수록 많은 사람이 묻혔다. 쿠르간에 묻힌 시신은 붉은 황토 칠이 되어 있거나 황토 덩어리와 함께 있는 경우가 많았고, 따라서 어떤 고고학자들은 이러한 형식의 무덤을 황토묘 문화Ochre Grave Culture라고 부르기도 한다. 무덤에서는 종종 시신과 함께 부장된 화려한 유물들(무기와 보석, 희생된 동물, 마차, 바퀴 달린 운송 수단)이 발견되었다.

고고학자들은 사마라강의 충적평야에 있는 마을 우티예프카 근처에서 쿠르간 공동묘지들을 발견했다. 그중 우티예프카1이라는 이름이 붙은 공동묘지에서는 지름이 무려 110미터나 되는 쿠르간이 발견됐다. 고고학자들은 이 무덤을 쿠르간1이라고 불렀다. 유목민들은 누구를 위해 가던 길을 멈추고 이토록 큰 무덤을 만들었을까? 무덤의 석실 내부에서는 바닥에 등을 대고 누운 성인 남성 한 명의 유해가 발견되었다. 그는 사랑받는 사람이었을까? 아니면 경외의 대상이었을까? 매장 당시의 정확한 자세를 파악하기는 어렵지만, 양 무릎을 턱 가까이 구부린 태아 자세로 매장되었을 가능성이 크다.

무덤의 주인은 근방 수천 킬로미터 내에서 한 번도 발견된 적 없는 귀한 금반지 두 점을 비롯해 구리 단검, 철제 장식이 붙은 구리 핀, 두 종류의 구리 도끼, 구리 송곳과 돌을 갈아서 만든 절굿공이 등의 귀한 껴묻거리와 함께 묻혀 있었다. 산 자들은 그가 내세에서도 부와 지위를 누릴 수 있기를 바랐을 것이다. 그가 무리의 우두머리였는지, 모두의 존경을 받는 지혜로운 자였는지는 알 수 없지만, 어쨌든 이 남자는 기원전 2500년 즈음 사망해 무덤에 묻혔다.

그즈음 영국에서는 농부들이 거대한 사르센 사암으로 스톤헨지를 세우고 있었다. 갑자기 스톤헨지를 이야기를 꺼내는 이유가 무엇이냐고? 우티예프카에서 쿠르간을 만든 이 사람들이 장차 영국은 물론 서유럽에 당도하여 모두의 운명을 바꿔놓게 되기 때문이다.

얌나야 문화Yamnaya culture는 기원전 3000년에서 2300년경 우랄산맥의 광대한 지역에 존재했던 인도유럽인 최초의 청동기 문화다. 얌나야인들은 러시아 남부와 우크라이나 동부에서 소를 키웠던 유목 민족으로, 스텝 지대에 서식하던 야생말을 처음으로 길들인 장본인이었다. 그들은 말을 탔을 뿐 아니라, 말이 끄는 수레를 활용해 세계를 가로질러 물자를 운반했다. 초지를 찾아 추운 지역으로 나아갈 때면 말들이 높은 걸음으로 눈밭을 헤치며 눈 아래 묻힌 풀을 드러냈다.

볼가강 중류에서 채취한 꽃가루를 살펴보면 기원전 3500년에서 3000년 사이에는 그 지역이 습윤한 기후였음을 알 수 있다. 시간이 지나며 기후가 점차 건조해졌고 스텝 지대의 목초지도 점점 사막화되어 갔다. 소 떼와 함께 살아가던 얌나야인들은 높은 기동력을 활용해 서쪽(유럽)으로 이동했다. 수레와 무기로 무장한 그들은 호전적인 기질을 가진 사람들이었으며, 강인한 힘과 의지력으로 동시대인들을 압도했다. 그들은 말을 타는 전사였으며 죽은 자를 구덩이에 묻고 높은 봉분을 쌓았던 이들이었다. 서쪽을 향해 이동하던 유목민들은 다양한 종족들과 부단히 마주쳤고, 이 과정에서 여러 종족이 원활하게 소통하기 위한 공통의 언어가 진화하게 되었다. 언어학자들에 따르면 이것이 거의 모든 현대 유럽 언어의 뿌리인 인도유럽조어PIE, Proto Indo European가 발생하게 된 유래라고 한다.

얌나야 문화에서 가장 중요한 요소는 소였다. 젖소는 말이나 양보다 많은 젖을 생산했기에 귀중한 자원이었고, 나아가 숭배의 대상이었다. 얌나야인들은 유당을 소화할 수 있었다. 유당을 소화할 수 있는 능력은 약 6500년 전 우랄산맥의 서쪽에 사는 사람들에게서 출연한 돌연변이로부터 시작되었다. 오늘날 우유와 치즈, 요거트를 즐기는 현대인은 얌나야의 후예에게서 그 능력을 물려받은 것이다. 힘 있는 사람들은 대규모의 소 떼(부와 권위의 상징)를 소유했다. 구혼하려는 남성은 신부의 집에 흡족한 마릿수의 젖소를 보내야 했다. 인도유럽조어는 산스크리트어에 뿌리를 두고 있는데, '전쟁'이라는 산스크리트어 단어에는 '더 많은 젖소를 갈망하다'라는 뜻도 있다. 개인의 번영을 의미하는 오래된 산스크리트어 'chattle' 또한 소를 의미하는 영어단어 cattle과 비슷하다.

얌나야인들이 짐승들을 앞세워 세간살이를 끌고 스텝을 가로지를 때 서로를 향해 울부짖었던 말 중에는 가까운 미래에 영국제도에서 사용될 언어(게일어, 아일랜드어, 웨일스어, 콘월어, 브리튼어)도 포함되어 있었다. 유랑자들은 그들 중 가장 위대한 이가 죽으면 발걸음을 멈추고 그를 위한 무덤을 쌓기 위해 모였다. 때로는 매장 의례로 수천 명이 먹을 수 있을 만큼 많은 말들을 도살하고 말머리를 죽은 자의 곁에 묻기도 했다. 이렇게 집결할 때면 천막을 치고 그 주변을 수레로 둘러싸 한시적으로 마을을 만들었지만, 그들이 머물렀던 장소의 흔적은 남지 않았다. 오직 죽은 자를 위한 집만 고요한 광야에 오래도록 남았다.

언어에는 그 말을 사용하는 사람들의 문화와 사회질서가 반영된다. 인도유럽조어도 마찬가지였다. 유목민 사회는 남성과 전사를 중심으로 구성되었다. 새로운 땅을 찾아 서쪽으로 달렸던 사람들은 주로 남성이었고, 그들은 여정 중에 만나는 여성을 아내로 삼았다. 인도유럽조어에서 아버지, 할아버지, 남편, 형제와 관련된 단어는 아내, 어머니, 할머니, 자매를 의미하는 단어보다 훨씬 다양하며 뿌리도 깊다. 쿠르간에 묻힌 사람들은 대부분 남성이었다. 서쪽에 당도한 동쪽 스텝 지대의 사람들은 단순히 많은 물자만 몰고 온 것이 아니었다. 그들은 부계 중심 사회와 함께 왔다. 유목민들이 도착했을 무렵 서유럽에는 정착 공동체를 이룬 수백만의 농부들이 곡식과 가축을 키우며 살고 있었다. 농부들은 먼 옛날 아나톨리아에서 시작해 다뉴브강과 레펜스키 비르를 지나 서쪽으로 흘러온, 밝은 피부와 어두운 눈동자를 지닌 사람들에게 물려받은 삶의 방식을 따르고 있었다. 그들에겐 죽은 자를 땅에 묻을 때 남성과 여성 모두를 차별 없이 한 곳에 묻는 관습이 있었으나, 인도유럽조어를 사용하는 동쪽 사람들이 퍼지기 시작하자 이내 성별에 따른 차별이 매장 의례에 나타나기 시작했다.

쿠르간을 만들던 동쪽 사람들은 기원전 3000년대 초반 어느 시기에 브리튼섬에 도착했다. 이 방랑자들은 기반암에 컵과 반지를 닮은 무늬를 새기고, 거대한 암석을 원형으로 세우는 데 골몰하고 있는 사람들을 마주했을 것이다. 스톤헨지와 에이브버리 유적이 있는 곳부터, 뼈처럼 흰 석회질 암석 위로 탐스러운 풀이 자라는 영국제도 끄트머리까지, 수많은 장소에서 수천 명이 한데 모여 저마다 비슷한 방식으로 돌을 세우고 있었다. 그들은 이 모습을 보고 어떤 생각을 했을까? 언제나 이동하며 살던 사람들에게 태어나서 죽을 때까지 한곳에 머물러 사는 이들의 모습은 어떻게 보였을까?

고고학자들의 연구에 따르면 얌나야 이주민들과 함께 온 것은 언어와 금속제 무기만이 아니었다. 러시아와 크로아티아, 에스토니아, 독일, 헝가리, 라트비아에서 발굴한 500구의 유골 중 6구에서 흑사병의 원인균인 유럽 페스트균의 유전체가 발견되었다. 스텝 지대 사람들의 풍토병이 수천 년 후 유럽을 휩쓴 유행병으로 발전한 것이었다. 스텝에서 온 사람들은 풍토병과 함께 살아가는 법을 알고 있었지만, 서쪽 사람들은 그렇지 못했다. 16세기에 아메리카 대륙의 원주민들이 유럽인들이 불러온 천연두나 심지어 흔한 감기에 속절없이 죽어갔던 것처럼, 신석기시대의 농부들 역시 전입자들이 몰고 온 질병 앞에 속수무책으로 쓰러졌다.

스텝 지대 사람들과 전염병의 도래 때문이었는지, 서유럽 세계는 오랫동안 고수해오던 삶의 방식을 접고 전면적인 변화를 맞이했다. 기원전 3000년이 끝날 즈음에는 원형을 찾아볼 수 없을 정도로 변해 있었다. 오랜 기간 번성했던 농경 마을은 붕괴했고, 수백 년 동안 인구도 급격히 감소했다. 다시 증가하기 시작한 것은 500년 정도가 지난 후였다. 그즈음 라인강 유역 서쪽에서는 젖은 진흙에 새끼줄을 감아서 장식한 승문 토기가 유행했다. 승문 토기는 흔히 무덤에 함께 부장되곤 했다. 이 토기와 함께 무덤에 묻힌 사람들의 뼈를 분석해본 결과, 그들은 동쪽에서 온 이주민이거나 그들의 후예라는 사실이 밝혀졌다. 그들의 이중나선 구조에 토착 유럽인과 구별되는 표지가 있었던 것이다. 현대 유럽인의 대다수는 바로 이 이주민들, 5000년 전에 동쪽에서 온 얌나야인의 유전자를 지니고 있다. 그렇다면 수천 년 동안 서쪽 땅에서 살고 있었던 기존의 세입자들은 어떻게 된 걸까? 돌로 무덤을 만들고 거석기념물을 세우던 원주민들은? 이에 대해 학자들은 아직까지 확실한 답을 찾지 못하고 있다. 기존 세입자들이 이주민들이 몰고 온 유행병으로 몰살당했을 거라 확신하기는 어렵다. 그러나 가장 최근의 DNA 분석에 따르면 원주민 대다수가 교체되었을 거라는 의견에 무게가 실린다. 어떤 방식이었든, 서유럽이 돌이킬 수 없는 변화를 겪었다는 것만은 확실하다.

어떤 학자들은 선사시대에 일어난 인류의 이동에 관한 이야기를 불편하게 받아들인다. 그들은 사람이 아니라 아이디어가 이동했다고 보는 쪽을 선호하며, 선사시대 사람들이 우리보다 나았을 거라며 유토피아적 과거를 선망한다. 외부인, '타자'가 홍수처럼 밀어닥쳐 원주민들의 삶의 터전을 침범했다는 사실부터가 심기에 맞지 않는 듯하다. 그러나 사실 인류는 맨 처음부터 이동하는 존재였다.

스톤헨지와 멀지 않은 곳에는 에임즈버리 궁수Amesbury Archer의 무덤이라 불리는 유적이 있다. 무덤에는 영국제도에서 발견된 것 중 가장 오래된 금속이 부장되어 있었다. 이 무덤은 약 4500년 전, 스톤헨지가 건립되던 마지막 시기에 만들어진 것인데, 통나무로 테두리를 두른 무덤 안에서 무릎을 웅크리고 모로 누운 자세를 한 남성의 유해가 발견되었다. 그는 돌로 만든 손목 보호대(활시위가 반동으로 튕겨 나올 때 팔을 보호하기 위한 장비)와 플린트 화살촉 16점과 함께 잠들어 있었다. 이 때문에 그에게는 궁수라는 별칭이 붙었다. 무덤 안에는 동검 세 점과 머리를 장식하는 금제 장신구 두 점, 대장장이가 금속기를 다듬을 때 쓰는 모룻돌도 있었다. 그는 아마도 다른 곳에서 그런 식으로 매장한다는 것을 알고 있었고, 자신도 그렇게 묻어달라고 요청했을 것이다. 에임즈버리 궁수는 잉글랜드 남부가 아닌 알프스산맥 남쪽의 어느 지방에서 유년기를 보냈다. 그가 잉글랜드 남부에 온 것은 성인이 된 이후였다. 수천 년 전부터 이 방인들은 야금술(광석에서 금속을 골라내는 기술)과 같은 새로운 기술과 양식, 새로운 언어와 종교, 그리고 새로운 존재 방식과 함께 끊임없이 이동했다. 에임즈버리 궁수의 무덤에 묻힌 금속기를 만들었던 그 재주 있던 이방인은 이미 유럽 대륙으로 퍼지고 있던 물결을 타고 그곳에 왔을 것이다. 현대 유럽인은 쿠르간을 만들었던 동쪽 사람들과 그들보다 먼저 도착해 있던 밝은 피부와 어두운 눈동자를 지닌 농부들의 후손일 것이다. 불편하고 불안한 사실일지 모르지만 달라질 것은 없다. 인류는 처음부터, 기회만 있으면 단호한 침략군처럼 혹은 메뚜기 떼처럼 지구를 가로질러 이동했다. 지평선 너머를 궁금해하는 것은 인간의 본성이다.

한곳에 오래 머무른 집단일수록 공동체의 유대는 그 땅에 더욱 깊이 뿌리내리게 되고, 새로운 관념이나 집단이 도래하면 큰 저항이나 단절을 경험하게 될 수도 있다. 그러나 한 집단이 한 장소를 영원히 점유한다는 건 있을 수 없는 일이다. 때로는 새로운 소규모 집단이 이미 정착해 있던 훨씬 큰 집단에 유입되어 그들을 대체하기도 했을 것이다. 그것이 처음부터 새로운 집단의 의도였을 수도 있고, 아니었을 수도 있다. 어쩌면 삶은 그냥 그런 식으로 전개되는 것일지도 모른다. 영원한 차용권은 없으며 무엇이든 유효기간이 있다. 오늘 우리가 머무르는 곳의 열쇠는 내일이면 다른 존재의 손에 있을지도 모른다.

파도 너머로

✤

그래, 무한대로 손을 뻗어
너 인간적인 것들아
눈먼 달과 아이스크림 세계를 지나
따분한 지성의 금속 공을 던져버리고
연약한 손아귀를 모두에게 보여다오.

밥 겔도프Bob Geldof

포뢰섬

발트해 연안의 고틀란드 북쪽에 있는 작은 섬.
포뢰는 고대 스칸디나비아어로 '반드시 가야 하는 섬'이라는 뜻이다.
청동기시대에 이 지역에 살았던 바이킹의 선조들은
중요한 회합에 참여하거나 자신을 증명하기 위해
포뢰섬으로 항해했을 것이다.

‡

아주 높은 곳에서 내려다본 스코틀랜드 오크니제도는 둥지에서 떨어진 한 마리 새끼 새의 형상을 닮았다. 커다란 머리와 부리를 서쪽에 두고 뭉툭한 날개와 꼬리는 동쪽으로 향한 새끼 새. 해수면이 지금보다 낮았던 1만 2000년 전에는 해안이 더 넓었을 것이다. 그때 이후로 섬은 점점 더 바다에 잠겼다. 신석기시대 오크니제도의 사냥꾼들도 그러한 변화를 알아차렸을 것이다. 그들은 자신들의 부모 세대가 거닐던 땅이 꾸준히 좁아지는 것을 목격했을 것이다.

약 250년 전 프랑스의 몽골피에 형제가 열기구를 만들어 처음으로 하늘을 난 이래 우리는 공중에서 지구를 바라볼 수 있게 되었다. 그전까지 우리 조상들은 우리와는 다른, 사냥꾼의 눈으로 그들이 사는 세계를 바라보았다. 오크니제도에는 담수호인 해리호Lock of Harray와 소금기가 많은 함수호인 스테니스호 Lock of Stenness가 있다. 두 호수는 가느다란 띠 모양의 땅을 사이에 두고 음과 양처럼 나뉜다. 두 육지를 연결하는 지협의 남쪽 끝으로는 자동차가 다닐 수 있는 다리가 육지를 잇고 있다. 다리에서 해 뜨는 방향으로 수 미터 떨어진 곳에는 평평한 고지대가 있고 그 꼭대기에 스테니스의 돌이라는 거석기념물이 있다. 지협의 반대쪽 끝 너머로는 브로드가의 반지가, 걸어서 몇

분 떨어진 곳에는 무덤 유적인 매스하우가 있다. 지금으로부터 1000년 전 바이킹들은 매스하우에 보물이 묻혀 있다는 전설에 매혹돼 이곳을 찾았다. 그들은 아주 오래된 뼈들을 지키던 돌의 부드러운 표면에 함부로 룬 문자를 새겨놓았다. 손가락을 닮은 지협의 두 번째 마디쯤에는 또 다른 일군의 거석 구조물이 있는 네스 오브 브로드가Ness of Brodgar가 자리해 있다. 신석기시대 농부들이 1000년 동안이나 안식과 의례를 위해 바위를 세웠다가 허무는 일을 반복했던 곳이다. 오늘날 이 지역의 농부들은 땅을 파다가 유적을 발견해 고고학자를 끌어들이게 되는 사태를 피하고자 땅을 지나치게 깊이 파지 않는다고 한다.

오크니제도에는 사람을 압도하는 힘이 있다. 마치 삼차원의 세계 그 이상이 존재하는 것 같다. 그 힘을 만들어내는 것은 오크니의 날씨다. 뭉게구름과 부풀어 오르는 빛, 푸른 보랏빛 하늘 위로 떠오르는 태양과 달. 날카로운 바람이 일었다가 이내 노기를 띠며 떠난다. 안개 속에서 천천히 형체들이 드러난다. 담수와 염분이 섞인 습기가 시나브로 차오른다.

스테니스의 돌과 브로드가의 반지가 만들어지기 전, 그곳의 농부들은 돌로 만든 도구로 바위 표면에 원을 새겨 넣었다. 석제 공구로 기반암에 도형을 새겨 넣는 건 매우 어려운 일이다. 그곳을 특별하고 성스러운 공간으로 만들겠다는 의지 하나만으로 그들은 그 어려운 일을 해냈다. 도랑으로 둘러싸인 공간은 마치 숲 한가운데 나무를 말끔히 베어낸 자리처럼 도드라졌다. 스테니스의 돌은 영국제도에서 가장 오래된 거석 유적이다. 비가 내리면 기반암을 파낸 자리에 물이 들어찼을 것이다. 사방이

물로 감싸인 내부 공간은 마치 오크니라는 섬 안에 있는 또 다른 섬, 오크니제도의 미니어처처럼 보였을지도 모른다. 원의 내부로 들어가는 것은 또 하나의 물을 건너는 여행이었을 것이다. 흔히 오크니제도 사람들을 일컬어 '물고기를 잡는 농부들'이라고 한다. 오크니제도에서 북서쪽으로 약 80킬로미터 떨어진 곳에는 또 다른 군도인 셰틀랜드제도가 있다. 이곳에 사는 사람들은 '농사짓는 어부'라고 불린다. 이들은 모두 뭍과 바다 사이 어딘가에 있는 사람들이다.

스웨덴 발트해 연안의 고틀란드 북쪽에는 스웨덴 사람들도 잘 모르는 작은 섬 '포뢰Fårö'가 있다. 포뢰라는 이름은 고대 스칸디나비아인들이 사용하던 구트니시어Gutnish에서 유래했다. 구트니시어로 포뢰는 '반드시 가야 하는 섬'이라는 뜻이다. 사실 포뢰는 고틀란드와 아주 가까이에 있어서 수영을 잘하는 사람이라면 헤엄쳐 건널 수 있을 정도다. 여객선으로는 불과 몇 분이면 닿을 수 있다. 지리학자들에 따르면 발트해는 주변의 육지에서 흘러온 강들이 모여드는 일종의 강 하구다. 오래전에는 강과 바다의 수위가 지금보다 훨씬 높았기 때문에, 3000~4000년 전 청동기시대에는 포뢰섬이 지금보다 육지에서 훨씬 멀리 있었을 것이다. 먼바다의 한가운데 동동 떠 있는 섬이었으리라.

청동기시대 스웨덴인과 바이킹의 선조들에게는 길쭉한 배의 형상을 따라 땅에 돌을 세우는 풍습이 있었다. 고고학자들은 이 관습을 '배 박기ship setting'라고 부르는데, 이는 특히 고틀란드에서 성행했다.

언뜻 생각하면 육지에 돌을 세우는 일은 항해와는 전혀 상관

스웨덴 고틀란드에 있는 배 박기 유적

없는 행위처럼 느껴진다. 그러나 좁고 긴 범선에 돛을 달고 바다로 나섰던 바이킹의 선조들은 항해의 꿈을 꾸며 돌로 배의 형상을 만들었다. 바위를 배 모양으로 파내기도 했다. 그중 몇 작품이 포뢰섬에 남아 있다.

2012년의 어느 겨울날 나는 고고학자 요아킴 웰린Joakim Wehlin과 함께 그 유적들을 보러 포뢰섬을 찾았다. 청동기시대 사람들이 그림을 그려놓은 바위는 우리가 방문하기 며칠 전 발생한 홍수 때문에 사람이 걸어 다닐 수 있을 정도로 두꺼운 얼음에 덮여 있었다. 두껍지만 투명한 얼음에 얼굴을 가까이 대고 그 안의 바위를 자세히 들여다보았다. 언뜻 다리가 많이 달린 곤충을 그린 것 같은 선화(색을 칠하지 않고 선으로만 그린 그림)가 보이는 듯했다. 그러나 그것은 분명 청동기시대 뱃사공들이

선으로 표현한 배의 형상이었다.

우리가 서 있던 장소는 해안선에서 멀리 떨어진 뭍이었지만 요아킴은 수천 년 전의 조각가가 살던 시기에는 그곳이 바다 앞 해변이었을 거라고 했다. 그는 말했다. "이곳은 중요한 일들을 논하기에 최적의 장소였을 겁니다."

청동기시대에 육지에서 포뢰섬까지 건너가려면 상당한 노력과 기술이 필요했을 것이다. 긴 시간을 들여야 하는 쉽지 않은 여정이었으므로, 중요한 목적이 있을 때만 그곳을 향했으리라. 회합에 참여하기 위해, 전쟁을 선포하거나 평화 협상을 위해, 모두의 삶을 더 낫게 만들 수 있는 새로운 발견이나 혁신에 관한 소식을 전하기 위해 떠났을 것이다. 자신을 증명하기 위해 떠나는 여행이었을 수도 있다. 귀한 소유물인 배에 올라 항해에 나서는 일은 중차대한 사건이었으므로 돌에 표지를 남겨 기념하고자 했을 것이다. 어쩌면 포뢰섬은 그곳만의 특별한 규칙과 관습이 적용되는 중립 영토였을 수도 있다. 그 섬에서 사람들은 안전하다고 느꼈을 것이다.

어느 시대건 가장자리에 이끌리는 이들이 있다. 인간을 하늘로, 우주로, 달로 데려간 것이 바로 그 이끌림이었다. 지금 우리는 하루 만에 지구 반대편으로도 이동할 수 있다. 그러나 저 멀리 수천 킬로미터 밖으로 떠나야만 의미 있는 여행이 되는 것만은 아니다. 마음만 먹으면 지구를 횡단할 수 있고, 심지어 우주로도 갈 수 있게 되었기에 우리는 그보다 작은 여행의 의미를 간과하게 됐는지도 모른다. 출발점에서 목적지가 보이는 단출한 여행에서도 얼마든지 보석 같은 의미를 찾을 수 있다. 이를

테면 하늘 아래 푸르르게 빛나는 바다를 건너 작은 섬으로 향하
는 여행 같은 것 말이다.

역경을 헤치고 별을 향하여

❧

튼튼하게 만든 큰 방패의 가장자리에
그는 도도히 흘러가는 오케아노스 강물을 새겼다.

호메로스,『일리아스』

배터시 방패

철기시대인 기원전 2세기경에 만들어진 청동제 방패 장식.
얇게 두드려 만든 청동판을 청동 못으로 이어 붙여 만들었으며,
길이 75센티미터, 폭은 30센티미터다.
가운데에 있는 세 개의 원은 라운델이라고 불리며
27개의 붉은색 유리와 유려한 곡선으로 장식되어 있다.

‡

모든 단어와 이름에는 뜻이 있고 저마다의 이야기가 있다. 19세기 중반 런던 템스강 북쪽은 인간이 내뿜는 오염 물질로 병들고 있었다. 강 반대편에는 배터시 공원이 조성되었고 1850년에는 강의 양안에 다리가 놓였다. 다리는 처음에 (근처의 앨버트교와 짝을 맞춰서) 빅토리아교라는 이름으로 불렸지만, 다리가 구조적으로 불안정하다는 우려가 제기되면서 1860년대에 이름을 첼시교로 바꾸었다. 혹시 모를 사고에 여왕의 이름이 연관되는 곤란한 상황을 방지하기 위함이었다. 결국 다리는 철거되었고, 제2차 세계대전이 발발하기 직전에 오늘날의 첼시교가 새로 세워졌다.

첼시교 교각의 외장재 아래에는 더욱 흥미로운 고대의 진실이 숨어 있다. 다리는 아주 오래전부터 사람들이 건너다니던 여울 위에 세워졌다. 기원전 54년에 영국제도에 온 율리우스 카이사르가 템스강을 건널 때도 분명 그 여울 위를 지났을 것이다. 현재 런던이 위치한 곳은 먼 옛날에는 동, 서, 북쪽으로 뻗은 길이 교차하는 지점이었다. 템스강 북쪽으로는 콘힐과 루드게이트라고 불리는 두 개의 야트막한 언덕이 있었고, 꼭대기에 오르면 주변 전경이 한눈에 내려다보였다. 지금은 땅에 묻혀 사라졌지만, 템스강 외에 다른 강도 있었다. 한때는 배가 다닐 만큼 깊었던 플리트강과 월브룩강이다. 신석기시대에는 농부들이 이곳 기름진 땅 위에 농사를 지었고 중석기시대에는 사냥꾼들이 배회했다. 지금의 일퍼드Ilford에는 매머드가, 브렌트퍼드Brentford에는 하마가, 가발 쓴 판사들이 있는 올드베일리Old Bailey(런던의 중앙 형사 법원)에는 코뿔소가 살았다.

카이사르가 영국제도에 도착했을 무렵 그곳은 철기 문명이 번성 중이었다. 갈리아와 게르마니아를 비롯한 유럽 대륙의 도처에서 카이사르는 이른바 켈트인들과 마주쳤다. 그리스어 'keltoi'에서 유래한 단어 '켈트'는 이방인, 우리가 아닌(not us) 사람이라는 의미다. 카이사르가 바다 건너에서 마주친 켈트인들은 갈리아인처럼 호전적이었고 단검을 능숙하게 다루었지만, 갈리아인과는 구별되는 풍습을 가지고 있었기에 다른 이름으로 불렸다. '여기가 어딘가?'라는 로마인들의 질문에 섬 주민들은 '프리타니Pretani' 또는 '브라타니Bratanni'라고 대답했던 모양이다. 로마인들은 그 소리를 '브리타니아Britannia'라고 받아 적었고, 섬의 원주민들은 브리턴스Britons라는 이름을 얻게 되었다.

브리턴스의 마을에서 템스강을 건너는 여울목은 중요한 장소였다. '템스'라는 이름은 '어두운 물'을 뜻하는 산스크리트어 타마사tamasa에서 유래했다. 콘월과 데번 사이를 가로지르는 타마르Tamar강도 같은 단어에서 유래한 것이다. 우리가 아는 모든 것, 익숙한 지형지물과 단어는 여러 겹으로 이루어져 있다. 타마사tamasa에서 타마이스tamyse로, 템스Tems에서 템스Thames로, 한 꺼풀 위에 또 한 꺼풀이 덮이고 오래된 것 위에 새로운 것이 층층이 쌓여 지금의 모습과 이름이 되었다.

먼 옛날 사람들은 템스강에 귀한 보석과 무기를 바치며 신에게 자비를 베풀어달라고 기도를 올리곤 했다. 시간이 흘러 2000년 뒤, 첼시교에서 고된 일을 하던 빅토리아시대의 어느 노동자는 템스강의 개흙 속에서 오랫동안 잠들어 있던 청동 방패를 발견하게 된다. 배터시 방패Battersea Shield였다. 이 유물은 사실 방패가 아니라 지금은 남아 있지 않은 나무 방패 위에 있던 장식이다. 길이 약 75센티미터에 폭 30센티미터를 조금 넘는 이 방패는 철기시대 예술의 정수로 일컬어진다. 얇게 두드려 만든 청동판을 청동 못으로 이어붙인 후 '라운델roundel'이라 부르는 원반 모양의 장식으로 접합 부위를 교묘하게 가렸다. 라운델은 금속판의 뒤편을 두드려서 앞면에 무늬가 도드라지게 하는 르푸세repoussé라는 세공 기법으로 만든다. 중앙의 커다란 라운델에는 주먹만 한 크기의 볼록한 돌기가 눈에 띈다. 그 뒤로 방패 손잡이를 고정했을 것이다. 라운델 안에는 27개의 단추 모양 돌기가 있다. 에나멜이라고 부르는 이 돌기는 핏방울을 닮은 불투명한 붉은색 유리를 상감한 것이다. 이렇게 기하학적 패턴이나 우아한 곡선을 상감해서 투구나 방패, 장신구를 장식하는 예술 양식을 미술사에서는 라텐La Tène이라고 한다. 라운델 안에 맞물린 S자 형태를 고대 동양에서 복의 상징이었던 스와스티카 문양의 변형이라고 보기도 한다. 산스크리트어로 '웰빙'을 의미하는 단어 스와스티카 역시 동양에서 왔다.

배터시 방패는 워낙 독특한 양식으로 만들어진 탓에 다른 유물과 비교하여 연대를 추정하기가 어렵지만, 전문가들은 어림

잡아 기원전 2세기경의 작품일 것이라고 본다. 일정한 스타일에 영향을 받은 것 같긴 하지만, 틀에 얽매이지 않은 예술가의 천재성으로 완성된 작품인 것만은 확실하다. 전투에 사용되었던 흔적은 없는 것으로 보아 군대 지도자가 신에게 감사를 드리거나 도움을 구하기 위해 만든 봉헌용일 것으로 짐작된다. 족장이나 왕이 세운 업적을 기리기 위해, 혹은 재앙이나 비극에 직면하여 템스강에 제물로 바치기 위해 제작했을 수도 있다. 그들은 거창한 기념 의식을 거행하며 태양처럼 밝게 빛나는 방패를 캄캄한 강물에 바쳤을 것이다.

호메로스의 『일리야스』에서 반인반신 아킬레우스는 절친한 친구인 파트로클로스에게 자신의 방패와 갑옷을 빌려준다. 그 자신은 그리스군 총사령관이던 아가멤논의 처사에 불만을 품고 전장에서 물러나 있었기 때문이다. 그러나 파트로클로스가 트로이의 전사 헥토르의 손에 죽자 분노한 아킬레우스는 다시 전장에 복귀하려 한다. 이에 아킬레우스의 어머니 테티스 여신은 신들의 대장장이 헤파이스토스에게 달려가 아들을 위한 특별한 보호 장비를 제작해달라고 요청한다. 호메로스는 아킬레우스의 새 갑옷을 "불빛보다 더 빛나는 가슴받이, 황금으로 된 장식이 붙은 투구, 연한 주석으로 만든 정강이받이" 등으로 묘사한다. 반면 새 방패에 대해서는 헤파이스토스의 입을 빌려 장장 4면을 할애해 설명한다. 땅과 바다, 하늘, 태양과 달, 천체, 혼인과 잔치, 재판에서 다투는 무리, 전쟁과 매복, 성벽을 포위한 병사들, 쟁기질하고 곡식을 수확하는 농부들, 포도송이가 가득한 과수원, 사자에 습격당하는 송아지 떼와 황소 한 마리, 양 떼,

춤추는 젊은이들, 그리고 방패의 가장자리를 따라 흐르는 강물…. 아킬레우스의 방패, 그리고 그 방패에 대한 호메로스의 묘사는 하나의 메시지다. 페이지를 빽빽이 채운 자세한 묘사, 그것은 마치 미래의 누군가에게 닿기를 바라며 병에 넣어 바다에 띄운 편지와 같다.

우리는 편지에 어떤 이야기를 담을지 선택할 수 있다. 디스토피아적 미래, 일어날 수 있는 최악의 상황에 매료되는 사람들은 언제나 존재했다. 세상이 혼란하고 뒤숭숭할 때면 사람들은 가장 나빴던 시절에 대한 상상에 빠져들곤 한다. 영국 시인 W.H. 오든은 미국과 소비에트 연방 간의 냉전에 깊이 사로잡혀 있었다. 그가 시집 『아킬레우스의 방패』를 쓰던 1952년에 중부 유럽의 상공에는 양측의 전투기가 상대편을 지도에서 사라지게 만들 수 있는 핵폭탄을 싣고서 밤낮으로 날아다녔다. 한반도에서는 서방과 소비에트 연방 사이의 대리전이 한창이었다. 오든은 아킬레우스의 방패에 대해 헤파이스토스와는 다른 장면을 상상했다. 혼인과 잔치 대신 그는 죽음으로 가득한 땅과 희망을 잃은 군중을 보았다. 누구의 것인지 모를 목소리가 윙윙거리는 황무지를 보았다. 평화로운 젖소들 대신 세 사람이 끌려 나와 기둥에 묶이는 것을 보았다. 무도회장 대신에 잡초가 무성한 들판을 보았고, 새에게 돌팔매질하는 소년을, 강간당하는 소녀들을, 한 소년을 찌르는 두 소년의 모습을 보았다. 이야기를 만드는 것은 우리의 존재를 이해하고, 현재 우리가 서 있는 위치를 파악하기 위한 노력이다. 내 이야기를 들을 누군가 또한 자신을 이해하게 되기를 바라면서.

만약 그리스가 트로이를 상대로 전쟁을 벌인 게 사실이라면 (역사가들은 동의하지 않지만) 그것은 기원전 1000년 이전의 일이었을 것이다. 기원전 700년경에 『일리아스』를 쓴 호메로스는 당대의 독자에게 찬란했던 과거에 대한 환상을 불러일으키고 싶었을 것이다. 신과 같은 영웅들이 전차와 창으로 무장한 채 전쟁을 벌이고 부모들이 자식을 걱정하며 기다렸던 찬란한 과거 말이다.

배터시 방패를 제작한 예술가가 살던 시대는 사람들의 운명을 신들의 마음에 위탁하던 때였다. 그들은 유려한 형태와 포도주 빛 돌로 이야기를 형상화했다. 지금의 우리는 그 이야기를 읽을 수 없고 이해하지도 못하지만, 그것이 지닌 예술성에 감동한다. 배터시 방패는 무언가에 가닿으려는 분투에 관한 이야기를 담고 있다. 방패를 만든 장인은 자신의 작품이 곧바로 강에 던져져 신에게 바쳐질 것임을 알고 있었다. 그의 작품은 그들이 사는 세계가 아닌 다른 세계를 위한 것이었기 때문이다. 장인은 자신이 속한 시공간을 뛰어넘어 어느 경지에 도달하고자 했고, 작품에 미래를 향한 메시지를 담았다. 그는 자신의 일생 또한 잠시 빌려 쓰는 것에 불과하다는 사실도 알고 있었다. 그럼에도, 어쩌면 바로 그러하기에 완벽에 가까워지려고 갖은 노력을 쏟았다. 영국 공군의 모토 '역경을 헤치고 별을 향하여Per ardua ad astra'는 제1차 세계대전 때 고전 교육을 받은 조종사들이 만든 것이다. 로마 철학가 세네카가 쓴 『헤라클레스의 광기 Hercules Furens』에 나오는 구절 "지구에서 별까지 가는 쉬운 길은 없다non est ad astra mollis e terris via"를 참조한 것이다.

꿈을 현실로 만들려면 수고가 필요하다. 언제나 필요한 정도보다 한 발짝 더 나아가야 한다. 유한한 시간을 살면서도 완벽을 추구했던 이들의 이야기에는 어떤 숭고함이 깃들어 있다. 배터시 방패가 우리에게 전해주는 진짜 이야기는 바로 이것일 것이다.

8

영웅

철의 길

✤

철이 철을 날카롭게 하는 것 같이
사람이 그의 친구의 얼굴을 빛나게 한다.

「잠언」 27:17

커크번 묘지에서 나온 장검

영국 요크셔 동부의 철기시대 묘지에서 발견된 철제 장검.
무덤의 주인은 20~30대의 남성으로
무릎을 구부린 채 측면을 바라보는 모습으로 안치되었으며
가슴에는 창 세 개가 꽂혀 있었다.
고고학자들은 장례 의식의 하나로 무덤을 덮기 직전에
망자의 가슴에 창을 꽂은 것으로 보인다고 설명했다.

‡

1987년 요크셔의 커크번에서 철기시대 공동묘지가 발견됐다. 한 무덤에서는 20~35세로 추정되는 한 남성의 뼈가 나왔다. 땅에 묻힌 지 2000년도 더 되었기 때문에 그가 몇 살에 죽었는지 정확하게 가늠하기는 어려웠다. 그는 신생아처럼 무릎을 가슴쪽으로 구부린 채 왼쪽으로 누워 있었다. 남성의 곁에는 칼집에 싸인 철제 장검이 놓여 있었는데, 칠십 개의 조각들을 솜씨 있게 하나로 결합해 만든 것이었다. 서른일곱 조각의 철판과 동물의 뿔, 청동이 칼자루를 장식했다. 칼은 기능적으로 뛰어날 뿐 아니라(한 번 이상 부러졌다가 수리한 흔적이 있다) 고도로 장식적이기도 했다. 금속 표면에는 소용돌이와 곡선 무늬가 음각으로 새겨져 있었고 칼자루는 막 흘린 핏방울을 연상시키는 붉은색 유리로 장식되어 있었다.

철은 우주에 존재하는 원소 중 가장 안정적인 원소로, 멘델레예프가 만든 주기율표의 26번에 자리하고 있다. 멘델레예프는 구성 방법에 따라, 혹은 자연이 구성하는 방식에 따라 원소들의 특정 성질이 주기적으로 반복된다는 사실을 알아냈다. 그는 현명하게도 미래에 발견될 원소들을 위해 주기율표에 빈칸을 마련해두었다. 빈칸은 계속해서 채워졌다. 지금까지 알려진 원소는 모두 118개로 그중 100개는 죽어가는 별들로부터 온 것이고, 나머지는 원자로 또는 스위스에 있는 강입자 충돌기 같은 입자가속기에서 입자들이 충돌할 때 만들어진 것이다.

물질은 원자로 이루어져 있다. 우리는 한때 고대 그리스인처럼 원자를 '작은 것 중 가장 작은 것'이라고 여겼으나,◇ 원자보다 작은 입자들도 많다는 것을 알게 되었다. 원자를 시각화한 모식도를 보면 하나의 원자는 마치 텅 비어 있는 우주 같다. 중심에는 원자핵이 있고 그 주변으로 아주 작은 행성과 같은 여러 전자들이 궤도를 돌고 있다. 모든 원자의 원자핵은 중성자와 양성자라는 더 작은 입자로 구성되는데, 양성자의 개수가 원소의 원자번호가 된다. 철 원자의 원자핵은 정확히 26개의 양성자를 가지기 때문에 철의 원자번호는 26이며, 주기율표에서도 26번째 칸에 놓인다. 그렇게 간단하고 질서 있다. 철은 독특하게도 양성자와 중성자의 관계가 조화로운 원소다. 철 원자를 구성하는 입자들이 저녁 식사에 초대받은 손님들이라면 그들은 식탁에 둘러앉아 유쾌한 대화를 이어나갈 것이다. 다른 원소들은 그렇지 않다. 폴로늄과 우라늄 같은 무거운 원소들의 원자핵에는 양성자가 너무 많아서 불안정하고 소란스럽다. 좁은 공간에 손님이 너무 많아서 집 주인(원소)이 초대받지 않은 손님(양성자)을 찾아서 내보내려 하는 상황이라고 할 수 있다. 이렇게 양성자가 방출되는 현상을 우리는 방사능이라고 표현한다. 한편, 가벼운 원소인 수소와 헬륨은 정반대의 문제를 가지고 있다. 이 원소

◇ 원자의 영어단어 atom은 희랍어의 'atomus'에서 비롯되었는데, 이는 '나눌 수 없는'이라는 뜻이다.

들의 저녁 파티는 빈자리가 많아서 불편하고 껄끄럽다. 그 자리에 양성자 몇몇이 더 참여한다면 분위기가 한층 여유로워질 것이다.

철은 독특한 원소다. 다른 모든 원소들이 폭풍에 휘몰아칠 때도 철은 참선에 든 것 같은 균형과 고요함을 유지한다. 동화 속 소녀 골디락스가 먹은 수프처럼, 철은 부족하지도 넘치지도 않는, 딱 적당한 원소다.◇ 다른 모든 원소가 철처럼 되기를 바라지만 현실적으로 불가능한 일이다.

인류는 철 원자로 이루어진 금속을 찾아내기까지 오랜 세월이 걸렸다. 칼라니시의 농부들이 자신들이 세운 돌이 지구상에서 가장 오래된 암석인 루이시안 편마암이라는 사실을 몰랐던 것처럼, 처음으로 철을 다뤘던 대장장이들은 철 원소가 차분한 성질을 가지고 있다는 사실을 꿈에도 몰랐을 것이다. 일찍이 인류가 사랑한 금속은 금과 구리였다. 금과 구리는 아름다운 데다가 지구 표면에 덩어리져 분포하기 때문에 쉽게 눈에 띄었다. 그것들은 망치로 두드리면 버터처럼 쉽게 늘어났다. 실험적인 천재들은 구리와 주석을 함께 도가니에 넣어서(섭씨 1100도에서 이루어진 중매결혼) 청동 합금을 만들어냈다. 청동 역시 매혹적인 금속이다. 갓 만들어진 청동은 마치 햇빛으로 물든 금색 꿀이 흘러내리는 것처럼 보인다. 대장장이가 녹인 청동을 점토로 만든 거푸집에 부은 다음 황금빛 검을 뽑아내는 장면은 거의 마

◇ 영국 전래 동화에서 소녀 골디락스는 숲속을 헤매다 빈 오두막에 들어가 곰이 끓여놓고 나간 수프 세 그릇을 발견한다. 뜨거운 수프와 차가운 수프, 적당한 수프 중 적당한 온도의 수프를 골라 기쁘게 배를 채운다.

법처럼 느껴진다. 제정신인 사람이라면 누구나 청동을 원할 것이다. 인류는 수천 년 동안 청동을 갈망했다. 헥토르의 검은 청동으로 만들어졌고, 아킬레우스와 호메로스의 산문에 등장하는 영웅들도 모두 청동검을 가지고 있었다.

철은 별 특징 없이 수수하지만 까다롭다. 평범하지만 쉽게 가질 수 없다. 철은 용광로 온도가 섭씨 1500도까지 올라가야 비로소 녹아 흐른다. 인류는 아주 오랫동안 그 온도에 도달하지 못했다. 고대의 대장장이들은 기껏해야 철광석 가루를 달궈서 못생긴 브로콜리처럼 생긴 투박한 진회색 덩어리 '괴철'을 얻는 정도였다. 괴철을 힘껏 달군 뒤 불로 한 번 더 가열하면 모룻돌에 놓고 망치로 두드릴 수 있을 정도로 부드러워진다. 부드러워진 괴철을 망치로 두드리면 콧물처럼 흐물흐물한 슬래그가 떨어져 나오며 연철이 만들어진다. 만들기도 어렵고 생김새도 꼴사나운 연철을 세 번째로 불에 달구면 흰색을 띠게 되는데, 이것을 연단하면 비로소 원하는 모양을 만들 수 있다.

철은 일단 완성하기만 하면 변덕이 심한 청동과 달리 고분고분해진다. 청동은 만들다 부러지면 녹여서 주조하는 과정을 맨 처음부터 반복해야 한다. 그러나 두 동강 난 철검이나 부러진 쟁기는 불에 달궈서 두드리기만 하면 원상복구가 가능하다. 철은 타협이 가능한 금속이다. 실수에서 배우고 앞으로 나아갈 수 있다.

철은 어디에나 있었다. 철은 지구의 심장에서 피처럼 붉은 액체의 형태로 솟아나고 적철석이라는 단단한 광물의 형태로 암석에 널리 분포한다. 반면에 구리와 주석은 희귀하고 여기저기 흩어져 있다. 청동의 시대에는 스페인, 브르타뉴, 그리고 독일과 체코 공화국 사이에 주석 광산이 있었다. 잉글랜드 콘월 지방은 최고의 주석 산지였다. 페니키아인(오늘날 레바논과 시리아가 있는 비옥한 초승달 지대의 서쪽 가장자리에서 온 셈족 계열 사람)들은 세인트 마이클스섬에 배를 정박하고 주석을 가득 실어 갔다.

고고학자들은 도구의 역사를 탑 모양으로 설명한다. 탑의 가장 아래층에는 돌이 있고 그 위에 청동, 꼭대기에는 철이 있다. 철은 가장 젊고, 가장 지위가 높다. 현대 세계로 들어가는 열쇠도 철로 만들어졌다. 인류는 철과 함께 성년을 맞이했다. 영국에서 18세기에 시작된 산업혁명 또한 철로 주조되었다. 그러니까 산업혁명은 3000년 전의 대장장이들과 그들이 만든 철기와 함께 시작되었을 것이다. 그 순간 우리는 미래로 가는 길의 단초를 찾은 것이다.

철을 다루는 일은 리듬과 인내, 뚝심에 관한 것이다. 심장박동처럼 일정한 망치질은 형태가 없는 괴철을 철괴로, 낫으로, 검으로, 칼날로 만든다. 철을 다루는 것은 불을 알고 길들이는 것, 그리고 그것을 반복하는 일이다. 철을 다룬다는 것은 필요한 것이 무엇인지를 알고 땀과 시간을 들여 값을 치를 준비가 되었다는 뜻이다. 철을 만들려면 반드시 뜨거운 불이 필요하다. 불 속에서 연단되어야만 더 나은 존재가 된다는 유명한 문구가 괜히 나온 것이 아니다. 청동은 영웅에게 잘 어울리는 금속이지만, 유연하지 않기에 뚝 부러지기 쉽다. 철은 겉보기에는 칙칙하지만 유연하고 회복력이 있으며 사르센 사암이 가득한 땅에서의 투박한 쟁기질이나 검이 검에 가하는 살기등등한 타격을 넉넉히 받아낸다. 인간은 철을 벼리고 철은 인간을 날카롭게 만들었다. 철은 인간에게 끝없는 노력과 분투를 통해 더 나은 존재가 되는 법을 가르쳤다. 첫 번째 대장장이들은 철로 만든 물건이 견고하고 강하며 안정적이라는 사실을 곧 알아차렸고, 그 후로 다시는 뒤를 돌아보지 않았다.

기원후 43년 잉글랜드 동남부 해안에 상륙한 로마인들은 철로 만든 칼을 가지고 있었다. 내가 볼 때 로마인들은 그들의 칼만큼이나 재미없는 사람들이었다. 조세제도와 직선 도로, 따분한 이름의 직업들과 유니폼을 가지고 온 사람들. 그들은 대부분 관료들이었다. 우리는 우리가 사는 세상에서 로마인들의 흔적을 발견하기 때문에 그들을 높이 평가한다. 현대와 닮은 로마를 칭송하는 것이다. 로마인들은 다른 곳에서와 마찬가지로 영국에서도 철제 무기로 무장한 원주민들을 발견했다. 로마인들이 영국을 침공하기 수백 년 전에 영국 원주민들은 제철 기술을 알고 있었다. 로마인들이 그 섬에 문명이라는 화물을 내려놓기 전에 그곳에 살던 사람들은 고유한 삶의 방식을 터득했다. 그들은 스스로 철을 알아냈고, 제철 기술에 관한 한 로마인보다 앞서 있었다.

로마인들이 와서 사회를 바꿔놓기 전에 영국제도의 원주민 사회는 커다란 혼란을 경험했다. 사람들은 1000년 동안 번쩍거리는 청동에 사로잡혀 있었다. 청동을 얻기 위해서는 먼 곳에 있는 희귀한 원료를 장악한 사람들과 연합을 맺고 긴밀한 관계를 유지해야 했다. 팽팽한 연결망은 사회를 완고하고 경직되게 했다. 주석과 구리 광산을 소유한 사람은 높은 지위를 누렸다.

청동의 원료와 완성품에 얼마나 접근할 수 있는가에 따라 권력이 분배되었다. 그러나 그리스도가 탄생하기 1000년 전, 알 수 없는 이유로 사람들은 더 이상 청동을 찾지 않게 되었다. 고고학자들은 그 이유로 청동 제품에 대한 확신이 무너졌다거나, 과잉 생산으로 인해 가치가 떨어지게 되었다는 등의 설명을 제시했다. 그중에 가장 그럴듯한 것은 그 전에 청동을 소유하거나 통제할 수 없어서 권력에 다가가지 못했던 사람들이 어느 순간 완전히 등을 돌렸을 것이라는 가설이다. 그 사람들은 그때까지 사회가 돌아가던 방식에서 빠져나와 다른 방향에서 사회를 장악했다. 청동의 세계에서 언제나 비켜나 있고 무시당했던 사람들이 새로운 연합을 찾아 나서고 연결망을 구축했다. 손에 닿지 않는 권력을 구걸하기보다 그들은 이웃과 연합하고 자신들의 땅, 자신들이 밟고 선 땅에서 힘의 원천을 찾아냈다. 그들은 가까이에 있는 주변 사람들과 연합했다.

앞서 이야기했던 커크번에 있는 무덤은 철이 가진 힘을 보여준다. 그곳에 묻힌 남성은 전사였다. 발굴에서 드러난 가장 흥미롭고 경이로운 지점은 무덤에 꽂힌 세 자루의 창이었다. 세심한 발굴 작업을 마친 고고학자들은 남자의 시신이 땅 아래에 묻히기 직전에 창에 찔린 것으로 보인다고 보고했다. 그후 무덤이 덮였고, 창의 자루는 봉분 밖으로 돌출되었다. 이것은 과연 어떤 의미였을까? 나는 내 나름대로 유적에 얽힌 이야기를 상상해본다. 무덤에 묻힌 남성은 투사였고 용감한 사람이었으나 전투가 아닌 침대에서 죽음을 맞이했다. 그의 동료들은 그에게 전사로서의 명예를 지켜주기 위해 사후에 그에게 치명적인 상처를 입힌 건 아닐까? 진실이 무엇인지는 아무도 알 수 없다. 커크번 전사의 무덤은 여전히 수수께끼로 남았다.

커크번 무덤에 묻힌 남성이 전사라는 사실은 그와 함께 묻힌 철제 무기들을 통해 누구나 한눈에 알아볼 수 있었다. 전사의 길은 마치 철처럼 단순하고 일정하며 믿음직했다. 철은 공동체의 토대였다. 가장 가까운 곳에서 구할 수 있는 자원이며, 함께 힘을 합쳐 다뤄야 했던 철. 완전하지 않은 인간 본성이 그러하듯이 철에서 최선의 결과를 얻으려면 노력과 끈기가 필요했다. 자선사업가이자 기업인이었던 앤드루 카네기는 "사람들은 기회가 작업복 차림의 일꾼 같아 보이기 때문에" 기회를 놓친다고 말했다. 모든 좋은 것들의 밑바탕은 다름 아닌 노력과 공동체다.

해야 할 일을 할 용기

❦

Taia o moko, hai hoa matenga mou.
(문신을 하고, 너 자신의 친구가 되라.)

이러저러한 불행이 닥쳐와 소중한 재산을
잃게 될 수도 있다.
가장 귀한 무언가가 사라질 수도 있다.
그러나 너의 모코를 빼앗을 수 있는 것은 죽음뿐이다.
모코는 마지막까지 너의 장신구이자 동반자가 되어줄 것이다.

제임스 코완 James Cowan,

「현존하는 마오리족의 타투 '모코'에 관한 기록 Maori tattooing survivals –

some notes on moko」

와이라카

와이라카는 마오리족의 전설 속 인물이다.
3000년 전, 선장의 딸이던 와이라카는
여성과 아이들만 타고 있던 카누가 전복될 위험에 처하자
여자는 노를 저어서는 안 된다는 금기를 깨고
앞장서 노를 저어 배에 탄 사람들을 구했다고 한다.
뉴질랜드 북섬 베이오브플렌티 해안에는 와이라카의 용기를 기리는
청동 동상이 서 있다.

‡

폴리네시아인들은 약 3000년 전부터 태평양의 섬들을 개척했다. 그들은 북쪽의 하와이, 동쪽의 이스터섬, 서쪽의 뉴질랜드를 잇는 삼각 항로를 따라 항해했다. 그 여행은 운에 의지해 정처 없이 떠다니다 발길 닿는 곳에 정착하는 편도 여행이 아니라 언제든 자신의 위치를 분별할 수 있고 그 능력에 확신을 가진 뱃사람들의 계획적인 왕복 여행이었다.

배에는 여행의 매 순간을 주의 깊게 기억하는 길잡이가 한 명씩 있었다. 길잡이들은 걸음마를 떼면서부터 해안가에서 해류가 들고 나는 움직임을 감지하고 외우는 훈련을 받았다. 몇 시간이고 며칠이고 명상 상태를 유지하면서 변화하는 바람과 조류, 배의 속도를 감지했으며 지나온 배의 궤적으로 토대로 현재의 위치를 가늠하는 이른바 '추측 항법'을 익혔다. 길잡이는 선체에 부딪는 파도의 리듬에서 저 멀리 있는 섬과 군도가 바다에 새겨놓은 파도의 지문을 읽어냈다. 수면에 이는 물결의 패턴을 읽으며 실타래를 감았고, 그러면 어느새 수평선 너머로 보이지 않던 섬에 당도해있었다. 밤에는 별과 행성들을 주시하며 바다 위에 떠 있는 그들의 배를 중심으로 우주가 움직이는 모습을 바라보았다.

유럽의 항해인들은 드넓은 태평양 곳곳에 흩어져 있는 폴리네시아인 탐험가들을 발견하고는 그들이 변덕스러운 파도에 우연히 실려 왔을 거라고 믿었다. 꽤 긴 세월이 지난 뒤에야 그들은 폴리네시아 뱃사람들이 파도의 움직임을 따라 방향을 잡아가며 세계에서 가장 큰 대양을 건너왔다는 사실을 깨닫게 되었다. 소크라테스는 기록하는 행위에 반대했다. 플라톤의 책 『파이드로스』에서 소크라테스는 글자가 "그것을 배운 사람들로 하여금 기억에 대한 연습을 게을리 하게 함으로써 망각을 가져올 것이기 때문에… 기억이 아니라 기억을 환기하는 명약일 뿐이며, 글자를 쓰는 사람은 지혜로워 보일 뿐 진정한 지혜를 만들지는 못한다"고 비판한다. 문자, 지도, 해도가 있기 전, 필요한 것이라면 무엇이든 머릿속에 넣어 다니던 기억의 세계가 있었다. 한 사람 한 사람이 저마다 한 조각씩의 기억을 맡아야 했던, 모든 영혼이 저마다의 몫을 맡아야 했고, 맡을 수 있던 세계였다.

마오리족에게는 위대한 여행의 기억들이 오랫동안 전승되어왔다. 그중 가장 흥미로운 기억이자 이야기는 마오리족의 전설 속 고향인 하와이키(오늘날 마오리족 사람들에게 낙원의 이미지로 존재하는 곳)에서 길고 흰 구름의 땅, 아오테아로아(뉴질랜드)로 가는 길을 개척한 쿠페의 여행이다. 전설에 따르면 쿠페는 해마다 같은 시기에 남쪽 하늘로 날아가는 쿠아카(큰뒷부리도요)라는 새를 유심히 지켜보았다고 한다. 그는 하와이키섬 안에서는 한 번도 새들의 둥지를 본 적이 없다는 사실을 의아하게 여겼다. "쿠아카의 둥지를 본 사람이 있는가? 쿠아카의 알을 주운 사람이 있는가?(Kua kite te koanga kuaka? Ko wai ka kite I te hua o te kuaka?)"♦

저 멀리 남쪽 어딘가에 육지(쿠아카가 향하는 곳)가 있다는 것을 확신한 쿠페는 작은 무리를 이끌고 새들이 날아간 방향을 향해 항해를 시작했다. 하늘 위의 무수한 쿠아카 떼는 카누를 만들기 위해 나무줄기를 자귀질할 때 사방으로 흩날리는 목재 파편을 연상시켰다. 그들은 캄캄한 밤에도 새들이 부르는 소리를 따라 쉼 없이 나아갈 수 있었다.

영감의 근원이 된 쿠아카에 대한 확고한 믿음 덕분에, 쿠페는 기원전 1200년에 마침내 아오테아로아에 도착했다. 사람들은 쿠페가 연 바닷길을 따라 새로운 땅으로 향했고 그곳을 영원한 집으로 삼았다.

기원전 1000년 즈음에 두 개의 선체를 병렬로 잇댄 카누가 뉴질랜드 북섬에 있는 베이오브플렌티의 북동 해안에 정박했다. 그 거대한 마타아타 와카(와카waka는 '카누'를 뜻한다)는 새로운 고구마 산지를 찾아 하와이키를 떠나 그곳까지 온 것이었다. 항해를 지휘한 선장 토로아를 포함해 배에 타고 있던 모든 남자들은 뭍에 내려 해안가를 살피기 시작했다. 그런데 남자들이 떠난 사이, 마치 썰물에 바닷새가 떠나가듯 카누가 해안에서 멀어져가기 시작했다. 배에 남아 있던 여자들과 아이들은

♦ 쿠아카는 장거리 비행의 고수인 큰뒷부리도요다. 이 새는 매년 북극에서 뉴질랜드까지 1만 3000킬로미터의 거리를 쉬지 않고 한 번에 날아간다. 타의 추종을 불허하는 비행 실력이다. 큰뒷부리도요는 비행에 앞서 몇 주 동안 몸집을 거의 두 배로 키운다. 비행에 필요하지 않은 내부 장기는 혈액 공급이 차단되어 수축된다. 여분의 혈액은 날개로 가 9일간의 비행에 동력을 제공한다.

배가 깊은 바다로 끌려 들어가는 것을 바라보았다. 이대로 가다간 배가 파도에 전복될 수도 있었지만, 그들은 아무것도 할 수 없었다. 여자들은 와카의 노를 젓는 것은 물론 노에 손을 대는 것조차 금지되어 있었기 때문이다. 모두가 절망에 빠져 있던 그 순간, 한 여성이 나섰다. 토로아 선장의 딸 와이라카였다. 그는 분연히 일어나 노를 잡고 배에 뛰어올라 힘차게 노를 젓기 시작했다.

"남자가 하는 일을 내가 하겠어!(Kia whakatane au I ahua!)" 와이라카가 소리쳤다. 그의 행동에 고무되어 다른 여성들도 나섰고, 모두 무사할 수 있었다.

whaka는 마오리어로 '하다'라는 말이고, tane는 '남성', '남자'를 뜻한다. 베이오브플렌티에는 와이라카의 용감한 저항을 기려 화카타네Whakatane라는 이름이 붙은 마을이 있다. 마을 강어귀에 있는 바위 위에는 천상의 존재를 닮은 와이라카의 청동 동상이 서 있다.

마오리족은 유럽인 침략자들의 불의와 잔혹함에 오랜 기간 고통받았다. 식민지를 찾아 어슬렁거리던 프랑스인들은 특히 노골적으로 야욕을 드러냈다. 그들은 원하는 것은 무엇이든 무력으로 얻어내고자 했다. 마오리족은 1840년 빅토리아 여왕이 다스리던 대영제국과 와이탕기 조약을 맺었다. 그들은 더 이상 자신들의 농의 없이, 적어도 대가 없이 땅을 빼앗기지 않으리라고 생각했지만, 그렇게 되지는 않았다. 그로부터 5년 뒤 영국은 마오리족과 전쟁을 벌였고, 이는 수십 년 동안이나 계속되었다. 적대 행위는 1872년에야 끝이 났고 영국인 식민지 개척자들은 앙갚음으로 마오리족이 가지고 있던 영토의 방대한 부분을 빼앗았다. 화해와 합의의 시도에도 불구하고 오늘날까지도 그 섬들에는 악감정이 감돌고 있다.

마오리족에게는 금속이 없었고, 나무와 간석기로 만든 무기로 싸웠지만, 빅토리아 여왕의 군대가 만났던 어떤 적보다도 억척스럽고 강력했다. 영국국은 마오리족 군대가 자신들과 싸울 때 구사했던 게릴라전과 참호전에서의 전술을 몸소 체험하고는 이내 다른 지역을 침략할 때 이 방법을 사용했다.

마오리인의 영혼에는 자랑스러운 저항이 깊이 새겨져 있다. 그들은 유럽인들에게 지울 수 없는 인상을 남겼다. 무엇보다 마오리족은 열성적인 식인 풍습을 가지고 있었다. 씨족 집단 사이의 전쟁은 만성적이고 잔인했다. 전쟁에서 끌려간 포로는 잡아먹히는 것이 예사였다. 적을 똥으로 만들어버리는 것보다 더 큰 승리나 더 심한 모욕은 없을 것이다.

인육을 먹는 것만큼이나 유럽인들의 인상에 강하게 남은 것은 마오리족의 문신이었다. 지금은 너무 흔해진 단어, '타투'는 사모아 말에서 '두드리다'라는 뜻의 타타우tatau에서 유래했다. 유럽에서도 켈트인과 갈리아인, 픽트인 등도 피부에 칠을 하는 풍습을 가지고 있었지만, 그들 고유의 문화가 아니라 다른 곳의 풍습이 전해진 것이었다. 영국인 선원들은 마오리족의 문신에 매혹되어 이내 자신들도 따라하기 시작했다. 그즈음 마오리족들 사이에서 타투 풍습은 극으로 치달아 저마다 얼굴과 몸 전체에 경이로운 회오리 문양의 타투를 새겼다. 얼굴에 새기는 타투는 타-모코ta-moko라고 불렸는데, 바늘을 사용하는 대신에 우히uhi라는, 앨버트로스의 뼈로 만든 끌을 망치로 두드려서 피부에 선을 그었다. 거기에 동충하초와 숯, 카우리 나무 수지로 만든 물감을 넣어 상처 부위를 영구적으로 물들였다. 1769년 제임스 쿡 선장의 인데버호에 동행했던 조셉 뱅크스라는 식물학자는 마오리족의 표식에 대해 이렇게 기록했다.

가장 놀라운 것은 얼굴이다. 그들은 알 수 없는 기술로 얼굴에 고랑을 판다. 작은 것은 선처럼 보이고, 큰 것은 가장자리가 톱니 모양인데, 모두 새까맣게 물들인다. 아마도 전쟁에서 무섭게 보이려는 의도인 것 같다. … 흉측해 보이기도 하지만 엄청나게 우아하고 완벽한 문양들에 감탄하지 않을 수 없다. 얼굴에는 언제나 각양각색의 소용돌이 문양을 새기는데 모두 장인의 감각과 솜씨로 완성된 것이다.

타-모코와 마오리족 예술의 중심에는 코루koru(고리라는 뜻의 마오리어)가 있다. 코루는 봄철에 양치식물이 펼쳐지는 모양 혹은 해변에서 부서지는 파도가 만드는 곡선을 닮았다. 뉴질랜드의 국적 항공사인 에어 뉴질랜드의 브랜드 로고에도 코루가 있다. 코루의 바깥 면은 새로운 생명과 끊임없는 움직임, 솟구치는 잠재력과 성장을 의미한다. 코루의 내부는 만물의 중심으로 돌아가는 길, 시간이 시작되기 전에 존재했던 무한한 특이점으로 향하는 길을 상징한다.

오래전 쿠아카는 마오리족에게 길고 흰 구름의 땅으로 가는 길을 일러주었다. 그 작은 새들은 굴하지 않는 결단력이 어떤 일을 가능하게 하는지 몸소 보여주었다. 아무리 먼 거리라도 닿을 수 있고 어떤 두려운 시련도 극복할 수 있다는 사실을 몸소 증명했다. 와이라카는 족장의 딸이자 높은 지위의 여성이었으므로 당연히 문신을 지니고 있었을 것이다.

그가 깊숙이 노를 밀어 넣어 힘껏 당겼을 때, 노의 궤적은 코루를 닮아 있었다. 소용돌이치는 고리, 인류의 운명을 결정하고 이끌어온 끝없는 원의 형상 말이다. 와이라카는 자신을 인류의 기억 속에 아로새겼다. 여성을 속박하는 전통과 엄격한 규율의 세계에서 자란 그였지만, 필요하다면 저항해야 한다는 사실을, 질책과 처벌이 기다리고 있을지라도 더 중요한 일을 위해 행동해야 한다는 사실을 그는 알고 있었다. 오늘날 우리는 너무나 쉽게 집단적 사고에 치우치곤 한다. 그러나 우리는 개인으로 존재하며, 한 사람 한 사람은 고유하다는 사실을 기억해야 한다. 더 중요한 것은 우리에게 중요한 가치를 위해 행동할 책임이 있다는 사실이다. 나와 당신의 생각과 행동은 이 세계를 더 차갑고 견디기 힘든 곳으로 만들 수도 있고, 혹은 더 따뜻하며 견뎌볼 만한 곳으로 만들 수도 있다. 이곳을 더 나은 곳으로 만들지 못한다면 그것은 다름 아닌 우리 각자의 실패다.

이름 없는 개인들의 죽음

❦

군사 훈련은 각성과 감지능력에 대한 훈련이다.
따라서 군인은 기억을 선명하게 간직하게 된다.

폴 퍼셀Paul Fussell,

『세계대전과 현대의 기억The Great War and Morden Memory』

어 고도딘

기원후 600년경 잉글랜드 북부의 카트라에스라는 곳에서
앵글족에 맞서 싸우다 죽은 300인의 브리튼족 전사들의 이야기를 담은 애가.
웨일스 출신의 음유시인 아네이린이 썼다고 전해진다.

‡

미국의 작가 폴 퍼셀은 제2차 세계대전에 장교로 참전했고, 프랑스에서 복무하는 동안 퍼플 하트 훈장◇과 청동 훈장◇◇을 받았다. 『세계대전과 현대의 기억』에서 그는 "끓어오르는 듯한 죽음의 공포로 물든 전쟁터에서 군인은 모든 순간과 모든 사물에 의미를 부여함으로써 경험을 극대화한다"고 썼다. "양귀비 한 송이나 개머리판에 난 흠집 같은 아무것도 아닌 것들… 그러나 매 순간이 마지막일 수 있다고 생각될 때, 사람은 감각 그 자체를 느끼고 기억하게 된다." 전쟁은 사람의 감각을 예리하게 벼리고, 세부적인 것들에까지 주의를 집중하게 만든다. 특별한 표식을 남겨 놓는 것이다.

100년이면 상처를 회복하기에 충분한 시간이 흘렀으며, 이제는 아픔을 잊어도 된다고 생각할 수도 있다. 나의 조부 두 분은 모두 제1차 세계대전에 참전했다. 나는 그분들의 경험에 대해 거의 아는 바가 없다. 두 분 모두 부상을 입었고(외할아버지 제임스는 아직 10대일 때 갈리폴리에서 싸웠고, 친할아버지 로버트는 프랑스에서 싸웠다) 두 분 다 살아남았다. 셀 수 없이 많은 참전용사

◇　전투 중 부상 입은 군인에게 주는 훈장.
◇◇ 공중전 이외의 용감한 행위를 한 군인에게 주는 훈장.

의 세세한 삶의 역사를 우리는 결코 알 수 없을 것이다. 그 전쟁
에서 무려 2000만 명이 목숨을 잃었고 2000만 명이 상처를 입
었다. 이것들은 얼마나 기억되고 있으며, 또 얼마나 많은 부분
이 사라졌을까? 그 모든 삶의 이야기들, 소상한 사정들을 제대
로 기억하기 위해서 우리에겐 무엇이 필요할까?

1914년과 1918년 사이에 일어난 일들이 우리의 모든 것을
바꾸어놓았다고 말하는 건 너무나 진부한 서술이다. 그러나 그
단순한 진실에는 기억이 담겨 있다. 사람들은 제1차 세계대전
을 과거와 현재 사이에 놓인 철조망으로 묘사하곤 한다. 우리는
철조망 너머를 바라볼 수는 있어도 그 너머를 알 수는 없으며
하물며 다시 만져볼 수도 없다.

퍼셀은 "1914년 여름을 뚫고 독특한 세대가 행진해 나왔다"
라고 썼다. 제1차 세계대전이 일어나기 전까지 영국은 거의 한
세기 동안이나 전쟁을 겪지 않았다. 영국이 마지막으로 전쟁의
광기에 휩싸였던 때는 황동 단추로 장식한 붉은 튜닉을 입고 허
리에 장검을 찬 말 탄 군인들이 나폴레옹의 군대에 맞서 싸우던
무렵이었다. 전쟁이 발발하기 직전의 1914년 여름은 너무나 아
름답고 완전한 시절이었기에 그 뒤에 일어난 일들이 너무나 터
무니없게 느껴질 정도다. 퍼셀은 이렇게 썼다. "사람들은 밖에
서 책을 읽고, 산책하고, 고리버들나무로 만든 흰 테이블에서
차를 마셨다. 비 걱정은 아랑곳없이 테이블 위에 밤새 책을 올
려두곤 했다." 글에서 느껴지는 평화로움과 (상류층 특유의 순진
무구한 태평함 덕분이겠지만) 해맑은 어조가 아스라한 쓸쓸함을
남긴다. 가까운 지평선 너머에 끔찍한 공포가 도사리고 있는 줄

은 꿈에도 모른 채 그저 순진한 즐거움으로 가득한 그 여름의 편린에서 아이러니를 본다.

이 모든 일이 고작 100년에 일어났다. 사람들은 1939년과 1945년 사이에 또 참혹한 전쟁을 벌였다. 어떤 역사가들은 두 번의 전쟁을 한 덩어리로 묶어 1914년부터 1945년까지를 두 번째 30년 전쟁으로 부르기도 한다. 인류는 이 30년 동안 가장 끔찍하고 용서받을 수 없는 가학 행위를 자기 자신에게 저질렀다. 지금 우리가 겪고 있는 혼돈들은 과거에 저질러진 일들의 직간접적 결과물이기도 하다. 그러나 겨우 100년 전의 일인데도, 그때 무슨 일이 있었는지, 왜 그런 일이 벌어진 것인지 모르거나 관심조차 없는 이들이 많다.

「어 고도딘」은 머나먼 옛사람들에 관한 길고 긴 시다. 600년에서 1200년 사이에 쓰였고 기원후 600년경 잉글랜드 북부 어디쯤에서 일어난 브리튼족과 앵글족 사이의 전투를 담고 있다. 작가는 아네이린Aneirin이라는 웨일스의 음유시인으로 추정되지만 확실하지는 않다.

시는 고도딘족의 이야기를 노래한다. 고도딘은 로마인들에게는 보타디니Votadini로 알려진 종족이다. 그들은 스코틀랜드 남부와 잉글랜드 북부에 걸친 땅을 지배했는데, 400년대에 로마가 물러나자 북유럽 북해 연안에 살던 게르만의 일파인 앵글족이 권력의 진공상태를 틈타 고도딘의 땅을 침략했다. 이 시기를 연구하는 역사가들은 앵글족이 실제로 그 땅을 정복하려고 했던 것인지 아니면 단순히 운을 시험하려고 했던 것인지에 대해 줄기차게 논쟁해왔다. 앵글족은 순식간에 노섬벌랜드까지

진격해왔다. 땅을 빼앗길 위기에 처한 고도딘의 지도자 마이니 독 음원파우Mynydog Mwynfawr는 판세를 뒤집기 위해 주변의 브 리튼 왕국들에 연맹을 제안했다.

「어 고도딘」에 따르면 그렇게 무지개 동맹rainbow alliance이 맺어졌고 연합군은 딘 아이딘Dun Eidyn이라는 고도딘 왕국의 수도(현재의 에딘버러)에 집결했다. 마이니독은 1년 동안 전사 들을 후하게 대접했다. 300명의 전사가 다가올 전쟁을 대비하 며 1년 내내 먹고 마시며 선물을 받았다고 시는 노래한다. 마침 내 때가 되자 그들은 딘 아이딘을 떠나 카트라에스Catraeth(노스 요크셔의 캐터릭으로 추정된다)로 향했다. 시에 따르면 브리튼 의 연합군은 극심한 수적 열세에 놓여 있었다.

전사들은 새벽의 어둠과 함께 카트라에스로 향했다.
두려움은 이미 그들을 떠난 후였다.
삼백의 전사들이 일만의 적군과 맞서 싸울 때
창은 피로 물들고 사방에 피가 튀었다.
그는 전장의 가장 앞줄에 있었다.
마이니독 음원파우의 수행단이 그를 따랐다.

압도적인 수적 열세에도 전사들은 그날의 전투를 시로 전할 마지막 한 명이 남을 때까지 용맹하게 싸웠다.

황금 목걸이를 찬 삼백의 전사가 돌진했다.
그들의 땅을 지키기 위해, 살육은 참담했다.

그들은 죽어가면서도 적을 베었다.
그들의 명예는 세상 끝나는 날까지 드높을 것이다.
그들의 혈육들 사이에서
애통하다. 단 한 명 말고는 누구도 도망치지 않았다.

「어 고도딘」은 전투에서 목숨을 잃은 전사들에 대한 애가다. 이타적인 행위와 용기에 대한 이야기를 담은 이 시는 전사 한 사람 한 사람의 이름을 거명하고, 저마다의 용맹함을 묘사한다. 그중 고도딘 왕국 출신의 궈르더Gwawrddur에 대한 묘사에는 아서왕이 등장하기도 한다.

그는 삼백 명의 가장 뛰어난 전사들보다 앞장서 돌진했고
적진의 중앙과 날개를 격파했다.
그는 고귀한 군대의 전선에서 가장 뛰어난 전사였다.
겨울이면 무리 중에서 말들을 내어주었고
요새의 성벽 위에서 까마귀들에게 먹이를 주었다.
비록 아서보다는 못했지만
전투에 나선 강한 자들 가운데
군대의 선봉에 선 궈르더는 든든한 방책이었다.

시는 이어서 형제애와 무용담을 노래한다. 리듬과 운율을 따라가다 보면 자연스레 감정이 고조된다. 그러나 여기에 기록되지 않은, 잊힌 일군의 사람이 있다는 사실을 기억할 필요가 있다. 수천의 적군을 무찌르러 가면서 마이니독이 고작 300명의

전사만 데려갔다는 것은 가당치 않은 이야기다. 그에게 어떤 계획이 있었는지는 모르겠지만, 적어도 300명과 함께 대규모 자살을 의도하지는 않았을 것이다. 분명히 이 300명을 보좌하는 보병들이 있었을 테고, 그들의 목숨도 300명의 것만큼이나 똑같이 소중했지만, 시인(아네이린이든 다른 누군가든)은 그들에 관해서는 언급하지 않았다. 「어 고도딘」은 그 시대의 가장 권세 있던 300인에게 일어난 일에 대해서만 노래한다. 나머지 군인들의 삶과 죽음은 이야기로 남지 못했다.

제1차 세계대전이 끝나고 고작 100년이 흐른 지금, 망각은 한참 진행되고 있다. 어쩌면 하늘 위에 총탄과 포탄이 종달새와 나란히 떠 있던 그때부터 이미 망각은 시작되었을지도 모른다.

1916년 솜 전투가 있기 전 영국 병사들은 군번줄을 하나씩만 소지했다. 군인이 전쟁에서 사망하면 목에 걸려 있던 군번줄을 수거해갔고 그의 급료를 중지했다(영국은 사망한 군인에게 급료를 주지 않는다). 그러나 이 시스템은 솜 전투라는 거대한 시체 안치소가 문을 열면서 이내 난관에 봉착했다. 한꺼번에 너무 많은 사망자가 발생하자 군번줄로 이름을 추적하는 것이 불가능해진 것이다. 전투가 시작되고 처음 며칠이 지나자 수만 구의 시신에서 수만 개의 군번줄이 떨어져 나왔다. 어떤 것들은 맹렬한 폭발로 산산 조각난 군인의 몸에서 떨어져 나와 진홍빛 안개 구름 사이로 사라졌다. 도살된 고기 같은 시체들을 매장할 때면 더 이상 뭐가 뭔지 누가 누구인지 알 방도가 없었다. 군의 행정관들은 누가 죽었는지는 알 수 있었지만(군번줄 뭉치가 그 정도는 알려주었다) 이 군인들은 영영 이름을 잃어버렸다. 서부전선의 공동묘지에는 비석이 빽빽이 늘어서 있다. 마치 비석 하나마다 한 사람을 묻은 것처럼 보이지만, 사실 그곳은 여러 시신을 한 꺼번에 묻은 합장묘다. 시간이 흘러 음울한 평화가 찾아오자 그 제야 이루 말할 수 없는 혼돈 위에 잔디를 덮고 비석을 세워 질 서 정연해 보이게끔 착시를 만들어낸 것이다. 솜 전투 이후 영 국군은 교훈을 얻었고 전쟁에 나가는 사람들에게 두 개의 군번 줄을 달게 했다. 하나는 사망 시에 급료를 중지하기 위함이고, 다른 하나는 목에 남아 있어서 적어도 그가 묻힐 때 이름이라도 알 수 있도록 하기 위함이었다.

그러나 이미 너무 많은 사람이 이름 없이 죽은 뒤였다. 프랑 스 북부 티에발에 있는 임페리얼 전쟁기념관은 솜 전투 당시 그 부근에서 전사한 이름 없는 7만 2337명(농부들이 계속해서 유해 를 발견하고 있기 때문에 숫자는 계속 늘어나고 있다)의 사람들을 기 리는 곳이다. 많은 전사자가 이름과 분리되었기 때문에 '묘역 미상'으로 남아 있다.

언론인과 시인, 작가 들은 그 어마어마한 수의 사망자들을 '전몰장병'이라는 이름으로 칭송했다. 100년이라는 시간은 그 리 길지 않은 시간이고, 기억이 닿을 수 있는 시간임에도 우리 는 수십만 명의 사람들을 독자적인 개인이 아니라 사망자라는 하나의 덩어리로 뭉뚱그려버렸다. 그들을 기억하는 사람들은 살아갔고 나이가 들어갔지만, 그들은 조금도 늙지 않았다. 시간 이 지나며 그들(얼굴과 목소리, 성격, 품었던 희망과 꿈)을 기억해 준 사람들은 시대와 함께 사라졌다. 두 차례 세계대전의 사망자 (실종자와 전몰자)들은 사람들의 기억 너머 어딘가에 떠다니고 있다. 얼마 지나지 않아 그들은 돌에 새겨진 이름, 책에 적힌 이야기로만 남을 것이다.

카트라에스 전투로부터 1400년이 지났고, 그 전쟁과 관련된 사람들은 몇 명을 제외하면 모두 완전히 잊혔다. 전설로만 남은 헥토르와 아킬우레스처럼 말이다. 장병들의 이름을 기록한 그 많은 명판은 세계대전에서 전사한 이들의 이름이 영원히 기억될 것이라 약속한다. 그러나 그런 일은 없을 것이고, 가능할 리도 없다. 20세기의 대량살육극에 참전한 사람들은 트로이와 카르타고, 테르모필레 전투에서, 아니면 카트라에스에서 죽은 사람들과 다르지 않다. 우리는 그들을 기억하지 못할 것이다. 우리는 그들의 부모들이 그들의 첫걸음마를 기억하듯 그들을 기억하지는 못할 것이다. 그들의 연인이 왜 그들을 사랑했는지 결코 기억하지 못할 것이다. 그들이 가장 좋아한 책은 무엇이었는지, 가르마를 어떻게 탔는지, 어떤 농담에 웃음 지었는지 우리는 기억하지 못할 것이다.

우리는 망각과의 전쟁을 치르고 있다. 아니, 전쟁을 치러야 한다. 비록 이길 수 없는 전쟁이겠지만, 그럼에도 우리는 대항해야 한다.

우리는 전쟁으로 인한 상처가 채 아물지 않은 세상에 살고 있다. 그러나 인류는 똑같은 실수를 반복하는 걸 멈추지 않을 것처럼 보인다. 여전히 지구 곳곳에서 극렬한 무력 전쟁이 벌어지고 있기 때문이다. 우리는 전쟁이 역사책에나 존재한다고 생각하지만, 그건 순진하고 위험천만한 착각이다. 우리의 문명은 상처 입은 채 걸어가고 있고, 국가들 사이에는 시뻘건 잉걸불 같은 위협이 들끓는다. 전쟁의 위협은 도처에 있으며 우리는 그 사건이 남긴 상처를 기억해야만 한다. 국가는 개인이 입은 상처를 보살펴야 한다. 전쟁에서 다친 사람들과 상흔을 간직한 채 살아가는 사람들을 돌보는 일부터 시작할 수 있을 것이다. 그런 식으로 우리는 우리가 저지른 죄와 그 대가와 결과를 기억할 수 있을 것이다.

9

이야기

에덴의 고래 사냥꾼들

✤

인생이 당하는 일을 짐승도 당하나니
그들이 당하는 일이 일반이라
다 같은 호흡이 있어서 짐승이 죽음과 같이
사람도 죽으니 사람이 짐승보다 뛰어남이 없음은
모든 것이 헛됨이로다.

「전도서」 3:19

에덴 범고래박물관에 전시된 올드 톰의 뼈

호주 앞바다에 사는 범고래들은 오랜 세월 동안 고래잡이 어부들의 사냥을
도왔다고 한다.
19세기에 호주에 정착한 데이비드슨 가문은 그들이 올드 톰이라고 이름 붙인
수컷 범고래와 삼대에 걸쳐 우정을 쌓았다.

‡

호주 뉴사우스웨일스에 있는 에덴 범고래박물관의 입구에는 잠수복 한 벌이 전시되어 있었다. 나는 그 지방에 전해 내려오는 19세기 고래 사냥꾼들과 범고래의 전설을 알아보려고 박물관을 찾은 것이었는데, 문득 입구에 전시된 네오프렌 재질의 잠수복에 시선을 빼앗겼다. 무거워 보이는 납판이 잠수복의 양어깨를 감싸고 있었다. 전복을 잡는 어부였던 에릭 니러스의 작업복이었다. 깊은 해저까지 내려가 전복을 잡기 위해 무거운 납판을 매단 것이었다. 납판에는 선명한 이빨 자국이 보였다. 목걸이처럼 늘어선 구멍 자국이 마치 절취선 같았다.

잠수복 옆에는 해설이 적혀 있었다. 에릭은 어느 날 혼자 바닷속에서 전복을 캐고 있었는데, 갑자기 머리 위가 어두워지는 걸 느꼈다. 거대한 백상아리가 나타난 거였다. 백상아리는 에릭의 머리와 어깨, 몸통을 공격했지만, 두꺼운 납판 때문에 그를 완전히 두 동강 내지는 못했다. 에릭은 가까스로 한쪽 팔을 들어 전복을 캘 때 쓰는 끌로 상어의 머리와 눈을 찔렀다. 상어는 그를 놔주었고 깊은 물 아래로 멀어졌다. 에릭은 다행히 큰 고비를 넘겼지만 여기서 끝이 아니었다. 그는 당장 물 위로 올라가서 도움을 구해야 했지만, 너무 깊이 내려와 있어서 단숨에 올라갈 수가 없었다. 부러진 코와 여기저기에 난 상처에서 피가 흐르고 있었다. 상어가 근처에 있을 것이라는 사실에 겁에 질렸지만, 그는 배와 연결된 줄을 타고 반쯤 올라간 뒤 멈춰서 감압을 했다. 그는 자신의 피가 번진 물속에서 탐스러운 고기 한 점이 되어 줄에 매달려 있었다. 에릭은 차분히 시계의 분침을 주시하면서 감압을 끝냈고 수면 위로 올라와 무사히 배로 돌아갈 수 있었다. 에릭의 잠수복은 바다가 우리의 왕국이 아니라는 사실을 일깨워준다. 그 왕국의 왕과 여왕은 따로 있다.

호쥬 뉴사우스웨일스의 에덴 지역에는 사람들과 협력했던 특별한 범고래들의 이야기가 전해 내려온다. 범고래는 영어로 킬러 고래Killer whale, 학명은 올시누스 오르카Orcinus orca다. 올시누스는 로마어로 지하세계를 다스리는 신의 이름이고, 오르카는 라틴어로 '가운데가 볼록한 통'이라는 뜻으로 범고래의 둥글고 커다란 몸뚱이를 빗댄 것이다. 스페인 어부들도 범고래를 암살자 고래ballena asesina라고 부른다. 범고래가 다른 고래와 돌고래들을 죽이고 잡아먹기 때문이다. 따라서 킬러 고래라는 이름보다는 고래 킬러Whale killer라는 이름이 더 잘 어울린다.

아르헨티나 파타고니아의 산타크루스 지방에 있는 핀투라스 계곡Pinturas Valley 밑에는 '손들의 동굴'이라는 뜻의 이름을 가진 쿠에바 데 라스 마노스Cueva de las Manos 동굴이 있다. 지금으로부터 1만 년 전, 마지막 빙하기에 이르러 지구의 온도가 서서히 누그러지던 때에 이 석회암 동굴에는 사람들이 살았다. 그들은 손바닥을 동굴 벽에 댄 채 손등 위로 염료를 뿌리거나 색을 칠해 손자국을 남겼다. 손가락을 활짝 펼친 수십 개의 손 벽화는 마치 인사를 하는 손짓 같기도 하고 교실에 가득 찬 학생들이 앞다투어 번쩍 들어 올린 손 같기도 하다. 왜 이런 벽화를 남겼는지 정확한 이유는 알 수 없으나, '내가 여기에 있었다'는 개인적인 표식을 남기려는 욕망이 동기가 되었을 수 있다. 이유가 무엇이었든, 그건 손을 가진 존재만이 할 수 있는 행위였다.

로마에 있는 시스티나 성당의 천장에는 기독교의 창조주와 아담이 서로를 향해 손을 뻗은 장면이 그려져 있다. 미켈란젤로가 상상한 인류 창조의 순간이다. 둘의 손가락은 서로 닿을 듯 닿아 있지 않다. 생명은 그 사이로 흐른다. 시냅스를 가로질러 발상이 떠오르는 것처럼.

손의 역사는 아주 먼 옛날로 거슬러 올라간다. 5000만 년 전 숲에는 몸집이 땃쥐 정도 되는 두 종류의 포유류가 있었다. 한 종류는 주로 땅에 머물렀고 다른 하나는 나무를 타고 올라갔다. 아주 넓은 맥락에서 보자면 나무로 올라간 포유류가 바로 우리의 조상이다. 나뭇가지들 사이로 이리저리 돌아다니던 그 조그만 동물이 시간이 흘러 영장류로 진화했고 인류가 되었다. 당연하게도 나무에 더 잘 매달리고, 나뭇가지를 정확하고 빠르게 움켜쥐는 재주가 있는 쪽이 생존에 유리했고, 더 많이 살아남아 자손을 볼 수 있었다. 그들의 기다란 앞 발가락은 곧 손가락이 되었다. 인류 발달 역사에서 엄지손가락의 진화는 커다란 전환점으로 여겨진다. 엄지손가락이 다른 손가락과 맞닿는 움직임이 가능해지면서 도구를 집는 힘이 늘고 손재주도 향상되었기 때문이다.

얼추 비슷한 시기(약 5000만 년 전)에 하마를 닮은 포유류는 영영 육지를 떠났다. 물에서 살기로 한 포유류들에게는 기다란 앞 발가락이 더 이상 필요하지 않았다. 물로 돌아간 포유류들 가운데 일부는 수백만 년 동안 진화한 끝에 거대한 몸집을 가진 고래와 돌고래가 되었다. 그중에서도 대왕고래와 북극고래는 아마도 지금까지 지구상에 존재한 모든 동물을 통틀어 가장 몸집이 클 것이다. 고래는 대체로 큰 뇌를 가지고 있고, 인간보다 더 큰 뇌를 지닌 종도 있다. 고래는 가족 단위로 생활하며 서로를 보살피고 의사소통하며 함께 사냥을 한다. 무엇보다 고래는 자신이 살아가는 세계의 뛰어난 관찰자이며 전략가다.

호주 뉴사우스웨일스에 정착한 유럽인들은 1840년대 초에 새로 발전하던 마을의 이름을 제1대 오클랜드 백작이자 영국의 장관이던 조지 에덴 1세의 이름을 따서 에덴이라고 지었다. 1828년 이래 에덴에서는 호주 동해안을 오르내리는 혹등고래를 잡기 위한 포경 기지가 운영됐다. 그 해안에는 유럽인이 정착하기 적어도 만 년 전부터 유인Yuin 민족에 속하는 타와Thaua라는 원주민 집단이 살고 있었다. 타와족 또한 그들의 둥지에 들어온 하얀 뻐꾸기들(백인들)처럼 혹등고래 사냥을 하곤 했다.

어느 날 유럽인들은 자신들의 포경선에 타와족 남자들을 태우고 함께 바다로 나갔다. 그런데 갑자기 범고래 무리가 나타나 선박을 위협하듯 주위를 배회하는 것이 아닌가. 유럽인들은 범고래들이 사냥을 방해한다고 여겨 공격하거나 쫓아내려 하였으니, 타와족 남자들은 범고래를 죽이기는커녕 다치게 하는 것조차 한사코 거부했다. 그들은 범고래가 인간의 사냥 동료이며 사람들을 도와 사냥을 하고 그 대가로 혹등고래의 거대한 혀와 입술을 차지한다고 알려주었다. 범고래는 배 쪽으로 혹등고래를 몰아주고 도망치지 못하게 막아주는 대가로 자신의 몫을 얻었다. 타와족은 그 거래를 혀의 법칙이라고 불렀다.

백인들은 타와족의 이야기를 비웃었다. 그러나 단 한 가문, 데이비드슨가 사람들은 원주민들의 이야기에서 지혜를 발견했다. 조지 데이비드슨은 그 가문의 첫 번째 고래잡이 세대이자 에덴 타운 근처의 투폴드베이에 포경 기지를 세운 인물이다. 그도 처음에는 다른 사람들처럼 범고래들을 쫓아냈지만, 이내 타와족의 충고를 듣고 혀의 법칙을 따랐다. 19세기 중반이 되자 데이비드슨가는 그 일대에서 가장 성공한 고래잡이가 되었다. 범고래들은 초록색으로 칠한 데이비드슨가의 배를 멀리서도 알아보았다고 한다. 매년 연말이 되면 범고래 무리가 투폴드베이를 찾아왔다. 커다란 수컷 고래 한 마리가 해변에 있는 데이비드슨 건물로 가까이 오거나 녹색으로 칠한 배 근처로 다가와 사람들의 주목을 끌었다.

사람들은 그 수컷 고래를 '올드 톰'이라고 불렀다. 톰의 익살스러운 행동은 전설로 남아 있다. 톰의 무리가 수염고래들을 몰고 만 근처로 올 때면 톰은 밤이든 낮이든 투폴드베이로 유영해 와서는 데이비드슨 가족이 바다로 나올 때까지 거대한 꼬리로 수면을 철썩철썩 때리곤 했다. 때로 톰은 선두 포경선에 달린 밧줄을 이빨 사이로 물고 사냥할 고래 떼가 있는 곳까지 배를 끌고 가기도 했다. 혀의 법칙은 어김없이 지켜졌다. 사람들은 작살로 고래를 잡은 다음 올드 톰과 그의 가족들이 배를 채울 때까지 기다려주었다. 대부분의 범고래 떼가 그렇듯이 그 무리의 진짜 우두머리는 암컷이었다. 사람들이 '스트레인저'라는 이름을 붙인 우두머리 암컷은 사람들에게 다가오지는 않았지만 무리를 통솔하는 역할을 톡톡히 했다. 스트레인저는 고래들이 사람들의 몫인 살코기와 기름을 건들지 않게끔 단단히 단속했고, 덕분에 쌍방이 모두 만족하는 거래가 계속 이어질 수 있었다. 때로는 작살에 찔린 수염고래가 몸부림치다 배를 흔들어 사람이 물에 빠지는 사고가 일어나기도 했다. 고래잡이들에게는 바다에 대한 경외심을 유지하기 위해 헤엄치는 법을 배우지 않는 전통이 있었고, 따라서 그러한 사고는 치명적일 수 있었다. 그럴 때면 범고래들이 나서서 상어가 다가오지 못하도록 막고 물에 빠진 사람을 수면 위로 밀어 올렸다. 깊은 물 아래로 가라앉은 사람을 끌어올려 구조될 때까지 물 위에 띄워놓기도 했다. 범고래가 밧줄이나 그물에 걸릴 때면 사람들은 반드시 그들을 풀어주었고, 자유를 되찾은 범고래들은 그르렁거리는 소리로 감사 인사를 전했다. 데이비드슨 가문은 삼대에 걸쳐, 한 세기 동안 올드 톰, 스트레인저 무리와 관계를 유지했다.

올드 톰의 사체는 투폴드베이 해안에서 발견되었다. 그의 뼈는 에덴 범고래박물관에 전시되어 있는데, 오랜 시간 밧줄을 물고 끌었던 올드 톰의 이빨이 밧줄 걸이 모양으로 닳아 있는 모습을 볼 수 있다. 세계 곳곳에는 타와족처럼 범고래와 유대 관계를 맺은 원주민 집단들이 있다. 캐나다 원주민들은 범고래를 조상의 환생으로 여긴다.

타와족이 혀의 법칙을 지킬 수 있었던 것 범고래들이 그것을 용인했기 때문이었다. 범고래들은 누구의 도움 없이도 충분히 고래를 사냥할 수 있었지만, 1000년 동안 인간들이 날카로운 창으로 고래를 잡는 모습을 지켜보면서 인간이 자신들에게 없는 재주를 가지고 있으며, 동료 사냥꾼으로 삼을 만하다는 것을 알게 되었다. 타와족의 말에 따르면 먼저 협동을 제안하며 다가온 것은 범고래였다고 한다. 자기들의 조상이 뭍을 등진 지 5000만 년이 지난 후, 고래는 뭍에 사는 재주 있는 파트너를 골라 협업을 제안한 것이었다.

2016년 나는 뉴질랜드 남섬의 최북단에 있는 페어웰스핏 Farewell Spit을 방문했다. 25킬로미터에 걸친 이곳의 은빛 모래 해안은 둥근머리돌고래들의 무덤이다. 종종 수백 마리의 고래 떼가 이 해변으로 밀려온다고 한다. 고래들을 다시 바다로 돌려보내려는 자원봉사자들의 노력에도 불구하고, 수백 마리의 고래가 목숨을 잃는다. 이는 이 땅에 고래가 존재하는 동안 반복되어 온 비극이다. 고래는 서로 깊은 유대를 나누는 것으로 잘 알려져 있다. 나와 만났던 한 마오리족 노인은 고래들이 죽음을 앞둔 고래 한 마리를 따라 얕은 물로 왔다가 이런 사달이 나는 것 같다고 말했다. 기력이 다한 고래는 헤엄치지 않고도 호흡할 수 있는 해안으로 가서 휴식을 취하고 싶어 한다. 움직임을 멈추고 쉬기를 원하는 것이다. 어쩌면 고래들은 바다에서 끊임없이 움직이며 사는 것을 선택한 조상들의 결정을 한탄할지도 모르겠다.

우리 종은 지구상의 다른 모든 종을 지배하게 되었다. 그 차이를 만들어낸 것은 다름 아닌 인간의 손이었다. 인류는 손으로 도구를 만들고 온갖 기술을 탄생시켰다. 원하는 것은 무엇이든 만지고, 잡고, 움켜쥐었다. 에덴과 범고래의 이야기에서 알 수 있는 건, 우리의 운명을 결정지은 것은 다름 아닌 5000만 년 전 숲에 살던 땃쥐였다는 사실이다.

작은 것들을 음미하기

✿

물려받은 몇 마지기 땅 외엔
더 바랄 것도 더 원할 것도 없고
제 땅에 서서 고향의 공기를 들이마시며
흡족한 자는
행복한 사람.

알렉산더 포프 Alexander Pope, 「고독에 부치는 시 Ode on Solitude」

에드윈 왕의 세례식

에드윈 왕은 616년부터 633년까지 잉글랜드 북부의 노섬브리아 왕국을 다스렸다. 627년에 신하들을 이끌고 기독교로 개종하여 훗날 성인으로 추대되었다.

‡

우리 집 정원에는 제멋대로 자란 덤불 나무 한 그루가 있다. 키는 나보다 두 배는 크고, 손가락만큼 가느다란 줄기에는 작은 톱니 모양의 연두색 잎사귀가 자란다. 가까이 다가가면 햇볕에 따뜻하게 데워진 흙냄새와 퀴퀴한 먼지 냄새가 난다. 부끄럽지만 나는 그게 무슨 나무인지 모른다. 한 해가 저물 무렵이면 덤불은 흰 꽃을 피워내며 존재감을 드러낸다. 참새들은 그 나무를 좋아한다. 발랄하게 쩍쩍거리며 이파리가 무성한 나뭇가지 사이사이로 쉴새 없이 드나든다. 나는 참새를 정말 좋아한다.

작고 통통한 갈색 참새들은 별난 재주는 없지만 용맹하다. 온 힘을 다해 비행하는 참새는 조류 세계의 경비행기라고 할 수 있다. 참새가 오르락내리락하는 모습은 튀어 오르는 공이나 물수제비를 보는 듯하다. 아주 짧은 순간만 관찰해보아도 그들이 얼마나 노력하고 있는지 느낄 수 있다. 통통한 날개를 맹렬하게 튕기며 날아간다. 참새는 배짱이 있다. 주저하는 법이 없다.

요즘 나는 우리 집 주변을 둘러보며 그동안 내가 얼마나 주변에 있는 것들을 당연하게 여기고 간과해왔는지 알게 되었다. 여름이면 나무 그늘을 즐기고 겨울에는 앙상한 해골 같은 나무를 보며 시간의 흐름을 실감하면서도 그 나무의 이름이 무엇인지는 알려고 하지 않았다. 도로변이나 정원에 핀 꽃에도 무심했고 새들에게도 그러했다. 저 멀리 지평선에는 푸른빛의 산이 보인다. 그 산들에 대해서도 역시 잘 모른다. 벤 로몬드라고 불리는 산이 있다는 것만 알고 있다. 요즘 나는 산책하며 만나는 꽃과 잎을 따서 호주머니에 넣어 집으로 가져온다. 그리고 지질학책과 식물학책을 뒤져 이름을 알아보고 기억하려고 노력하고 있다. 그동안 이렇게 간단한 것들도 알려고 하지 않았다는 사실이 부끄럽다.

우리는 종종 우리가 당연하게 받아들이는 상식들이 태곳적부터 존재했을 거라고 생각한다. 고대의 사람들은 우리와는 전혀 다른 관점으로 세상을 이해했다. 그들이 보는 물리적 경관과 마음의 풍경은 지금과는 완전히 다른 것이었다. 우리가 알고 있는 거의 모든 것은 아주 최근에서야 등장했다. 14세기 전만 해도 (인류 역사 전체에서 보면 눈 깜짝할 만큼 짧은 시간이다), 우리 조상들 대부분은 기독교를 알지 못했다. 기독교는 생긴 지 얼마 안된 새로운 종교였고, 후 불면 날아갈 것 같은 연약한 씨앗에 지나지 않았다.

잉글랜드 동부와 스코틀랜드는 한 때 베르니시아Bernicia와 데이라Deira라는 두 개의 왕국이 지배하고 있었다. 토착민인 브리튼인과 이주해온 앵글인이 만든 왕국이었다. 두 왕국은 기원후 7세기경 노섬브리아 왕국으로 통합되었다. 그 무렵은 여러 왕국이 이른바 칠왕국시대를 이루던 때로, 노섬브리아의 남쪽으로는 펜다 왕이 다스리는 왕국 머시아Mercia가 있었다. 이 시기의 장소나 인물들의 이름은 J.R.R. 톨킨의 소설이나 미국 드라마 〈왕좌의 게임〉에 등장하는 엘프나 오크의 이름처럼 낯설고 괴이하게 느껴진다. 생경한 이름을 가진 그 땅과 왕 들을 우리 조상들은 그저 이교도라고 불렀다.

모든 인간은 무엇인가를 숭배하기 마련이다. 음침한 잿빛 바다를 건너 게르만 땅에서 온 첫 번째 이주민들은 오딘과 토르, 로키 같은 신을 위해 제단을 쌓았다. 기독교라는 씨앗이 바람에 실려 뿌리를 내리기 시작한 건 그즈음이었다. 왕들 또한 이 낯선 종교에 관심을 보였다. 이 왕국의 사람들은 씨를 뿌리고 밭을 일구며 살았고 검은 흙을 높게 올려 이랑을 만들었다. 그들은 자손에게 대대로 들판을 물려주었고, 둑으로 낮은 담장을 지어 구획을 만들었다.

영국제도는 빙하가 후퇴한 뒤 수천 년 동안 울창한 숲이었다. 사시나무, 자작나무, 버드나무가 자랐고, 그다음에는 떡갈나무, 그다음에는 물푸레나무, 너도밤나무, 느릅나무, 호랑가시나무, 서어나무, 보리수나무, 단풍나무가 무성해졌다. 신석기시대의 농부들이 처음 돌을 갈아 돌도끼를 만들던 무렵까지도 원시림이 울창했지만, 기원전 500년 무렵에는 섬의 절반이 개간되었다. 섬에 이주한 모든 사람이 무분별한 벌목으로 삼림에 더 많은 구멍을 냈다. 앵글족과 색슨족은 특히 더 바지런히 땅을 일궜다. 그러나 잉글랜드 중부의 전원 지대에 뿌리내린 사람들은 해마다 터전을 옮겨 다닐 필요가 없었기에 그들을 둘러싼 자연경관을 그대로 유지하며 소박한 삶을 이어갔다. 그들은 그들의 작은 세계를 구성하고 있는 만물에 이름을 붙여주었다.

노섬브리아 출신의 수도사이자 역사가였던 비드Bede의 저서 『영국인의 교회사』에 따르면, 기원후 616년부터 베르니시아와 데이라를 다스렸던 에드윈 왕은 627년에 새로운 신을 섬기고 싶다는 마음을 품었다. 그때 바울리노라는 성자가 왕에게 와서 기독교를 따를 것을 권했다. 망설이던 에드윈 왕은 신하들을 불러 모아 토론을 벌였다.

한 신하가 한동안 생각하더니 입을 열었다. "폐하, 어느 겨울날 참새 한 마리가 우연히 연회장 창문으로 들어왔다고 생각해 보십시오. 참새는 저녁 식사를 하는 사람들의 머리 위를 지나 반대편 창문으로 빠르게 날아갈 것입니다. 이 땅에서의 우리의 삶이 바로 이와 같을 것입니다. 밖에는 눈보라가 휘몰아치지만 연회장 안의 공기는 타오르는 장작 덕분에 따뜻하지요. 참새는 방의 한쪽 문에서 날아와 반대편 문으로 날아갑니다. 방에 머무는 동안 참새는 눈보라로부터 안전합니다. 그러나 찰나의 안락이 끝나면 참새는 시야에서 사라져 그가 왔던 한겨울의 세계로 돌아갑니다. 사람이 세상에 머무는 시간은 너무나 짧고, 우리는 우리 전에 있었던 것과 우리 다음에 올 것을 알지 못합니다. 그러니 이 새로운 가르침이 조금이라도 확실한 지식을 가져다준다면 그것을 따르는 것이 마땅할 듯싶습니다."

이 조언자는 강력한 이미지를 만들어냈다. 연회장과 불, 사람들의 머리 위를 날아가는 참새 한 마리. 에드윈의 신하는 삶이 짧다는 것을 잘 알고 있었다. 짧을 뿐 아니라 삶의 전과 후는 우리가 알지 못하는 캄캄한 것들로 가득하다는 것도. 생명이 찬란하게 타오르는 순간에도 우리는 그들을 속속들이 알아보지 못한다. 「마태복음」에는 "참새 두 마리의 값이 동전 한 닢밖에 되지 않는다고 하더라도 하느님이 허락하지 않으면 땅에 떨어지지 않을 것이다"라는 구절이 있다. 신앙이 있든 없든 값어치가 얼마나 나가든 신의 눈에는 우리 모두 가치 있는 존재라는 의미일 것이다.

에드윈 왕은 새로운 종교를 받아들였고, 새로운 마음의 지도로 길을 찾았다. 『앵글로-색슨 연대기Anglo-Saxon Chronicle』◇에는 에드윈 왕과 그를 따르는 신하들이 627년 부활절에 요크에서 세례를 받았다는 기록이 있다. 에드윈 왕은 처음에는 나무로, 그다음에는 돌로 교회를 지었다. 모두 이런 식이다. 사람들은 무덤 앞에 처음에는 나무 십자가를 놓았지만, 시간이 더 지난 후에는 돌로 만든 십자가를 놓았다. 처음에는 생명을 지닌 나무로, 그다음에는 영원히 남는 지구의 돌로. 처음에는 바람에 날리는 씨앗에 불과했던 무언가가 깊이 뿌리를 내린 나무들로 산을 이루는 것처럼. 에드윈 왕이 재위하는 동안 바울리노는 대주교가 되었다. 633년 10월, 왕좌에 오른 지 17년이 되던 해 에드윈 왕은 히스필드에서 벌어진 전투에서 머시아 왕국의 펜다 왕에게 패배해 세상을 떠났다.

지질학과 역사, 동물과 새에 관한 책을 읽으면 읽을수록, 나는 내가 충분히 알지 못하며, 앞으로도 충분히 알 수는 없을 거라는 사실을 깨달았다. 나는 참새들을 보며 안도한다. 그들의 짧은 비행을 보며 내게 주어진 시간이 무척 짧다는 사실을 되새긴다. 의미를 찾는 데 너무 작거나 너무 짧은 것은 없다. 스코

◇ 앵글로색슨족이 지배한 시기의 잉글랜드 역사를 기록한 역사서. 9세기 말 앨프레드 대왕의 치세에 편찬되었으며 현재 7권의 사본이 남아 있다.

틀랜드 출신의 자연주의자이자 박물학자인 존 뮤어는 한 세기 전에 쓴 『시에라에서의 첫 여름』이라는 책에서 이렇게 말했다. "무엇이든 하나를 골라내면 그것이 우주 만물과 연결되어 있다는 것을 알게 된다."

나는 나무와 참새를 유심히 관찰한다. 나는 매일 보는 것들의 이름을 하나하나 부르며, 그들의 가치를 제대로 음미하고자 한다. 우리는 한동안 이 땅에서 살아가지만, 이 삶 전에 지나간 것과 다음에 오는 것에 대해서는 아무것도 알지 못한다. 삶은 짧고 모든 것은 다른 모든 것과 연결되어 있다. 워즈워스는 보잘것없는 꽃 한 송이도 눈물이 날 만큼 깊은 상념을 불러일으킨다고 썼다. 정원 하나를 제대로 알고 음미하는 것으로도 족할 것이다.

믿음의 역사

✤

그들이 태어난다, 잠잠히 생기를 띠며
하나씩 하나씩
다섯 해 동안 이어진 지하의 잠에서.

호프 멀리스Hope Mirrlees, 「파리Paris: A Poem」

린디스판의 서

서기 700년경 영국 노섬벌랜드 앞바다에 있는 린디스판섬에서 수도원장
이드프리스가 만든 사본이다. 양피지 158장으로 이루어졌으며,
동물 모티프와 복잡한 선들로 장식되어 있다.

‡

이 책을 읽은 뒤 당신이 이 사실만은 기억하기 바란다. 린디스판의 서Lindisfarne gospels는 다 큰 오소리만큼이나 무겁다.

영국 노섬벌랜드에 있는 린디스판섬에서 만들어진 린디스판의 서는 100마리도 넘는 송아지 가죽으로 만든 성스러운 복음서로, 무게는 약 8.5킬로그램이나 나간다. 복음서에는 2000년 동안 신도들 사이에서 끊임없이 낭송되고 기억된 마태오, 마르코, 루카, 요한의 말, 즉 기독교의 가르침이 담겨 있다. 다른 중세 사본들과는 달리 린디스판의 서는 자기 역사에 관한 설명도 덧붙이고 있다. 그 글에 따르면 8세기 초엽 이드프리스 주교가 이 사본을 만들었다고 한다.

미술사가들은 린디스판의 서를 걸작이라고 칭송한다. 린디스판의 서는 5세기경 영국제도 서부와 아일랜드에서 싹튼 토착 기독교 신앙에 뿌리를 두고 있다. 이 복음서는 안에 든 것뿐만 아니라, 외피까지 모두 그 지역의 것이었다. 책의 표지는 그곳에서 키운 송아지의 가죽으로 제작되었으며, 물감 역시 그 지역에서 난 재료로 만든 것이었다.

로마는 자의든 타의든 4세기에 기독교를 받아들였지만, 5세기경 제국이 쇠하기 시작하자 토착 신앙들이 잡초처럼 되살아났다. 초기 기독교 성인들의 발길이 미처 닿지 못한 곳에는 오래된 신들이 여전히 자리를 지키고 있었기 때문이다. 로마 군인들이 사라지자 오래된 신들이 다시 빛 속으로, 사람들 곁으로 나왔다. 기독교는 가장자리로 밀려났고, 아무도 찾지 않는 모퉁이에 매달린 담쟁이덩굴처럼 위태로운 처지에 놓였다. 그렇게 한 세기가 흘렀고 완전히 추방된 듯했던 기독교는 브리타니아(그레이트브리튼의 로마시대 이름) 본토로 다시 조용히 돌아왔다. 기원후 563년 콜럼바라는 아일랜드 출신의 성직자가 헤브리디스제도의 이오나섬에서 기독교의 씨앗을 다시 뿌린 것이다. 635년에는 이오나의 주교였던 에이단이 노섬브리아의 왕 오스왈드의 초청을 받아 린디스판섬을 찾았다고 한다. 그러니까 린디스판섬에 전해진 기독교는 로마인의 기독교가 아니라, 아일랜드 버전의 켈트화된 기독교였다. 바로 이 신앙의 양식이 린디스판의 서에 담겨 있다.

이드프리스 주교는 글을 읽을 수 있는 사람과 그렇지 않은 사람 모두를 사로잡을 만한 작품을 창조해냈다. 그는 라틴어를 읽지 못하는 이들도 감화할 수 있도록 각 페이지를 우아하게 장식했다. 네 사도를 묘사한 그림(마태오의 천사, 마르코의 사자, 루카의 황소, 요한의 독수리)은 오랜 세월이 흐른 지금도 놀랍도록 선명하다. 삽화와 기하학적 도안은 최면을 거는 것처럼 오묘한 매력을 풍긴다. 「루카복음」의 한 페이지에는 붉은 점 1만 개로 장식한 그림도 있다. 점 찍는 데만 한나절은 꼬박 들였을 것이다. 린디스판의 서와 비슷한 더럼 복음서, 더로우의 서 등의 책이 있었고, 사람들은 이를 믿음의 증거로 여겼다. 교회당이나 성당과는 달리 책과 이야기는 언제 어디서나 몸에 지니고 다닐 수 있었으니까.

바이킹이 섬 주변을 배회하던 875년 린디스판섬의 수도사들은 필사본과 성聖 커스버트의 유골을 들고 홀연히 섬을 떠나 200여 년의 여정에 나섰다. 그 수도사들과 그들의 후계자들은 잉글랜드 북부 구석구석을 천천히 훑었고, 무수히 많은 장소를 방문했다. 잉글랜드 북부에는 지금도 커스버트 혹은 '커디'(그의 별명)라는 단어가 붙은 지명이 남아 있다. 그 무렵 더럼에는 커스버트를 위한 성당이 건축되었고, 그의 복음과 성해聖骸는 1500킬로미터가 넘는 곳에까지 전해졌다.

"태초에 말씀이 있었다"라는 「요한복음」의 구절은 말로 전해진 진실이 무無의 혼돈으로부터 질서를 빚어낸다는 것을 의미한다. 종교가 쇠락하고 간신히 명맥을 유지할 때 브리타니아는 혼돈에 휩싸여 있었다. 이드프리스가 부활한 신을 상징하는 요한의 독수리를 만들었을 때, 기독교는 탄생한 지 700년을 넘기고 있었고, 그즈음 세상에는 또 다른 믿음이 깨어나고 있었다. 기원후 610년, 저 멀리 동쪽에서는 무함마드가 대천사 가브리엘이 메카 근방의 한 동굴에서 자신에게 일러주었다는 이야기를 설파하고 있었다. 린디스판 수도원의 기록실에서 주교가 양피지에 붉은 잉크로 점을 새기고 있을 때, 이슬람의 추종자들은 한창 다른 이야기를 마음에 아로새기고 있었다. 지금은 탄생한 지 1400년이나 된 이슬람교의 시작은 역동적이고도 맹렬했다. 창시자 무함마드는 신에게 복종했으며 신에게서 들은 말씀을 사람들에게 전했다. 그의 메시지에는 힘이 있었고 채 50년도 지나지 않아 세계는 그가 불러일으킨 새로운 종교에 흠뻑 빠졌다.

그 사이에 기독교는 린디스판섬과 아이오나로, 스켈리그 마이 클과 아일랜드로 후퇴했다. 그렇게 풍전등화의 처지에 놓인 기 독교가 사라지지 않도록 붙잡은 것이 바로 복음서의 필사본과 이야기였다.

기독교의 초기 몇백 년 동안 구세계의 사제들은 종교를 설파 하기 위해 전 세계로 뻗어나갔다. 그들은 성지에서 나와 지는 해를 따라 서쪽으로 향했다. 사제 중 일부는 3~4세기의 성 안토 니오와 황야의 교부들에게 영감을 받아 신과 함께하는 것 외에 모든 것을 삼가고 이집트 사막에서의 외로운 삶을 선택하기도 했다. 그들의 금욕적인 방식은 이후 지중해 동부로 전해졌고, 프랑스의 마르세유와 투르로, 이어서 브리타니아로 전해졌다. 사제들에 대한 현존하는 자료에 따르면 그들은 앞머리는 바짝 자르고 뒷머리는 길게 길렀다고 한다. 수수한 가운을 걸친 채 세계의 구석구석을 찾아다니던 그들은 마침내 영국제도에도 당도했다. 그들을 본 섬의 원주민들이 어떤 반응을 보였을지는 추측만 할 수 있을 따름이다. 어쨌든 사제들은 섬에서 공동체와 수도원을 설립했고 나무와 토탄으로 만든 거처에서 상상할 수 있는 가장 힘든 삶을 영위했다. 그들은 뛰어난 수공예 솜씨로 금속과 돌을 다듬어 그들이 만나는 왕과 군주, 즉 후원과 보호 를 제공할 수 있는 이들의 눈을 사로잡을만한 작품을 만들었다. 그보다 중요한 것은 그들이 왕과 군주의 말을 양피지나 돌에 기 록할 수 있었다는 사실이다. 아이오나섬이나 린디스판섬에 평 화롭게 정착한 사제들은 기억하고 있는 이야기들을 종이에 적 었고, 그것을 책으로 묶어 황금과 보석으로 표지를 장식했다.

그때 그 수도사들이 따르고 지켰던 종교는 탄생한 지 고작 일곱 세기밖에 되지 않은 것이었다. 게다가 암흑시대(서로마제국 멸망부터 서기 1000년경까지의 시기)로 기억되는 시기에 기독교는 거의 사라질 위기에 처하기도 했다. 그러나 건물이 허물어지고 다시 세워지는 동안에도 이야기와 기억으로 만들어진 견고한 기반암은 결코 흔들린 적이 없었다. 서구 문명의 법과 도덕률은 모두 그 오래된 토대 위에 자리 잡고 선 것이다.

우리 가족은 요즈음 스털링에 있는 우리 집을 수리하고 있다. 많은 영국인처럼 우리도 빅토리아시대에 지어져 애초에 의도한 연한을 훨씬 넘긴 오래된 집에 살고 있다. 전기와 수도를 교체하고 벽과 천정을 새로 하고 페인트칠을 했다. 벽난로와 굴뚝의 덮개를 벗기고 지붕을 점검하고, 바람과 물이 새지 않도록 창문을 새롭게 단장했다. 그러나 우리 집은 여전히 오래된 토대 위에 세워진 오래된 집이다. 우리는 돌보고 정비하며 집을 기억한다. 거기에 있었던 것, 남아 있을 가치가 있는 것을 보존하려 한다. 집은 이야기보다 단단하고, 만질 수 있으며, 행동으로 완성된다.

관심을 기울이지 않으면 집은 황폐해지고 결국 완전히 쓰러질 것이다. 문명도 그러하다. 이집트, 그리스, 로마 문명은 모두 한때 끝나지 않을 것처럼 번성했으나 결국 흔들리다 무너져 내렸다. 우리의 문명도 다를 바 없다. 우리가 어떻게 돌보느냐에 따라 잿빛으로 뜬 피부에 분홍빛으로 생기가 돌 수도 있고, 그렇지 않을 수도 있다.

초기 기독교인들의 방식을 돌이켜보면 지나치게 순진하게

느껴진다. 그들은 어떻게 그토록 자신의 길을 확신했을까? 무엇이 그들을 이야기를 위해 살고 죽게 했을까? 그들은 단단한 뼈대만을 남긴 채 사라졌다.

역사와 문명은 그저 먼지처럼 공중에 떠 있는 게 아니다. 그들은 마치 석회화된 뼈대처럼 우리의 세계를 떠받치고 있다. 마른 뼈들. 그게 없다면 무엇이 우리의 세계를 지탱할까?

때로 사람들은 문명의 오래된 탑을 허물고 그 자리에 조립식 건물이나 고층 아파트를 세우려고 시도했다. 파시즘, 공산주의, 사회주의, 인본주의… 수많은 이데올로기가 새로운 세상을 상상했다. 그러나 오래된 가치들을 대신하고자 했던 이러저러한 시도들은 지금껏 그닥 성공적이지 못했다. 오랜 시간의 역사를 쌓은 지금에도 우리는 새로운 가치를 발명하는 데 서투르다.

20세기에 서구 문명은 거의 죽기 직전까지 피를 흘렸다. 1918년 프랑스에서는 200만 명이 죽거나 실종됐다. 소비에트 연방, 중국, 캄보디아 등에서도 새로운 가치들이 채용되었으나, 다시 수천만 명이 목숨을 잃었다.

제1차 세계대전의 대학살이 지나간 뒤 몇몇 생존자들은 난도질당한 세상이 풍기는 악취에 오염되지 않은, 깨끗한 공기를 마실 수 있는 고지대를 찾았다. 캐나다인 인류학자 웨이드 데이비스는 『적막 속으로Into the Silence』라는 책에서 전쟁 직후 에베레스트 정상을 향했던 영국인 등반가들의 이야기를 들려준다. 그들은 전대미문의 참상을 목격하고 살아남았고, 영혼은 부서진 듯했다. 전쟁 이후 다시는 교회에 발을 들이지 않았고, 국가가 울릴 때 자리에서 일어나지도 않았다. 조지 말로리◇ 같은 남자들은 어린 시절을 보낸 순진무결한 세계가 무너져 피에 젖는 것을 목격했다. 생존자들은 등반의 선봉에 섰다. 동시대 사람들이 매일같이 '미소 띤 얼굴로 장렬히' 사선을 넘는 것을 몇 년 동안이나 목격했던 일행에게 에베레스트의 암벽은 두려움의 대상이 아니었다.

프리드리히 니체는 19세기에 신의 죽음을 예언했다. 제1차 세계대전이 일어나던 1914년에서 1918년 사이에 사람들은 니체의 예언이 실현되는 것을 목격했다. 1922년 T.S. 엘리엇은 시 「황무지」를 발표했다. 시는 문명 또는 생명이 처한 현실에 대한 절망과 도탄을 생생하게 묘사하고 있다. 무엇보다 그는 인간의 문화와 영성을 짓밟고 전쟁의 살육을 산업화하는 기술의 도래를 애도했다. 또 다른 모더니스트 시인인 호프 멀리스는 1919년에 쓴 시 「파리」에서 종말 너머에서 희미하게 피어나는 생명의 희미한 빛을 보았다. 그는 산산이 부서진 도시와 그에 수반된 죽음을 묘사했지만, 희망 역시 노래하고 있다.

태양이 떠오르고 있다.
레알Les Halles◇◇이 곧 문을 열리라.
노트르담의 첨탑들 뒤로 하늘이 사프란빛으로 물든다.

◇ 영국의 등산가. 1921년 제1차 에베레스트 등반대원으로 선발되었고, 이어 제2차, 제3차 등반도 참가하였으나 1924년 실종되었다.

◇◇ 파리에 있던 중앙 노천 시장. 1971년에 헐리고 현재는 대형 쇼핑센터가 들어서 있다.

100년이 지난 뒤 노트르담 대성당은 불타고 말았다. 그러나 벽과 초석 들은 남았고 성당은 다시 세워질 것이다. 노트르담은 종교의 체현을 넘어 하나의 이야기이자, 가장 오랫동안 이어진 이야기다. 필멸과 거듭남에 관한 이야기들을 우리가 기억한다면, 우리의 문명은 이어질 것이다.

10

상실

말보다 오래된 소리

그저 산다는 것만으로도
기적이다.

머빈 피크Mervyn Peake,

「산다는 것만으로도 기적이다 To Live is Miracle Enough」

케랄라 불의 제사

불의 신 아그니를 위한 제사. 인도의 베다 전통에서 유래하였으며,
'아티라트람'이라고도 부른다.
수개월 동안 제단을 정성스레 마련하며,
제사가 시작되면 12일 동안 만트라 암송과 의례가 이어진다.
인도 남서부 케랄라 지방에서 수천 녀가 이어져 내려온 전통이지만
현재는 사라질 위기에 처해 있다.

‡

그 일은 하룻밤 사이에 이루어지지 않았다. 수천 킬로미터에 이르는 길을 수천 년 동안 걸어야 했던 긴긴 여정이었다. 인도인의 첫 조상은 10만 년 전에 아프리카의 뿔을 출발해 대륙을 넘고 물을 건너 오늘날의 예멘 땅에 도착했다. 그 방랑자들의 후손들은 그 후 수천 년 동안 해가 뜨는 쪽을 향해 계속해서 나아갔고 다시 남쪽으로 내려가 코끼리의 귀를 닮은 인도의 서쪽 해안까지 걸어갔다. 이들이 오늘날 인도 케랄라주 남쪽 끝에 사는 사람들의 조상이다.

지금으로부터 3000~4000년 무렵에는 아마도 중앙아시아 쪽에서 왔을 또 다른 무리의 사람들이 인도 아대륙에 자리를 잡았다. 새 이주민들은 산스크리트어를 공통 언어로 사용했다. 그들은 자신들을 아리아인이라고 불렀다. 아리아인들이 인도 북부에서 마주한 원주민들은 이미 고도로 발달한 문명을 꽃피우고 있었다. 고고학자들은 원주민들이 누리던 삶의 방식을 하라파문명이라고 명명했다. 인더스강 유역에 있는 큰 도시 유적의 이름을 딴 것이다. 기원전 2250년 무렵 하라파문명의 인구는 수만을 넘어섰다. 최근 진행된 하라파 유적 발굴 조사에서는 적절히 계산된 직사각형 격자를 따라 늘어선 길들이 발견되었다. 하라파 사람들은 집마다 하수도로 연결된 변소를 갖추고 있었고,

효율적인 관개시설을 설치해 밭에 물을 댔다. 각 도시에는 지대가 높은 곳에 방어 시설을 갖춘 성채가 있어서 필요할 때면 주민들이 그곳으로 모이곤 했다.

뒤이어 도착한 아리아인들은 하라파 원주민들보다는 덜 세련된 문화를 가지고 있었던 것 같다. 유목민이었던 아리아인들은 말과 마차, 청동 무기와 함께 그곳에 당도했고, 정착하고자 하는 열망을 품고 있었다. 고고학자들과 인류학자들은 한때 아리아인의 도래를 침략과 정복으로 묘사했다. 그러나 최근에는 이주민인 아리아인과 원주민인 하라파인들이 평화롭게 융화했다고 보는 견해가 늘어나고 있다. 침략이든 평화로운 이주였든 결과는 같았다. 하라파인들은 문자를 사용했고 기록할 수도 있었지만, 아리아인들이 도착한 후로는 1000년 넘게 문자를 쓰지 않았다. 아마도 기후변화가 큰 영향을 미쳤을 것이다. 비옥했던 땅이 황폐해지면서 강 유역에 자리한 도시를 버리고 다른 터전을 찾아 더 힘들게 살아야 했기 때문이다. 삶이 팍팍해지면서 전문적이고 세련된 문화는 퇴보할 수밖에 없었을 것이다. 도시 생활 역시 쇠퇴했고, 세월이 한참 흐른 뒤에야 이전보다 훨씬 조잡하고 덜 체계적인 형태의 도시가 다시 생겨났다.

아리아인들은 동물을 제물로 삼아 의례를 올렸고 불을 숭배했다. 하라파인과 아리아인이 우주를 바라보는 관점은 처음에는 같지 않았지만, 시간이 지나며 점차 하나로 섞이게 되었다. 그렇게 힌두라는 삶의 방식이 탄생했고, 그 결과물은 부분의 합보다 컸다.

불은 아리아인의 삶의 중심이었고, 브라만이라는 사제 계급이 불을 주재했다. 그들은 신들에게 찬가를 바쳤는데, 신들의 중심에는 천상 세계를 다스리고 혼돈에서 질서를 만든 '바루나'와 매해 가장 뜨거운 계절에 전쟁에서 거대한 용을 물리치고 비를 되찾아오는 '인드라'라는 전쟁의 신이 있었다. 그들의 찬가와 낭송은 조상에게서 입에서 입으로 전해 내려온 것이었고, 아리아인이 인도에 도착하기 훨씬 전부터 존재해온 것이었다. 기원전 2000년대 말에는 그 찬가를 묶은 리그베다라는 방대한 모음집이 만들어졌다. 사제인 브라만들은 성스러운 찬가를 자기들끼리만 공유하고 암송했다. 다른 계급의 누구도 그 가사를 알아서는 안 됐다. 이러한 분리가 모든 사람을 신분에 따라 구별하는 카스트 제도의 토대가 되었다. 처음에는 사제와 전사, 농부만을 구분했고 계층 간 이동도 비교적 자유로웠다. 그러나 세월이 지나면서 카스트는 점점 엄격해졌고 수천 개의 계층이 생겨났으며(지금도 그러하다) 더욱 깊게 뿌리를 내렸다.

아그니Agni(영어로 불꽃을 뜻하는 'ignite'의 어근이다)는 산스크리트어로 불의 신을 뜻한다. 인도 케랄라 지역에서는 수천 년 동안 브라만에 속하는 남부디리Nambudiri 계급이 아그니를 모셔 왔다. 의식은 다양한 방식으로 이어졌다. 그들은 수식처럼 반복적이고 음악의 코러스처럼 반복되는 만트라(산스크리트어로 '생각하기 위한 도구'라는 뜻)를 낭송하며 의례를 진행했다. 그러나 그들이 가장 정성을 다해 지켜온 의식은 아그니 신에게 바치는 불의 제사 '아티라트람'이었다.

가장 최근의 아티라트람은 1975년 캘리포니아대학교의 인도학자 프리츠 스탈 교수의 요청으로 판잘Panjal이라는 마을에서 거행됐다. 2011년에 부유한 인도인 사업가의 후원으로 축약된 버전이 공연되기도 했지만, 수백 세기 동안 전해져 내려온 이 의례는 이제 망각의 절벽 끄트머리에 아슬아슬하게 매달려 있다. 근본적인 의미에서는 이미 사라졌다고 볼 수도 있다.

언어학자들에 따르면 지구상에 현존하는 언어가 2주에 하나씩 사라지고 있다고 한다. 언어를 사용하는 마지막 사람이 죽으면서 함께 사라지는 것이다. 언어가 사라진다는 건 그 언어를 사용하던 사람들의 개성과 대체 불가능한 세계관이 통째로 사라지는 것을 뜻한다. 아티라트람도 그렇게 사라지고 있다. 햇볕에 너무 오래 내놔 바래버린 옷감처럼 흐려져만 간다.

아티라트람은 만들고 행하는 것에 관한 의례다. 울타리를 치고 등나무로 지붕을 얹어 의례가 진행될 공간을 마련하고, 진흙 벽돌로 커다랗고 납작한 제단을 만든다. 제단의 한쪽에서는 커다란 매의 형상을 한 신 프라자파티가 새롭게 태어나 뜨는 해를 향해 날아갈 채비를 한 모습을 볼 수 있다. 전설에 따르면 프라자파티는 세상 만물을 창조했으나, 다른 신들의 노여움을 사 그만 몸이 산산조각이 나 사라지고 말았다. 브라만 사제들은 의식이 거행되는 동안 밤낮없이 만트라를 낭송한다.

스탈 교수는 1975년 케랄라 지역의 남부디리에 의해 거행된 마지막 제사를 영상으로 기록하여 〈불의 제사〉라는 다큐멘터리를 만들었다. 다큐멘터리에는 제사 장면과 낮게 웅얼거리거나 울부짖는 듯한 사제들의 목소리가 함께 담겼다. 한 어린 소년이 만트라 암송을 배우는 장면도 등장한다. 아버지와 아들이 책상다리를 하고 마주 앉아 있다. 아버지는 손으로 소년의 머리를 앞뒤로 또는 양옆으로 리드미컬하게 움직인다. 소년은 몇몇 구절에서 반사적으로 손가락을 튕긴다. 의례의 끝자락에 다다르면, 의례 공간을 만들었던 울타리는 태워 없앤다. 파괴의 장면을 보기 위해 구경꾼들이 앞다퉈 모여든다.

아티라트람은 비현실이고 생경하며 매혹적이다. 가장 난해한 것은 만트라다. 인류학자들과 고생물학자들은 인류 역사에서 언어가 등장한 것은 비교적 최근이라고 설명한다. 아프리카 대륙을 떠나 이동을 시작했던 호모 사피엔스는 아마 언어를 갖고 있지 않았을 것이다. 네안데르탈인 역시 말을 하지 못했을 것이고, 그들 전에 존재했던 우리의 다른 사촌들도 마찬가지였을 것이다.

스탈 교수는 인간의 역사에 말보다 의례가 먼저 등장했다고 믿는다. 의례를 이루는 패턴화된 행위, 본능적이고 충동적인 몸짓은 새들의 짝짓기 춤이나 곤충의 분봉 행위를 본뜬 것일 수 있다. 의례는 언어에 앞설 뿐 아니라 의미보다도 오래되었을지 모른다. 우리 조상들은 단순히 행위 그 자체를 위해, 그러니까 유희를 위해 패턴화된 행위를 반복했을 수도 있다. 스탈은 인간이 언어를 사용하게 되자 그때까지 해오던 행위에 의미를 부여하려 했을 것이라고 주장한다. 어떤 전통과 몸짓은 의미보다 먼저 생겨났다.

1975년 〈불의 제사〉를 본 서구인들이 가장 놀라워한 것은 다름 아닌 만트라였다. (영국의 천재 수학자 앨런 튜링이 만트라의 행렬을 바탕으로 자신의 첫 컴퓨터를 고안했다는 설도 있다.) 만트라의 연속된 배열과 구절, 패턴과 운율은 산스크리트어를 포함해 어떤 언어로도 번역이 불가능하다. 사제들에게 물어보아도 그저 전해 내려온 것이라는 답을 들을 수 있을 뿐이다. 스탈 교수는 만트라의 내재율이 자연을 모방한 것이라는 설명을 내놓았다. 만트라와 가장 가까운 자연의 소리는 새들의 노래라고 한다. 케랄라 불의 제사에서 암송되는 만트라의 어떤 구절은 단어와 언어가 생기기도 전에 만들어졌을 것이다. 언어가 발달하는 과정에서 사람들은 오래된 소리를 우연히 주워 담았을 것이다. 도우를 반죽할 때 씨앗들이 달라붙듯이 말이다. 아마도 아티라트람의 만트라는 우리가 공중의 새나 숲속의 동물들처럼 의사소통할 때에 내던 소리를 화석처럼 간직하고 있는지도 모른다.

우리 인간은 평생 존재에 대해 고뇌하며 세계와 우주의 의미를 이해하려고 애쓴다. 언어도 없던 시기에 우리 조상들은 무슨 생각으로 고향을 떠나 그 멀리까지 걸어갔던 걸까. 아마도 그들은 철새처럼, 외부와 내부의 어떤 자극에 따라, 우리는 이제 느낄 수 없는 땅과 우주의 리듬에 따라 움직였을 것이다. 오늘날 우리의 모든 행동(좋은 것이든 나쁜 것이든)도 우주를 만들고, 다시 만드는 일이다. 그 이상도 그 이하도 아니다. 인간은 수천 년 동안 이야기를 만들고 기억하고 전해왔다. 우리 종에게 언제 의식이 생겼는지 알 수 없으므로 가장 오래된 이야기가 무엇인지도 알 길이 없다. 그러나 이야기와 뜻이 있기 전에 움직임(행동)이 있었다. 우리의 첫 조상들은 의식이라는 것이 생기기 전에 그저 걸었고 창조했고 살고 죽었다. 이 모든 것을 이해해야만 하는 것은 아니다. 아주 오랜 역사 속에서 차이를 만들어낸 것은 다만 움직임, 심지어 무의식적인 움직임이었다. 최근에서야 우리는 행동과 몸짓, 오고 가는 모든 것을 이해할 수 있는 이야기들을 만들어냈다. 우리에게 단어와 이야기는 필수적이지만, 때로 행동은 때로 우리가 말하는 어떤 이야기들보다 더 중요하다.

황야에 드리운 그림자와
잃어버린 언어들

❦

너의 고귀한 몸에서 흘러나온 피

바닥에 가득하다.

사랑스러운 몸에서 흘러나온 피

이불보에 흥건하다.

나는 그 피를 빨아 마신다.

숨이 막히도록.

게일어 전래 시

플로우 컨트리

스코틀랜드 북부에 있는 약 4000제곱킬로미터 규모의 늪지대.
습지에서 자라는 식물과 각종 유기물이 두꺼운 이탄층을 이루고 있어
거대한 탄소 저장고이자 귀중한 고고학적 유산이다.

‡

2019년 여름에 나는 스코틀랜드 동북부 끄트머리에 있는 야생지대 플로우 컨트리에서 며칠을 보냈다. 어떤 사람들은 플로우 대신 '고go'라고 발음하기도 하고, '플라우'라고 발음하기도 하는데, 축축한 땅을 뜻하는 스칸디나비아어 'floi'에서 온 것으로 추정된다. 발음이 제각각인 것은 역사의 불확실성과 망각을 뜻한다. 케이스네스 카운티와 서덜랜드 카운티 사이에 걸쳐 있는 플로우 컨트리의 윤곽을 찾는 것은 브리가둔(100년에 한 번 모습을 드러낸다는 스코틀랜드 전설의 마을)의 위치를 알아내는 것만큼이나 난해한 일이다. 거기에 있다는 건 알지만, 지도에서 정확한 위치를 짚어낼 수 있는 사람은 거의 없다. 이 역시 플로우 컨트리의 모호하고 신비로운 면모다.

플로우 컨트리는 무려 4000제곱킬로미터 면적의 늪지로, 유럽을 통틀어 가장 넓은 대습원Blanket bog이다. 대습원은 '담요 습지'라고도 불리는데, 이름만 들으면 퀴퀴한 흙탕물과 진창, 썩어가는 냄새 따위가 떠오른다. 그러나 이름에서 느껴지는 인상과는 달리, 플로우 컨트리는 마치 신화 속 공간처럼 신비로운 곳이다.

대습원은 대단히 습한 기후에서 차오르는 물의 양이 바람과 햇볕에 의해 증발하는 양보다 많을 때 형성된다. 대습원의 물웅덩이에서 살던 식물의 유해는 썩지 않고 토양에 축적된다. 토양이 산성을 띠고 산소가 없기 때문이다. 이렇게 한 층 한 층 쌓인 식물 유체는 이탄을 형성한다. 이탄은 마치 담요처럼 움푹 들어간 곳과 구멍들을 채우고 언덕과 골짜기를 덮는다. 쓰러진 나무들, 씨앗, 꽃가루, 크고 작은 동식물의 유해(유기물질)는 이탄 내부에서 부패하지 않고 보존된다. 이곳에는 재활용은 없고 수집만이 존재한다. 자연의 유해는 시간의 손길이 닿지 않는 곳에서 깊은 잠에 빠져든다.

플로우 컨트리 대습원은 마지막 빙하기 이래로 케이스네스와 서덜랜드 지역에서 점점 퍼져나갔다. 늪지의 깊이가 10미터나 되는 곳도 있다. 플로우 컨트리는 거의 언제나 무표정한 지형과 회색빛 음울함에 둘러싸여 있다. 점점이 흩어진 웅덩이에는 타닌 성분 때문에 원유처럼 불투명하게 반짝이는 물이 고여있다. 플로우 컨트리는 사랑하기 어려운 곳이다. 아니, 알아차리기조차 힘든 곳이다. 여행객들은 이곳이 존재한다는 사실조차 모른 채 가장자리까지만 왔다가 지나친다. 이곳엔 존재보다는 부재라는 말이 어울린다.

그러나 플로우 컨트리에도 봄은 찾아온다. 덧없이 짧은 순간이지만 그만큼 아름답다. 날씨가 따뜻해지면 흰 황새풀과 노란 금광화, 보라색 벌레잡이제비꽃, 여러 빛깔의 물이끼, 흰 별 모양의 별꽃, 조그만 사슴뿔 모양의 녹색과 회색의 지의류가 피어나 칙칙하던 경관에 색색의 점을 흩뿌려놓는다.

이곳에는 꽃들만큼이나 다채롭고, 또 그만큼 멸종되기 쉬운 것이 하나 더 있다. 바로 게일어다. 스코틀랜드의 자연이 키우고 돌본 또 다른 생명체이자 산과 늪, 물웅덩이에서 태어난 게 일어는 그것을 품은 장소의 형태와 온도를 영어보다 훨씬 섬세하게 표현해낸다. 바람 부는 날 빠르게 움직이는 구름이 황무지에 드리우는 그림자를 표현한 단어(rionnach maiom)가 있는가 하면, 바다에서 몰려온 빗줄기가 잠시 멎은 틈을 의미하는 단어(tioradh)도 있고, 황야 위로 일렁이는 아지랑이를 뜻하는 단어(na luin)도 있다. 게일어는 단어와 소리로 장소와 사물, 떠오르는 분위기를 하나하나 새기는 언어다. 그러나 그 경관도, 그곳의 언어도 언제까지나 같은 모습으로 그 자리에 머물지는 못할 것이다. 둘은 똑같이 망각과 상실이라는 위태로운 벼랑 끝에 서 있다.

내가 플로우 컨트리를 방문한 것은 그 지역 전체를 세계문화유산으로 지정하자는 캠페인을 지지하기 위해서였다. 아직 갈 길이 멀다. 나와 몇몇 학자들은 서소Thurso, 윅Wick, 인버네스Inverness의 시청과 학교에서 플로우 컨트리에 관해, 그 평범해 보이는 경관에 숨겨진 경이로움에 관해 강연을 했다. 어떤 연사는 대습원에 서식하는 생물들에 대해 발표했다. 나는 고고학자로서 그곳에 남아 있는 인류의 흔적에 관해 이야기했다. 사실 나는 그곳 출신도 아니고 전공 분야도 아니었기 때문에 그 자리에 나서는 것이 주제넘은 일은 아닐까 망설였다. 그러나 자연은 늘 그렇듯 침묵하기 때문에 대신 목소리를 내줄 누군가가 필요하다고 판단했다. 플로우 컨트리는 우리 조상들의 삶에 대한 증거이자 보고다. 늪은 산 자의 집과 죽은 자의 집인 돌방무덤, 그리고 선돌들을 조용하게 덮고 있다. 곳곳에 있는 이탄 안에는 사람들의 이야기가 담겨 있다. 그 땅에서 곡식과 가축을 기르던 농부들의 삶은 이탄에 파묻혀 영영 사라졌다. 셀 수 없이 많은 사람의 이야기가 이탄 아래에서 우리를 기다리며 잠들어 있다. 게다가 이탄은 어떤 우림보다도 효과적인 탄소 저장고이기 때문에, 대습원을 보존하는 일은 지금 이 순간에도 올라가고 있을 지구의 온도를 낮추는 데 도움이 된다. 이곳을 지키는 일은 곧 인류의 과거와 미래를 모두 구하는 길인 것이다.

1970년대와 1980년대에 삼림청은 일자리를 창출하고 황무지를 활용하겠다는 심산으로 플로우 컨트리에 대규모로 침엽수를 심었다. 당시의 보수 정부는 재력가들에게 세금 감면 혜택을 주면서 투자를 유치했다. 다행히 환경운동가들이 정부를 설득하여 유인책을 없애고 식수 사업도 중단하게 했다. 그러나 배수관을 파느라 수십 킬로미터에 걸쳐 땅을 파헤친 흔적은 지금도 그대로 남아 있다. 플로우 컨트리는 내 고향도 아니고 내 전공도 아니지만, 우리는 모두 이곳의 운명에 관심을 가져야 한다. 이곳을 잃는 일은 우리 모두의 운명과도 깊은 관련이 있는 문제이기 때문이다.

한때 게일어는 스코틀랜드 전역에서 켈틱어 대신 사용되었다. 나는 게일어를 하지 못한다. 그러나 이 오래된 언어가 자신이 탄생한 땅에서 살아남는 일은 내게도 중요하다. 게일어는 시들어가고 있다. 이 언어의 심장부라고 할 수 있는 웨스턴 아일스에서조차 영어에 밀려 사라져가고 있다. 2017년 에든버러대학교의 켈틱어학과 학장인 롭 던바 교수는 《헤럴드》 신문의 칼럼을 통해 우려를 표명했다. "게일어를 사용하는 가정에서 태어나는 아이들의 수가 감소하고 있다. 현재 게일어를 배우는 젊은 이들의 수에 근거할 때, 그리고 자식 세대에 이 언어를 물려줄 부모들의 수를 생각해볼 때, 웨스턴 아일스에서 게일어 사용자가 소수집단이 되는 건 시간문제로 보인다. 이대로라면 게일어는 존속하기 어려울 것이다."

플로우 컨트리가 과거의 기억을 간직하고 있는 것처럼 게일어 또한 고유한 기억을 품고 있다. 한 언어를 잃어버린다는 건 그 언어에 담긴 생각과 관점 역시 잃어버리는 일이다. 게일어를 사용했던 사람들은 농부이자 사냥꾼이었다. 그들은 자신을 둘러싼 세계의 음영을 알아차리고 그 끊임없는 변화를 서로에게 전달해야 했다. 플로우 컨트리는 언뜻 너무도 광활하여 아무런 특징이 없는 것처럼 보인다. 그러나 그 땅에서 살아가는 사람들은 세밀하고 정확한 언어로 지도를 만들었고 그것을 마음에 품었다. 한 라디오 인터뷰에서 캐나다 출신의 인류학자이자 작가인 웨이드 데이비스는 "언어는 문법과 어휘일 뿐 아니라 인간 정신의 섬광이며… 마음속의 원시림"이라고 말한 적이 있다. 플로우 컨트리에 살던 사람들은 미세한 디테일과 뉘앙스를 전달하는 언어로 빈 공간에 형태와 의미를 부여했으며 경관을 이해하고 인식했다. 자연주의 작가 J.A. 베이커는 1967년의 작품 『송골매The Peregrine』에서 이렇게 말했다. "정말로 그곳에 있는 것이야말로 가장 보기 어렵다."

이 장의 도입부에서 나는 1601년 노스 유이스트North Uist(스코틀랜드 북서부의 섬들)에서의 전투에 참여한 도널드 매클레인Donald MacLain에 대한 시를 인용했다. 도널드는 화살이 몸을 관통하는 부상을 당했고, 일가 여성 중 한 명이 그를 보살폈다. 옛 사람들은 피를 생명 그 자체로 여겼다. 피는 땅에서 온 것이었고, 죽음이 닥치면 땅으로 다시 돌려보내야 했다. 도널드를 사랑했던 그 여성은 그가 생명이라는 빚을 너무 빨리 청산하게끔 내버려두지 않았다. 그의 피가 땅으로 너무 빨리 돌아가지 못하도록, 도널드가 흘린 피를 마셔서 자기 몸 안으로 집어넣었다.

우리는 인공적인 환경에서 점점 더 많은 시간을 보내면서 땅과의 연결 고리를 잃어버리고 있다. 스코틀랜드에서는 그 연결 고리가 게일어였지만, 이제 그 언어는 핏기를 잃어가고 있다.

일부 역사학자들은 이러한 망실이 1070년 스코틀랜드 왕 맬컴 3세와 앵글로색슨 계통인 웨섹스 왕가 출신의 마거릿 공주가 결혼했을 때 이미 시작되었다고 본다. 게일어를 할 줄 몰랐던 마거릿 공주는 영어를 사용하는 귀족들과 성직자들을 왕국으로 불러들였다. 마거릿은 성인(스코틀랜드의 진주)으로 추앙되었지만, 하나의 불행한 풍조에 신호탄을 올렸다. 15세기에는 게일어에 대한 선호가 완전히 사라졌다. 당시 스코틀랜드의 왕들은 영주들이나 스코틀랜드 서부 섬들의 독립 해상 왕국들에게 빈번히 도전받고 있었다. 1462년 섬의 영주였던 존 맥도널드는 스코틀랜드의 통치권을 노리고 잉글랜드 왕 에드워드 4세의 편에 섰다. 그들의 비밀 동맹은 1493년까지 지속되었지만, 배반을 알아챈 스코틀랜드 국왕 제임스 4세는 맥도널드를 숙청하고 그의 영토를 왕가의 지배하에 두었다. 배반자의 무리가 게일어를 썼고, 그 언어로 스코틀랜드의 왕위 찬탈을 모의하였으므로 게일어는 곧 배반자의 언어로 낙인찍히게 되었다. 그 후

게일어는 돌이킬 수 없는 나락으로 떨어졌다.

우리는 고대 사람들의 언어를 통해 그들이 살아가던 오래된 세계를 이해할 수 있다. 사람보다 먼저 경관이 있었다. 시간이 흘러 사람들이 그 안에 자리 잡았고 그 장소가 그들의 삶을 만들어냈다. 사람들은 그들의 터전을 이해하고 지식을 공유하기 위해 언어를 사용했다. 그들의 지혜는 그때 말해진 언어 안에 담겼다. 플로우 컨트리는 늪지대 깊은 곳에 1만 년의 세월을 품고 있다. 그러나 그 땅에서 일어난 일을 속속들이 꿰뚫고 있는 게일어는 그보다 더 오래되었다. 우리는 오래된 언어가 완전히 사라지기 전에, 아직 핏기가 남아 있을 때 그들을 구하기 위해 노력해야 한다. 언어의 상실은 홍수처럼 밀어닥친다. 단어 하나를 잃어버릴 때마다 영감의 불꽃도 하나씩 꺼진다. 우리는 그 모든 단어를 지킬 필요가 있다.

죽음의 탄생

그들은 서로에게 물었다.
그 젊고, 황금 같은 심장을 지닌 이들,
빼앗긴 세계에 대하여.
그들의 고요한 낙원에서.

험버트 울프Humbert Wolfe, 「레퀴엠: 군인Requiem: The Soldier」

티위제도

호주 북부 티모르해에 있는 섬이다.
멜빌섬과 배서스트섬, 9개의 무인도로 이루어져 있으며,
약 2500명의 원주민이 살고 있다.

‡

몇 해 전 호주 노던 준주Northern Territory에 있는 스네이크 베이 공항에서 비행기를 놓친 적이 있다. 목적지는 바다 건너 80킬로 미터 떨어진 곳에 있는 노던 준주의 주도 다윈이었다. 저물녘이 었고 태양은 낮게 떠 있었다. 스네이크 베이 공항에는 상주하는 직원이 없다. 어스름이 하도 빠르게 밀려와서 어둠이 땅에 내려 앉는 소리가 들리는 듯했다. 나는 휴대전화 화면을 바라보았다. 내가 가진 유일한 광원인 휴대전화의 배터리가 4퍼센트밖에 남 아 있지 않았다. 불안감이 밀려들어왔다.

스네이크 베이 공항은 멜빌섬에 있다. 티위제도에는 멜빌섬 외에도 배서스트섬이라는 비슷한 크기의 섬이 있는데, 둘 다 약 8000년 전 마지막 빙하기가 끝나고 해수면이 상승하면서 호주 본토에서 떨어져 나온 작은 섬이다. 멜빌섬에는 호주 본토 원주 민과 구별되는 2500명 규모의 원주민 집단이 살고 있다.

스네이크 베이 공항에는 아무것도 없었다. 사실 그곳은 공항 이라기보다는 덤불 한가운데에 울타리를 쳐 활주로를 만들고 벽돌로 된 통로에 지붕을 얹은 것이 다였다. 벽에는 오래전 티 위제도 사람들이 사냥해 먹었던 거북이와 상어가 원주민 미술 양식으로 밝게 칠해져 있었다. 나는 다른 사람이 운전하는 사 륜구동 자동차에 올라 빽빽한 덤불을 헤치고 바퀴가 푹푹 빠지는 진흙 길을 40분 동안 달려 그 비행장에 도착했다. 내가 비행기를 놓쳤다는 사실을 알았을 땐 이미 차는 멀리 떠난 후였다. 달도 뜨지 않은 깜깜한 밤에 그 길을 걸어서 되돌아간다는 것은 썩 유쾌하지 않은 발상이었다. 게다가 도중에 바다악어가 산다는 수로를 지나야 했다. 나는 수천 킬로미터 떨어진(거의 지구 반대편이라고 해도 좋을) 시드니에 있는 다큐멘터리 제작 코디네이터의 번호를 입력하고 통화 버튼을 눌렀다. 통화 연결음이 세 번 울린 뒤 천만다행으로 그가 전화를 받았다. 내 처지를 설명하자 그가 말했다.

"저한테 맡기세요."

휴대전화 배터리 이야기를 꺼내기도 전에 그는 전화를 끊었다. 배터리는 2퍼센트 남아 있었다.

다시 올 연락을 기다렸지만 결국 내 유일한 시계의 전원은 꺼지고 말았다. 나는 밤새 어둠 속에 누워서 활주로의 불빛이 깜빡거리는 것을 지켜보았다. 바다악어가 다가오면 어떤 소리가 날지 상상했던 것 같다. 그때 영화 〈미지와의 조우〉에서처럼 눈부시게 밝은 빛이 삼각형 모양으로 어둠을 뚫고 뻗어 나오는 것이 보였다. 비행기가 다가오는 소리가 들렸다. 제작 코디네이터가 낙오된 나를 위해 전세 항공기 항로를 변경해준 것이었다.

활주로의 불빛과 비행기의 소음을 듣자 익숙한 세상으로 다시 돌아오게 된 느낌이었다. 스네이크 베이 공항은 대도시인 다윈에서 고작 80킬로미터 떨어져 있을 뿐이었지만, 아무도 없는 깜깜한 열대 섬의 한가운데에 있으니 마치 다시 시대에 와 있는 것만 같았다. 나무 벤치에 누워 시간이 느릿느릿 흐르는 걸 바라보고 있자니 꿈이 현실을 비집고 들어왔다. 휴대전화와 도시 문명이 없는 곳에서 꿈과 현실은 분간되지 않았다.

티위제도에는 오랜 전설이 내려온다. 푸루카팔리와 그의 아내 비마, 그들의 어린 아들 지나니에 관한 이야기다. 비마는 매일 식량을 구하기 위해 지나니를 안고 숲으로 들어갔다. 비마는 사실 푸루카팔리의 남동생 자파라와 불륜 관계였는데, 운명의 어느 날 그가 비마에게 아기를 나무 그늘 밑에 두고 근처에서 사랑을 나누자고 꼬드겼다. 시간이 지나 태양이 자리를 옮기자 그늘이던 땅이 너무 뜨거워졌고, 아기는 뙤약볕 아래에서 죽고 말았다. 아들의 시체를 본 푸루카팔리는 무슨 일이 일어났는지 단번에 알아차렸다. 분노한 그는 먼저 비마에게 투창을 던졌다. 그가 자파라를 공격하는 사이 비마는 깊은 숲속으로 도망쳤다. 맹렬히 싸우던 두 형제는 마침내 해변 끝에 다다랐고, 자파라는 형의 분노를 누그러뜨리려는 요량으로 자신에게 사흘을 주면 아이를 다시 살려내겠다고 했다. 푸루카팔리는 그 말을 믿지 않았다. 대신 그는 죽은 아들을 품에 안은 채 물속으로 걸어 들어가며 울부짖었다. "나를 따를 것이다. 내가 죽으니 모두가, 모든 것이 나를 따를 것이다." 푸루카팔리와 지나니는 파도 속으로 사라졌다. 그 일이 일어나기 전에는 세상에 죽음이 존재하지 않았으나, 그날 이후 죽음은 모든 생명체의 숙명이 되었다. 자파라는 자신이 저지른 일에 수치심을 느껴 달이 되었다. 그는 비록 매달 다시 태어나지만, 한 달에 사흘은 죽어 사라져야 한다. 비마는 도요새가 되었다. 밤에 들려오는 새 소리는 자식을 영영 잃어버린 어미가 비통에 젖어 우는 소리다.

오늘날 티위제도에는 죽음보다 짙은 어둠이 드리우고 있다. 유럽인이 티위제도에 정착한 뒤 두 세기 반이 흐르는 동안 수많은 티위 원주민들이 (다른 모든 호주의 원주민들과 마찬가지로) 목숨을 잃었다. 이주민들(처음에는 네덜란드인, 그다음에는 포르투갈인, 나중에는 영국인)은 처음에는 해안가에 머물렀다. 창을 던지는 전사였던 티위 원주민들은 유럽인과의 접촉을 일체 거부했지만, 1920년대에 기독교 선교회가 정착하면서 수천 년간 이어온 고립과 전통이 흔들리기 시작했다. 1970년대에는 노동당 정부가 원주민 전통을 보존하려고 나섰으나 그때는 이미 많은 것이 회복할 수 없을 정도로 훼손된 뒤였다. 선교회가 힘을 잃은 자리에는 술과 마약이 스며들었다. 중독 문제가 심각해지면서 티위제도는 세계에서 자살률이 가장 높은 곳 중 하나가 되었다. 어떤 추정치에 따르면 섬 원주민 네 명 중 한 명은 자살을 시도한 적이 있다고 한다. 죽음이 발명된 땅에서 서글픈 장례식이 너무 빈번하게 치러지고 있다.

티위인들은 태곳적부터 죽은 자의 무덤에 기둥을 만들어 꽂았다. 단단한 나무를 깎아 검은 숯과 흰 점토, 붉거나 노란 황토를 칠한 기둥을 그들은 투티니라고 부른다. 기둥은 마치 도로표지판처럼 영혼에게 다음 세상으로 가는 길을 알려주는 길잡이 역할을 한다. 티위제도에서는 죽은 자, 산 자 할 것 없이 너무나 많은 영혼이 길을 잃었다. 삶에 의미를 부여했던 과거의 교훈을 사람들은 더 이상 배우려 하지 않는다. 오래된 지혜가 담긴 이야기들을 전해줄 노인들은 이제 세상에 없다.

티위섬에는 돈벌이가 될 만한 일이 거의 없다. 어떤 이들은 예술품과 공예품을 만들어 관광객에게 판매한다. 티위 사람들의 일상은 술을 파는 소셜 클럽을 중심으로 돌아간다. 성인이라면 누구나 법으로 정해진 1인당 알콜 구매량을 정확히 알고 있지만, 술 구매량을 제한하는 게 과연 어떤 긍정적인 효력이 있는지는 모르겠다. 사람들은 법망이 미치지 않는 클럽 밖으로 떠돈다. 맥주가 동나면 그제야 집으로 돌아간다. 그러나 많은 이에게 집은 술이나 마약이 난무하는 폭력의 장소다.

모두가 술에 취해 정신이 없을 때, 푸루카팔리가 돌아와 사람들 주변을 배회한다. 사람들은 여전히 푸루카팔리와 그가 사람들에게 준 것을 기억하고 있다. 남자와 여자, 그리고 그 둘의 의무에 관한 이야기를 담고 있던 전설은 이제는 죽음을 부추기는 이야기가 되어버린 듯하다. 달의 탄생과 도요새의 울음소리에 관한 변치 않는 전설과 삶 다음에는 반드시 죽음이 온다는 가르침은 절망으로 변질되었다. 한때 티위인들이 알고 누렸던 것은 지금은 희미한 메아리로만 남았다. 투티니 기둥 가까이로는 오지 못한다는 유령 마푸르티티, 조그만 정령 니인가위, 하늘을 날아다니며 길 잃은 티위인을 잡아먹는다는 악마 얌파리파리에 대해서 이야기를 들려줄 사람은 거의 남아 있지 않다. 이런 이야기들은 이제 파편으로만 남아 가볍고 우스운, 그저 밤에 우는 아이들을 달래기 위해 꾸며낸 이야기처럼 들릴 뿐이다.

어둠에 싸인 스네이크 베이에서 도움을 기다리던 시간 동안 죽음이 어떻게 생겨난 것인지 생각했다. 인간이 우주 안에서의 자기 위치를 이해하는 방식은 우리보다 한참 앞서 이 세상에 다녀간 사람들에게 물려받은 것이다. 우리는 우리의 운명을 분명히 알고 있다. 이 땅에 얼마나 머물 수 있을지 알 수 없고 누구에게나 반드시 죽음이 찾아온다는 것을, 들어서 알고 있다. 죽음이 정해져 있음에도 그날이 오기 전까지는 어떻게든 살아가야 한다는 사실을 인간은 오랫동안 서로에게 설명해왔다. 탄생과 죽음, 그 사이의 삶에 대한 이 모든 심오한 개념들은 구름처럼 어렴풋이 떠다니다가 어느 순간 언어로 구체화되어 이야기라는 옷을 입고 많은 사람에게 전달되었을 것이다. 분명한 이야기들과 달리 현실은 결코 뚜렷한 형태와 질감을 가지고 있지 않다. 인공지능을 개발하는 과학자들은 인간이 그처럼 한없이 복잡 미묘한 현실을 인지하는 매커니즘을 이제야 어렴풋이 밝혀내고 있다고 고백한다.

한때는 삶의 길잡이가 되어주었던 이야기들이 더 이상 통하지 않게 되거나 사라질 때, 어떤 비극이 닥치는지 똑똑히 보고 증언해야 한다. 그 이야기들은 사실일 필요도, 과학적이어야 할 필요도 없다. 티위인들은 상상할 수도 없이 오랜 세월 동안 완전한 사회를 유지해왔다. 제1차 세계대전이 일어나기 전까지 그들의 시스템에는 어떤 문제도 없었다. 그러나 소위 세계의 '현대적 영리함'이 그 모든 것들을 방해했고 무력하게 했다. 티위인들은 어쩌면 탄광의 카나리아일지 모른다. 한때 그들은 현실과 상상 속에 존재하는 우주 만물을 꿰뚫어 보았고 거의 모든 것을 설명할 수 있었다. 그들의 믿음 속에는 유령과 작은 정령들과 하늘을 나는 악마가 있었다. 우리 눈에는 어리석게 보일지 몰라도, 그 존재들은 삶에 의미를 부여했고 수만 년 동안 사람들이 삶에서 의미를 찾고 온전히 삶을 꾸릴 수 있도록 해주었다. 오늘날 티위인에게는 맥주와 약물, 자살이 남았다. 지금 우리는 우리 조상들이 믿고 의지했던 정령들을 다 없애고 진통제와 항우울제, 베타 차단제,◇ 스타틴,◇◇ 수면제에 기대 덜컹거리고 있다. 티위 사람들이 그러한 것처럼, 우리도 과학적 사실 그 이상이 필요하다. 우리에게는 믿을 수 있는 무엇인가가 필요하다. 20세기의 이데올로기들은 모든 답을 품고 있던 마음의 오래된 숲을 베어버렸다. 오랑우탄과 재규어처럼 희망도 멸종 위기에 처해 있다. 죽음이 섣불리 가까이 오지 못하도록, 우리에게도 우리만의 투티니 기둥이 필요하다.

◇   고혈압 치료제.
◇◇ 콜레스테롤 억제제.

11

사랑

애도하는 인간

❧

고대의 무덤이나

히스가 무성한 언덕의 이름 없는 석관이나

바다표범이 수영하는 섬의 협만에 누운

우리의 조상들에게,

산산조각이 나거나 뻣뻣하게 굳어

진흙이나 백악에 둘러싸인 모두에게

우리는 그들 시대의 가치를 남긴다.

그들이 중요하게 여겼던 것들을.

W.H. 오든W.H. Auden·루이스 맥니스Louis MacNeice,

「그들의 유언Their Last Will and Testament」

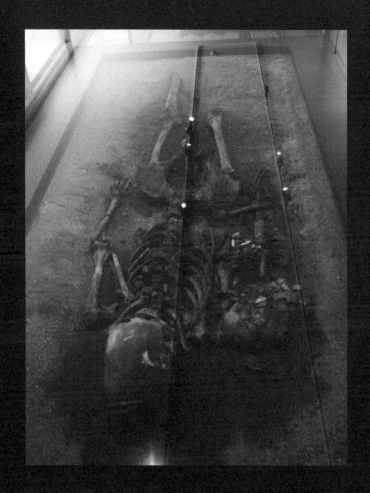

베드베크에서 발굴된 유골

덴마크 코펜하겐 북쪽의 베드베크 공동묘지에서는
17기의 중석기시대 무덤이 발견되었다.
위 유골도 그 무덤 중 하나에서 나온 것으로,
18세 정도로 추정되는 여성과
성별을 알 수 없는 영아가 나란히 누워 있었다.
아기의 몸은 백조의 깃털 위에 놓여 있었다.
덴마크 코펜하겐 국립박물관에 소장되어 있다.

‡

오래전 내가 학생일 때, 한 강의에서 꿀이 가득 담긴 2500년 전 암포라(고대 그리스의 항아리)를 찾은 고고학자들의 이야기를 들은 적이 있다. 꿀을 덜어 맛을 보았는데, 여전히 달콤했다고 한다. 그러나 그 항아리는 평범한 꿀단지가 아니었다. 꿀 속에는 아기의 시체가 파묻혀 있었다. 벌들이 부린 마법과 오래된 사랑에 파묻혀 있던 아기의 몸은 2500년의 세월이 무색할 정도로 완벽히 보존되어 있었다고 한다. 이 암포라는 인간이 어떤 방식으로 생각하는 존재인지를 보여준다. 때로 우리는 현실을 있는 그대로 받아들이기 어렵다. 그러나 인간은 무수히 많은 방식으로, 그것을 자신의 마음이 받아들일 수 있는 무엇으로 만들어 낸다. 우연과 운명이 어지럽게 엇갈리는 이 세계에서 늘 냉철한 객관성으로 무장한 채 이성적으로 사고한다는 건 쉽지 않은 일이다. 과학자들조차도 과학자처럼 생각할 수 없을 때가 많다. 과학이 전하는 현실의 정확한 물성이 와닿지 않을 때, 우리는 사랑과 꿈에서 더 큰 위안을 얻는다.

중석기시대는 마지막 사냥꾼들이 살던 시대를 일컫는 고고학 용어다. 어원적으로는 석기시대의 중간이라는 뜻이다. 중석기시대는 두 개의 비대칭적인 빵(구석기시대라는 두꺼운 빵과 신석기시대라는 얇은 빵)사이에 낀 패티라고도 할 수 있다. 마지막 빙하기 수천 년 동안 커졌다 작아지기를 반복하던 빙하와 유빙이 점점 줄어들다 마침내 사라졌을 때, 우리 조상들은 사냥꾼으로서의 삶의 방식을 고수하며 살아가고 있었다(그러다 지금으로부터 약 1만 년 전이 되면 중동에 살던 사람들이 가장 먼저 농사짓는 기술을 터득했다). 빙하가 물러나고 첫 6000년 동안 인류의 삶은 언제나 고단했다.

우리가 스칸디나비아라고 알고 있는 땅덩어리는 북반구 대부분의 지역이 그랬던 것처럼 기나긴 빙하기 동안 1.5킬로미터 두께의 얼음에 덮여 있었다. 지금으로부터 1만 2000년 전 즈음이 되자 부활의 기미가 보이기 시작했다. 가느다랗게 맥박이 뛰고 생명의 불빛이 다시 깜박이면서 스칸디나비아는 깨어나기 시작했다. 회복은 아슬아슬하고 드문드문하게 이어졌다. 2000년 동안이나 기온이 오르락내리락하고서야 비로소 수은주가 꾸준히 상승하는 안정기가 도래했다. 지구가 마침내 겨울잠에서 깨어난 것이다(겨울잠을 뜻하는 영어 hibernation은 라틴어로 '겨울을 보내다'라는 뜻이다).

사시나무와 자작나무, 갯버들처럼 튼튼하고 어디에나 잘 적응하는 나무들이 부서진 바위들과 눈보라로 꽁꽁 얼었던 늪과 부서진 바위들 사이로 뿌리를 내리며 음침했던 경관에 생기를 불어넣었다. 뒤이어 느릅나무와 개암나무, 떡갈나무가 이제 막 생동하는 땅을 푸른 망토로 포근히 감쌌다. 사슴과 들소, 엘크가 어룽거리는 숲의 그림자 속으로 들어왔다.

6000~7000년 전이 되자 중석기시대의 사냥꾼들이 훗날 코펜하겐이라는 도시가 세워질 덴마크의 해안가에 자리 잡았다.

육지와 바다의 풍부한 자원을 모두 이용할 수 있는 입지가 사냥꾼들을 끌어들였을 것이다. 당시 스칸디나비아에는 많아야 몇천 명의 사람들이 살고 있었다.

덴마크에 살았던 첫 번째 사람들은 죽은 사람을 매장하는 풍습을 가지고 있었다. 1970년대 중반에 코펜하겐 북쪽의 베드베크에서 그들이 만든 공동묘지가 발굴되었다. 타원형과 직사각형의 무덤 17기였다. 무덤에서 발견된 유해는 대부분 성인 여성과 남성의 것으로 등을 바닥에 대고 누운 모습이었다. 대부분 단독으로 매장된 무덤이었지만 두 사람이 함께 묻힌 무덤이 두 기 발견되었고 세 사람이 합장된 무덤도 한 기 있었다. 두 사람이 합장된 무덤에서는 두 경우 모두 젊은 여성과 신생아 한 명이 나란히 묻혀 있었고, 세 사람이 합장된 무덤에서는 두 성인 사이에 한 살배기 아기의 유해가 놓여 있었다. 17기의 무덤 중 하나는 비어 있었다. 대부분의 무덤에는 나무 같은 유기물로 만든 기물과 옷가지 등 그들에게 소중했을 물건들이 인골과 함께 묻혀 있었지만, 수천 년의 세월을 견디지 못하고 사라져 버린 것도 많았다. 무덤들이 예술 작품이라고 한다면 가장 깊이 새겨진 선만 남은 셈이다. 나머지는 다 지워졌고 색깔도 사라졌다.

껴묻거리가 가장 많이 나온 무덤은 젊은 여성과 갓난아기가 함께 묻힌 무덤 중 하나였다. 여성은 사망 당시에 18세 전후였던 것으로 추정되고 사망 원인은 밝혀지지 않았다. 우리의 기준으로는 18세가 어린 나이지만, 당시의 기준에선 어땠는지 모르겠다. 여성의 오른편에는 신생아의 인골이 백조의 날개 깃털 위에 놓여 있었다. 아기의 뼈는 너무나 미성숙하고 약해서 성별을 파악할 수조차 없었다. 아이의 골반 위에는 회청색의 기다란 플린트 칼날이 비스듬히 놓여 있었다. 사람들은 치마나 옷을 접어 성인 여성의 머리를 받쳐두었다. 비록 발굴 당시에는 사라져 남아 있지 않았지만. 여성의 발치에는 조개껍질과 엘크, 사슴, 물개의 이빨이 함께 놓여 있었는데, 옷에 달려 있던 장식으로 추정된다. 머리맡에는 구멍 뚫린 달팽이 껍질들과 200점이 넘는 사슴과 멧돼지 이빨이 발견되었는데 짐작건대 과거에는 목걸이에 달려 있던 펜던트였을 것이다. 관찰 가능한 사실들 외에 여성과 아기, 그리고 그들을 묻은 사람들에 대한 다른 부분은 짐작 또는 상상만 할 수 있을 따름이다.

어머니와 자식이었으리라. 둘은 출산 중에 죽음의 강으로 휩쓸려 갔을 것이다. 두 사람의 시신이 그토록 다정한 방식으로 다뤄졌다는 사실은 그들을 떠나보낸 사람들의 애통함과 사랑을 대변한다. 여성의 머리맡에서 발견된 동물 이빨들이 목걸이에 달렸던 것이 맞다면, 그건 아마도 어떤 사냥꾼이 기념품을 하나하나 모아 만들어준 것일 터였다. 그 사냥꾼은 망자의 남편이었을까? 아버지거나 할아버지였을 수도 있다. 아주 짧은 순간 이 땅에 머물렀던 아이의 곁에는 칼 한 자루가 놓였다. 아마도 아이가 물려받은 모종의 지위를 확실히 드러내려는 의도였을 것이다. 그 여자에게서 태어난 것만으로도 귀한 존재였다는 사실을 영원히 선언한 것이다.

아기는 벌거숭이인 채로 보내지지 않았다. 대신 백조의 날개 위에 포근히 둘러싸여 돌아갔다. 누가 그런 일을 하겠는가. 사랑하는 이의 육신이 차가운 흙바닥에 놓이는 걸 견딜 수 없는 사람이 아니라면, 누가 그런 애도의 방식을 생각해내겠는가? 백조의 날개는 끝없는 상상의 나래를 펼치게 한다. 남겨진 사람들은 백조의 날개가 아기의 영혼을 저 높은 곳으로, 하늘나라로 데려가기를 바랐을지 모른다. 때가 되면 수평선 너머로 떠나는 철새처럼, 그 어린아이와 어머니의 영혼이 때가 되면 다시 돌아올 것이라고 믿고 싶었는지도 모른다.

21세기를 살아가는 우리는 죽음과 멀찍이 떨어지려 한다. 눈으로 보는 것은커녕 죽음을 생각하는 것만으로도 우리는 겁에 질리고 만다. 베드베크 공동묘지에서 발견된 한 시신(성별 미상의 성인)은 사슴의 뿔로 만든 요람 위에 누워 있었다. 또 다른 시신은 50개도 넘는 동물 이빨로 만든 목걸이와 담비의 턱뼈, 플린트로 만든 작은 칼과 노루 뼈 두 점으로 치장되어 있었다. 다른 무덤들도 이러저러한 껴묻거리가 망자와 함께했다. 남겨진 사람들은 죽은 사람이 다른 세계에서 살아가는 데 필요한 채비를 마땅히 갖춰야한다고 여겼던 것 같다. 보이지 않는 세계에서도 사냥은 계속될 것이고 물물 교환에 쓸 물건도 필요할 것이라고 말이다.

베드베크 공동묘지 같은 유적이 발굴되는 일은 드물긴 하지만, 유일한 것은 아니다. 18세기 후반 잉글랜드 서머싯주에 살던 두 명의 토끼 사냥꾼은 버링턴 콤 협곡 근처에서 오랫동안 묻혀 있던 동굴을 발견했다. 아벨린스 홀이라는 이름이 붙은 이 동굴에는 수천 년 전의 사람들이 마치 베드베크 공동묘지에서처럼 여러 석기와 동물의 이빨, 붉은 황토와 함께 묻혀 있었다.

중석기시대에 북유럽이나 영국에 살던 사람들이 죽음 이후의 삶을 어떤 식으로 상상했는지 정확하게 알 수는 없지만, 그들은 어느 정도 비슷한 관념을 지니고 있었던 듯하다. 죽음을 끝이라고 여길 것인지, 아니면 수수께끼로 받아들일 것인지 선택해야 하는 상황에서 그들은 후자를 택했던 것 같다. 우리 종은 20만 년 동안 지구상에서 살아왔다. 그 시간 동안 인류의 생리나 지능이 근본적으로 변했을 리는 없다. 우리는 그들과 같다. 다른 것은 우리가 처한 상황과 우리의 선택이다.

기원전 4세기 그리스의 철학자 에피쿠로스는 이렇게 썼다. "그러므로 죽음, 그 가장 지독한 악은, 아무것도 아니다. 우리가 살아 있는 동안은 죽음이 우리에게 이르지 않는다. 죽음이 왔을 때는 우리가 존재하지 않는다." 인류는 언제부터 죽음 이후의 삶을 상상했던 걸까? 베드베크와 버링턴 콤의 무덤들로 미루어 짐작건대 분명 문자가 생겨나기 훨씬 전부터였을 것이다. 2000년 동안 기독교인들은 영생을 믿었다. 지난 100년 동안 근대 과학은 세상에 그런 것은 없다고 말해왔다(이러한 지식과 인식이 우리를 더 행복하게 만들었는가 하는 문제는 논란의 여지가 있다고만 말해두자). 우리에게는 이제 우리 몫의 짧은 삶만이 존재하기에, 죽음은 영원한 젊음을 추구함으로써 막아야만 하는 의미 없는 공포가 되었다.

수천 년 전 우리 조상들은 영혼이 백조를 타고 하늘로 올라간다고 상상했다. 그들은 온갖 종류의 사슴 이빨로 목걸이를 만들었고, 더 많은 사냥감이 기다리는 영원한 세계를 상상했다.

우리 조상들은 죽음 이후에 더 나은 것이 있을 것이라는 소망을 품었다. 사냥꾼은 칼을 쓰고 지위가 높은 사람은 좋은 대우를 받는 또 다른 세상이 있을 거라고 믿었다. 베드베크에서 발견된 아기와 어머니의 유골은 말로 설명하기 힘든 뭉클함과 경외감을 불러일으킨다. 수천 년 전에도 사랑은 언제나 슬픔과 공존하는 것이었다. 그 가장 인간적인 감정들은 긴 세월을 거슬러 본래 모습 그대로 살아남았다. 꿀보다 더 달콤한 것은 백조의 날개에 실린 소망이다. 그것은 우리에게 곡진한 애도와 사랑의 노래를 전해준다.

비르카 소녀, 잊을 수 없는 얼굴

✿

이것은 노려보는,
잠들지 않는 지구의 눈이다.
그리고 그것이 바라보는 것은
우리의 전쟁이 아니다.

로빈슨 제퍼스Robinson Jeffers, 「눈The eye」

비르카섬

스웨덴 중서부 지방의 멜라렌 호수에 있는 섬.
섬 안에는 비르카라는 바이킹 마을 유적이 있다.
바이킹이 살던 시대에 멜라렌 호수는 발트해와 연결된 만이었고
따라서 비르카는 700년대부터 약 200년 동안 항구도시로 번성할 수 있었다.

‡

2012년에 나는 바이킹에 관한 책을 쓰고 텔레비전 다큐멘터리 시리즈를 제작했다. 그 작업을 위해 나는 스웨덴 중서부에 있는 멜라렌 호수Lake Mälaren와 호수 중앙에 있는 비에르셰Björkö섬을 찾았다. 스칸디나비아의 다른 지형들과 마찬가지로 멜라렌 호수는 수천 년 전 북반부의 기온이 지금보다 낮았을 때 빙하의 작용으로 만들어졌다. 오늘날 멜라렌 호수는 사방이 육지로 둘러싸여 있지만, 바이킹의 전성시대에는 발트해와 연결된 넓은 만이었다. 바이킹들은 기다란 범선에 올라 커다란 돛을 펴고 그곳을 누볐다.

700년대의 어느 시기에 비에르셰 북서부에는 비르카라는 항구 마을이 있었다. 스웨덴의 고고학자들은 고대의 요새 뒤편에서 마치 발진처럼 퍼져 있는 3000기의 무덤을 발견한 이래로 100년 넘는 시간 동안 이 마을을 조사해왔다.

오래된 둥지에 뻐꾸기가 날아와 둥지를 틀 듯, 비르카에는 수백 년 동안 수많은 마을과 도시가 꼬리에 꼬리를 물고 들어섰다. 새로운 터전이 자리를 잡을 때마다 이전의 흔적들은 가려지거나 통째로 없어졌다. 그러나 900년대 후반 무렵 어떤 이유에선지 모든 주민이 비르카를 떠나버렸고, 비르카는 그대로 방치되었다. 바이킹이 떠나고 난 다음에는 이따금 고고학자들이 와서 땅을 헤집은 것 말고는 아무도 비르카를 찾지 않았기 때문에, 그곳은 수백 년 동안 깊은 잠에 빠져 있었다.

비르카의 두꺼운 검은색 퇴적층 아래에는 그곳에 살던 바이킹의 흔적과 유산들이 그대로 남아 있었다. 고고학자들은 그 시대에 대한 풍부한 증거들을 찾아냈다. 비르카 주민 대부분은 기술자였다. 귀한 금속과 윤나는 돌을 다루는 보석 장인, 동물 가죽과 털을 자르고 모양내는 수공예 장인, 목재를 가공하는 목공도 있었다. 비르카는 처음부터 제대로 설계된 계획도시였던 것으로 추정된다. 집들 사이로는 통로와 좁은 골목, 도랑이 있고 집집마다 할당된 토지를 가지고 있었다. 학자들은 이 도시에 대한 청사진을 가지고 있던 무소불위의 지도자가 있었을 거라고 본다. 그의 청사진은 그대로 실현되어 비르카는 동쪽(러시아)과 남쪽(유럽)으로 향하는 상인들의 중요한 거점 도시로 성장했다.

집과 건물은 대부분 호수를 둘러싸고 있었고, 집 뒤편으로는 할당된 토지가 육지 쪽을 향해 길게 펼쳐져 있었다. 방어를 위해 흙으로 반원형의 성벽을 쌓았고, 무장한 파수꾼들이 돌로 쌓은 요새 앞을 지켰다. 도시로 들어가려면 호수 쪽으로 나 있는 목제 방파제를 통과해야 했다. 당시 비르카는 바다로 뻗어 있는 도시였다. 도시는 오랫동안 세계 곳곳에서 온 여행자들과 상인들로 북적였던 것으로 보인다. 비르카의 무덤에서 아라비아산 금과 은, 아시아에서 온 비단과 그 외에 온갖 귀한 물건들이 발견되었기 때문이다. 비르카는 하나의 거대한 상점과도 같았다. 향신료 냄새와 외국어 소리로 가득한 공기가 방파제 주변을 에워쌌을 것이다.

19세기에 비르카 요새 근처에 있는 보리borg라는 유적지에서는 고분 한 기가 발굴되었다. 마을이 한눈에 내려다보이는 높은 지대에 자리한 고분은 탁월한 입지를 자랑했다. 고분 위로는 보리라는 이름이 붙은 거대한 백색 바위가 그림자를 드리우고 있었다. 고고학자들은 그 바위가 도시를 개척한 인물(야망과 추진력으로 비르카를 이룩한 위대한 족장)이 묻힌 곳의 표지석일 것이라 짐작했다.

무덤 안에서는 어린 소녀의 유골과 그 주변으로 무너져 내린 목제 관(관의 흔적인 나뭇조각들과 철제 대갈못)이 나왔다. 19세기의 초짜 고고학자들은◇ 자신들이 찾은 것이 쉬이 부서질 수 있다는 것을 깨닫고 유골 주변의 흙을 통째로 떼어낸 뒤 안전한 곳으로 가져와 뼈를 수습하고 보존했다. 소녀의 유해(발굴에서 나온 모든 뼈)는 현재 스톡홀름 박물관의 유리장 안에 전시되어 있다. 그곳에 가면 소녀의 가련한 유해와 관의 잔해를 볼 수 있다. 소녀는 스물한 개의 유리구슬을 엮어 만든 목걸이를 두르고 있었다. 비록 지금은 탁해졌지만, 한때는 반짝반짝한 윤기가 흘렀을 것이다. 가슴 위에는 도금된 브로치와 성년이 된 바이킹 여성들만이 지녔던 뼈바늘, 그리고 역시 뼈로 만든 작은 원통형의 바늘집이 놓여 있었다.

무덤이 보리 바위 지척에 만들어졌다는 사실로 미루어 볼 때, 비르카 소녀는 틀림없이 지위가 높은 귀한 인물이었을 것이다.

◇ 비르카 소녀가 발굴되던 19세기는 고고학이 근대적 학문으로 정립되기 시작할 무렵으로, 초보적 수준의 발굴 조사가 이루어졌다.

소녀가 생전에 지니고 있었거나 사후에 누군가가 무덤에 바쳤을 도금된 브로치는 오래전에 분해되어 사라졌다. 사람들은 그가 입고 있는 옷 또한 분명 호화로운 옷감과 값비싼 안료(희귀한 딱정벌레의 날개를 빻아 만든 진홍색)로 만들어졌을 것이라고 짐작했다.

무엇보다 연민을 자아내는 것은 소녀의 연약한 뼈다. 바이킹 아이들의 반 이상은 병이나 영양 결핍으로 열 살을 넘기지 못하고 사망했다고 한다. 비르카 소녀는 여섯 살이 채 되지 않은 나이에 죽은 것으로 추정되며, 사망 원인은 밝혀지지 않았다. 두개골은 흙과 시간의 무게를 이기지 못하고 산산이 부서져 있었다. 두개골을 복구하자 경미한 기형을 가진 얼굴이 드러났다. 양 눈 사이가 약간 멀고 코와 입 사이의 간격 역시 넓었는데, 태중에 있을 때 소녀의 어머니가 알코올을 과도하게 섭취했기 때문일 것이다.

소녀의 뼈가 전시된 유리장 옆에는 소녀의 생전 모습을 복원해놓은 작은 마네킹이 있다. 밝은 붉은색 옷을 걸치고 있는 마네킹은 실물 크기임에도 인형처럼 조그맣다. 묘한 매력을 풍기는 소녀의 얼굴은 콕 집어 표현하기 어려운 낯선 느낌을 자아낸다. 소녀의 얼굴을 보았을 때 나는 홀린 듯한 느낌을 받았고, 그 뒤로도 그 얼굴을 잊을 수 없었다. 그는 종종 내 마음에 찾아온다. 내 상상 속에서 소녀는 신기한 물건들을 가득 실은 배가 도시로 들어오는 것을 반가워하며 새나 요정처럼 방파제 위를 폴짝폴짝 뛰어다닌다.

소녀의 가족은 마치 부적이나 행운의 마스코트처럼 그를 어

여삐 여기고 사랑했을 것이다. 소녀가 죽자 가족들은 그들이 할 수 있는 최선의 방식으로 그를 보내주었을 것이다.

소녀는 종종 내 마음에 찾아온다. 나는 언제나 기꺼이 그를 맞는다. 베드베크의 공동묘지에 어머니와 함께 묻혔던 아기처럼 비르카 소녀는 삶을 잠시간 스쳐 지나갔다. 그러나 나는 영웅들보다도 왕들보다도 그 아기와 붉은 옷을 입은 이 어린 소녀에 대해 더 많이 생각한다. 화산재와 개흙에 난 발자국처럼 속절없이 쓸려가 버린 그 존재들은 마음 깊숙이 깃든다. 인생에서 누릴 수 있는 모든 가능성과 경험의 기회를 상실한 그들의 비극을 쉽게 잊어서는 안 된다.

비르카 소녀는 1300년 전 비현실적인 짧은 삶을 살다가 죽었다. 소녀의 친지들은 소녀를 가장 영예가 높은 장소에, 도시의 창시자가 그림자를 드리우는 곳에 매장했다. 어쩌면 무리 중에 가장 연약하며 보잘것없었을 소녀를 그토록 애도하고 추억하기 위해 애썼다는 사실에서 그때 그 사람들이 어떤 가치를 가장 중요하게 여겼는지 추측해볼 수 있다.

어떤 추정치에 따르면 한 사람에 대한 기억은 길어야 4세대에 걸쳐 이어진다고 한다. 말하자면 우리 각각에 대한 기억은 (아무리 오래가도) 증손자 세대에서 사라진다는 것이다. 그러나 비르카 소녀는 여전히 기억되며 소중히 여겨지고 있다. 우리 중에 가장 작은 자를 중요하게 여길 때, 우리는 세상에 대해 무언가 알게 될지도 모른다. 잘 모르겠다. 어쩌면 그저 사랑받은 적이 있다는 사실이 한 사람에게 필요한 전부일지도 모른다.

오딘의 마지막 귓속말

❦

그 떡갈나무는 강력한 거인이었고,
포도주 잔을 닮은 손가락으로
공 같은 달을 쥐고 있었다.

존 루이스 스템플 John Lewis-Stempel,

『떡갈나무의 성스러운 일생 The Glorious Life of the Oak 』

오딘

북유럽 신화에서 전쟁과 죽음, 시와 지혜를 관장하는
가장 강력하고도 복잡한 신.
오딘은 한쪽 눈이 먼 것으로 그려진다.
지혜를 얻기 위해 스스로 눈을 바쳤기 때문이다.

✝

발드르Baldr는 북유럽 신화의 최고신 오딘Odin의 아들이다. 북유럽 신화에서는 사실상 모든 남신이 오딘의 아들인데, 발드르는 그중에서도 가장 총애받는 아들이자, 가장 상냥하며 현명하고 빛나는 별 같은 존재였다. 13세기 아이슬란드의 역사가 스노리 스툴루손Snorri Sturluson이 쓴 산문 「에다Edda」에는 자신에게 죽음이 곧 닥칠 거라는 꿈을 꾸고 괴로워하는 발드르가 등장한다. 그는 어머니인 프리그Frigg 여신에게 악몽에 대해 털어놓았고 여신은 모든 동물과 새, 식물과 원소, 하늘과 땅에 존재하는 모든 것에게 아들을 해치지 않겠다는 맹세를 받아낸다. 천하 만물이 약속을 했지만, 겨우살이만은 예외였다. 그러나 여신은 걱정하지 않았다. 겨우살이는 너무 작고, 너무 멀리 있어서 위협이 될 것 같지도 않았기 때문이다.

신들은 발드르를 에워싸고 손에 잡히는 대로 물건을 집어 던지는 일을 오락거리로 즐기게 된다. 물건이 발드르에게 생채기 하나 남기지 않고 떨어질 때마다 신들은 웃음을 터뜨렸다. 그러나 장난을 좋아하는 로키Loki만은 예외였다. 여자로 변신한 로키는 프리그에게 접근하여 겨우살이에 관한 이야기를 듣게 된다. 그는 떡갈나무 가지에 붙은 겨우살이를 떼어내 화살을 만든 뒤, 신들이 발드르를 두고 오락을 즐기는 곳으로 다시 돌아와 그때까지 놀이에 참여하지 않고 있던 눈먼 신 호르드에게 다가갔다. 로키의 계략대로 호드르는 발드르를 향해 화살을 쏘고, 발드르는 죽고 만다.

발드르가 죽자 비탄에 빠진 신들은 발드르의 명예에 걸맞는 성대한 장례를 준비한다. 신들은 발드르를 배 중에서 가장 크고 훌륭한 흐링호르니Hringhorni가 있는 해안으로 운구했다. 신들은 갑판 위에 발드르를 뉘이고 불을 붙인 뒤 배를 진수하려고 했지만 배는 미동도 하지 않았다. 신들은 여자 거인 히로킨Hyrrokkin에게 도움을 요청했다. 히로킨이 살아 있는 뱀이 호령하는 거대한 늑대를 타고 와서 흐링호르니를 힘껏 밀자 배는 빠른 속도로 바다로 나아갔다. 장작더미에 누운 남편의 시신을 본 발드르의 아내 난나는 슬픔으로 생을 거둔다. 신들은 발드르의 시신 옆에 난나와 그의 말을 나란히 눕혀주었다. 그때 오딘이 배에 올라 허리를 굽혀 발드르의 귓가에 귓속말을 속삭였다. 모든 신과 인간 들은 오딘이 발드르에게 무슨 말을 해주었을지를 궁금해했다. 나는 '사랑한다'였을 것이라고 생각한다. 마지막 순간에 그 외에 무슨 말을 하겠는가?

오딘의 또 다른 아들 헤르모드는 지하세계의 신 헬Hel('숨겨진 장소 혹은 존재'라는 의미의 이름)에게 발드르를 이승으로 되돌려달라고 부탁하라는 명령을 받았다. 그가 헬을 찾아가 읍소하자, 지하의 신은 지상의 모든 것들이 발드르를 위해 흐느낀다면 그를 다시 돌려보내 주겠다고 약속한다. 이 말을 들은 땅 위의 모든 만물이 발드르를 위해 짠 눈물을 흘렸지만, 토크라는 노파만은 눈 하나 깜빡하지 않았다. 토크가 변장한 로키였을 수도

있지만, 여하간 발드르는 다른 모든 것과 함께 세계 종말의 날
인 라그나뢰크를 기다리며 죽은 자의 세계에 남게 되었다.

스노리 스툴루손이 이 신화를 자신의 버전으로 새로 쓴 것은
지금으로부터 한참 전, 그러니까 1200년대였다. 그러나 그에게
도 발드르의 죽음은 머나먼 시절의 이야기였다. 얼마나 오래됐
는지는 아무도 몰랐다. 문자 이전에 존재했던 많은 이야기처럼,
이 또한 다양하게 기억되고 이야기되었다.

러시아 출신의 언어학자 아나톨리 리베르만Anatoly Liberman
은 스노리 스툴루손이 아이슬란드나 스칸디나비아가 아닌 외
부 지역과 접촉이 있었으며, 그의 이야기 또한 그 영향을 받았
을 것이라 주장했다. 리베르만은 그 근거로 기생식물인 겨우살
이가 스노리가 살던 지역에서는 희귀한 식물이었음을 지적한
다. 아마도 스노리는 겨우살이가 흔했던 곳(영국제도 등)과의 접
촉 후 이러한 요소를 이야기에 더했을 것이다.

스코틀랜드의 인류학자 J.G. 프레이저는 신화학의 현대 고전
이 된 책『황금가지』에서 고대인들이 어쩌다 겨우살이를 마법
의 힘을 가진 식물로 인식하게 되었는지를 설명하고 있다. 겨
우살이는 떡갈나무 가지에 매달려 땅에 닿지 않은 채 자라는
신비로운 대상이었다. 도대체 어디에서 왔으며 나무에는 어떻
게 매달리게 된 것일까? 어떻게 살아 있는 것일까? 낙엽수인
떡갈나무는 겨울이면 잎사귀를 떨군다. 그러나 나무가 반쯤 죽
었거나 잠든 겨울날에도 겨우살이는 여전히 초록 잎을 지니고
있다. 고대인들이 보기에 그 모습은 마치 초록빛 나무의 심장
이 가지에 얽혀 있는 것처럼 보였을 것이다. 숲에 있는 나무들

가운데 떡갈나무는 가장 빈번히 벼락을 맞았다. 이 모습을 관찰하던 옛사람들은 하늘(또는 천상의 신)과 떡갈나무 사이에 특별한 관계가 있다고 믿었다. 번개의 신이 떡갈나무를 더 좋아하기 때문에 자주 이 나무를 찾아오는 게 아닐까? 떡갈나무 안에 태양과 번개의 힘이 담겨 있어서, 사람이 꺼내주기를 기다리고 있는 건 아닐까?

어떤 종류의 나무든 가지를 서로 비비면 불꽃을 만들 수 있었지만, 고대인들은 떡갈나무 가지가 가장 빠르게 발화된다고 믿었다. 불이 나무 안에 갇힌 채 모두를 위해 풀려나기를 기다리고 있다고 생각했기 때문이다. 프레이저에 따르면 고대인들은 떡갈나무에 기생하는 겨우살이가 태양과 번개, 나무 사이의 결합을 나타내는 증표(번개가 남긴 유산)라고 보았다. 그런 이유로 고대인들과 드루이드◇들은 떡갈나무를 신성한 나무로 여겼다. 드루이드라는 이름은 인도유럽조어에서 떡갈나무를 의미하는 'deru'와 보다 또는 알다라는 뜻의 'weid'가 합쳐진 말로, '떡갈나무를 보고 이해하는 자들'을 의미한다.

발드르의 죽음에 관한 신화는 시간이 지나며 여러 관념이 추가되고 점점 더 복잡해졌을 것이다. 꼬이고 꼬인 늙은 떡갈나무의 줄기처럼. 리베르만에 따르면 처음의 버전은 훨씬 더 단순했다. 그가 추정하기로 원본에는 지상에서 밝게 빛나는 신과 지하에서 암흑을 담당하는 신 둘만이 있었다. 선과 악, 질서와 혼돈,

◇　켈트의 땅(현재의 영국과 프랑스)에서 신의 의사를 전하는 존재로서 정치와 입법, 종교, 의술, 점, 시가, 마술을 행한 자들.

음과 양처럼 둘은 서로 대립하며 공존했다. 발드르는 빛났고 호드르는 보지 못하거나 보지 않았다. 발드르는 신성한 나무를 포함해 생명을 보호하는 신이었고, 호드르는 자신이 가지지 못하고 되지 못한 모든 것을 질투했다. 호드르는 직접(로키의 개입 없이) 발드르의 어머니에게 신성한 식물의 이름을 알아내 그것으로 무기를 만들어 배다른 형제를 살해했다. 슬픔에 빠진 발드르의 어머니는 아들을 돌려달라고 애원했지만 소용이 없었다. 아, 어머니의 숙명이여! 모든 어머니는 자식이 결국 죽을 운명이라는 사실을 알면서도 자식을 낳는다. 행복하고 건강한 시절도 있겠지만 그들은 언젠가 죽는다. 모든 어머니는 알면서도 용감하게 이를 감수한다.

인간의 의식이 깨어나고 기억이라는 작업을 하게 되면서 우리는 삶과 죽음을 이해하기 위한 이야기를 만들어 서로에게 들려주었다. 카인과 아벨, 알파와 오메가. 세계의 어느 곳에나 신에 관한 이야기가 존재한다. 인간과 비슷하지만 더 낫고, 똑똑하고, 하늘과 완전함에 조금 더 가까운 존재들. 광명의 신은 어둠과 혼돈을 물리치고 질서를 가져온다. 어둠은 언제나 빛을 삼킬 채비를 하고 도사리고 있다. 불은 처음부터 이야기의 일부였다. 하늘과 태양, 번개에서 얻거나 훔쳐야 하는 불. 불을 통제하는 일은 생명(곡식과 동물과 사람들의 생명)을 지키고 부정한 모든 것을 정화하는 일이었다.

아스테카인(어둠을 물리치기 위해 아이들을 산이나 바다로 데려가 난도질한 이들)에게는 케찰코아틀에 관한 신화가 있었다. 빛과 정의, 자비와 바람을 주관하는 신 케찰코아틀은 어느 날 밤

동료 신 테스카틀리포카가 준 발효된 아가베를 먹고 잔뜩 취하고 말았다. 그 상태에서 케찰코아틀은 독신의 누이를 겁탈했다. 아침이 되자 수치심에 휩싸인 케찰코아틀은 스스로 몸에 불을 붙였다. 그의 심장은 재와 함께 하늘로 올라가 새벽 하늘의 별이 되었다. 아무리 밝게 빛나는 별일지라도 거기에는 언제나 어둠이 공존한다.

알렉산드르 솔제니친은 『수용소 군도』에서 "선과 악의 분기선은 모두의 가슴에 가로놓여 있다. 그러니 누가 자기 가슴의 한쪽을 박멸시킬 수 있겠는가?"라고 썼다. 아스테카인은 자식의 심장을 뜯어내면서까지 어둠을 물리치려 몸부림쳤다. 그들뿐만이 아니다. 인간의 이야기는 피(죄 있는 자와 무고한 자 모두의 피)로 가득하다. 촛불이 켜지면 그림자도 생긴다. 선은 악 안에 있고 악은 선 안에 있다.

프레이저에 따르면 발드르는 떡갈나무의 영혼 그 자체였다. 그의 생명력과 영혼은 겨우살이 안에 있었다. 『해리 포터』에서 어둠의 마왕 볼드모트가 호크룩스(조각낸 영혼이 기생하는 물건)가 파괴될 때 힘을 잃듯이, 발드르는 신의 생명력이 깃든 겨우살이에 의해 목숨을 잃었다. 그는 오딘의 아들이었고 빛나는 신이었지만, 불사의 존재는 아니었다.

인간은 언제나 자신을 둘러싼 것들을 이해하려고 고군분투해왔다. 우리 조상들은 진즉부터 삶은 고통이라는 사실을 알았던 것 같다. 행복한 순간은 순식간에 지나가고, 종국에는 죽음이 찾아온다. 생명을 가진 모든 존재는 자연의 논리에 좌우될 수밖에 없다는 사실을 받아들여야 했다. 우리의 의식은 우주에 의미를 부여했고, 우리가 겪는 지독한 고난의 의미를 깨우쳐주었다. 이야기들은 입에서 입으로 전해졌고, 시간이 지나면서 이야기의 층은 점점 두터워졌다. 마치 모래 알갱이에 진주층이 쌓여 진주가 만들어지는 것처럼.

우리는 연약하고 유한하다. 그리스의 가장 위대한 전사이자 트로이 포위 작전의 영웅인 아킬레우스는 여신과 인간 왕 사이에서 태어났다. 아킬레우스의 어머니, 바다의 여신 테티스는 아들이 다치지 않게 하려고(모든 어머니의 소망) 그의 한쪽 발뒤꿈치를 잡고 스틱스강에 담근다. 그러나 테티스가 잡고 있던 한쪽 발뒤꿈치에는 신비한 물이 닿지 않았기에 약점으로 남게 된다. 파리스는 그 부분에 화살을 겨눠서 아킬레우스를 죽이게 된다. 예수를 낳은 성모 마리아마저도 상실의 고통에서 자유롭지 못했다. 예수는 자신이 신이고 하늘로 올라가리라는 사실을 알고 있었음에도 십자가의 고통에 몸부림치며 외친다. "왜 나를 버리셨나이까?" 때로 삶은 신조차 견딜 수 없을 만큼 벅차다.

운이 좋다면 우리는 언젠가 우리의 생명을 선선히 내놓게 될 것이다. 병이나 사고에 의해 혹은 인간이 자초한 천재지변에 의해 생을 압류당하게 될지도 모른다. 죽음을 두려워하는가? 그렇다면 오래된 신화들에서 위로를 찾을 수 있을지도 모르겠다. 그 이야기는 우리에게 말한다. 신조차 죽는다고.

죽음

여신의 신랑감

❀

누구를 위하여 조종이 울리는지
알아보러 사람을 보내지 마라.
종은 그대를 위하여 울리므로.

존 던 John Donne, 「어떤 인간도 섬이 아니다 No Man Is an Island」

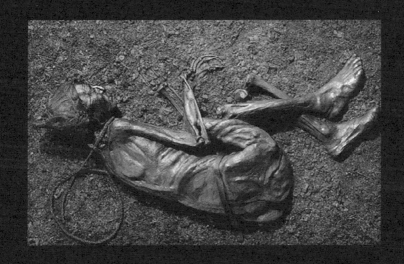

톨룬인

덴마크 유틀란트반도의 비엘스코델 토탄층에서 발견된 사체.
약 2400년 전 벌어진 희생 의례의 제물이었던 것으로 추정된다.
습지 환경이 부패를 막아 얼굴과 주름, 손발톱, 수염 자국까지 선명하게
남아 있었다. 현재는 얼굴을 제외한 나머지 부위는 복제품으로
전시되어 있다.

✟

1950년 5월 6일 토요일. 위고와 에밀 호가드 형제, 그리고 위고의 아내 그레테는 덴마크 유틀란트반도의 톨룬 마을 근처의 소택지에서 도랑을 파고 있었다. 자루가 긴 도구를 이용해 토탄을 깊숙이 파 내려가고 있을 때였다. 그레테는 약 1.8미터 아래에서 뭔가를 느꼈다. 두 형제는 별거 아닐 거라고 했지만, 그레테는 소매를 걷어 올리고 토탄을 파내기 시작했다. 그의 손가락에 닿은 것은 모자를 쓰고 있는 사람의 이마였다.

이 소식은 5월 8일 월요일에 마을에서 10킬로미터 떨어진 경찰서에 전해졌다. 그 무렵 유틀란트반도와 톨룬에는 코펜하겐에서 한 소년이 실종되었다는 소식이 널리 퍼져 있었다. 발견된 사체가 소년의 것일까? 애초에 그럴 가능성은 낮아보였지만, 확인해볼 필요는 있었다. 경찰관들은 매끈한 토탄 아래 1.8미터 지점에서 사체가 발견되었다는 이야기를 듣고 그것이 아주 오래전에 묻힌 시체일 것이라고 추정했다. 경찰관들은 실케보르박물관 관계자들과 함께 현장으로 향했다.

몸을 웅크리듯 모로 누워 있는 사체는 마치 잠든 것처럼 보였다. 가죽 모자와 가죽 허리띠를 제외하면 아무것도 걸치지 않은 나체 상태였고, 피부는 토탄처럼 검은 구릿빛으로 착색되어 있었다. 목에는 가죽을 꼬아 만든 올가미가 팽팽하게 감긴 채 한쪽 어깨 위로 뱀처럼 늘어져 있었다. 보존 상태가 워낙 좋아서 모자 아래 바싹 자른 붉은 머리카락과 턱에 난 수염 자국이 보일 정도였다. 그는 올가미에 목이 졸려 죽은 성인 남성으로, 고대에 행해진 범죄의 피해자인 것 같았다. 사건이 자신들의 소관이 아니라는 걸 확인한 경찰은 박물관 직원들에게 뒷일을 맡겼고, 직원들은 코펜하겐 박물관 소속의 고고학자 피터 글롭Peter Glob에게 보고를 보냈다. 툴룬인Tollund Man은 글롭이 붙인 이름이다.

땅에서 꺼낸 사체는 경이 그 자체였다. 잠자는 시간 여행자의 피부는 마치 주조한 금속처럼 광택이 났다. 토탄에 포함된 강한 산성의 타닌이 그의 피부를 변형시켰다. 말하자면 기나긴 세월을 견딜 수 있도록 피부를 절여놓았다. 사체는 부패의 마수를 피한 덕분에 매우 온전한 모습이었다. 엑스레이 촬영을 통해 툴룬인의 간과 폐, 심장 등을 살펴보았다. 위장 안에는 채집하거나 재배했을 온갖 종자(보리, 강아지풀, 캐모마일, 냉이, 마디풀, 아마씨 등)를 넣은 죽이 소화되지 않은 채 남아 있었다. 고고학자들은 이 많은 재료를 한꺼번에 구하기는 어려웠을 것이므로 종자를 보관해두는 창고가 있었을 것이라고 추정했다. 툴룬인의 피부를 거의 완벽히 보존한 자연의 마법은 동시에 그의 뼈를 녹여 사라지게 했다(토탄 늪에서 발견된 사체들은 뼈가 완전히 녹아 없어지고 뼈를 감싸고 있던 살만 발견되는 경우가 많다). 그래서 그가 올가미에 매달려 목이 부러진 것인지, 선 채로 또는 무릎을 꿇은 상태에서 누군가가 등에 무릎을 받치고 힘을 가해 목을 조른 것인지는 파악하기 어려웠다. 그는 자신의 혀를 삼켰다. 그토록 잔인하게 살해되었음에도 그의 사체는 조심스럽게 다뤄졌다. 구덩이에 아무렇게나 내팽개쳐진 것이 아니라 토탄 늪에 조심스럽게 놓였다.

톨룬인이 누워 있던 곳은 이끼가 자라던 2000년 전의 습지였다. 그는 통째로 습지에 삼켜진 채 철기시대부터 그곳에 누워 있었던 것이다. 나중에 수염 부분을 방사성탄소연대측정으로 분석한 결과 그가 기원전 5세기 후반 또는 4세기 초반에 살았다는 사실이 밝혀졌다. 그가 정확히 몇 살에 죽었는지는 판단할 수 없지만, 사랑니가 잇몸을 뚫고 나와 생장이 마무리되었다는 사실로 미루어보아 성인이었음을 알 수 있었다.

톨룬인이 발견된 당시에는 사체 전체를 보존할 수 있는 기술이 없었다. 땅은 그의 몸을 품고 시간을 멈춰놓았지만, 땅 밖으로 나오자 시곗바늘이 다시 움직이기 시작했고 부패도 시작되었다. 결국 톨룬인의 머리만 폴리에틸렌글리콜로 처리되었고, 나머지 부분은 복제품으로 대체되었다. 현재 실케보르 박물관에 전시된 톨룬인의 사체는 진짜와 가짜를 매끄럽게 합성한 것이다. 특히나 그의 머리, 그 얼굴은 모나리자의 미소만큼이나 강렬하게 시선을 사로잡는다. 주름진 이마와 깊이 감긴 눈, 생각에 잠긴 듯 살짝 내민 아랫입술. 고통이나 두려움의 기색은 보이지 않는다. 그의 평화로운 모습은 우리를 불안하게 만든다. 손가락을 튕기면 이내 깨어날 것만 같다.

톨룬인이 발견되고 2년 뒤, 유틀란트반도의 그라우벨레 마을 근처의 토탄에서 또 다른 사체가 드러났다. 재빨리 현장에 도착한 글롭은 이번에는 사체를 땅에서 꺼내지 않고 소위 '그라우벨레인'을 감싸고 있던 토탄을 통째로 떠서 실험실로 옮겼다. 토탄을 제거하고 조사를 시작하자 그 역시 2500년 전에 죽임당한 가련한 영혼이라는 사실이 밝혀졌다. 그의 목은 한쪽 귀에서 반대쪽 귀까지 날카로운 칼로 그어져 있었다. 글롭은 사체 보존을 위해 피부를 그을려 단단한 가죽처럼 만들고 형태를 유지할 수 있게끔 내부에는 나무껍질을 채웠다.

톨룬인과 그라우벨레인이 발견된 해보다 조금 더 앞선 1938년에는 톨룬인의 사체가 나온 곳과 고작 60미터 떨어진 곳에서 '엘링 여인'의 사체가 발견되었다. 엘링 여인은 보존 상태가 좋지 않았고 양가죽으로 감싸인 채 묻혀 있었기 때문에 처음 발견한 농부는 물에 빠져 죽은 동물로 오인하기도 했다. 글롭은 『토탄 늪 사람들The bog people』에서 긴 머리를 섬세하게 땋은 엘링 여인이 남성이라고 서술했지만, 골반 엑스레이를 통해 여성임이 확인되었다. 사람들은 엘링 여인이 톨룬인과 같은 시점에 죽임을 당했을 것이라고 추정해왔다. 그 역시 목을 매달거나 졸리는 방식으로 사망했다.

이러한 발견은 더 있었다. 톨룬 등지에 사는 지역 주민들은 습지 안에 보존된 귀한 고목재인 '습지떡갈나무'나 연료를 얻기 위해 대습원을 파 내려갔는데, 그러다 보면 토탄 늪 아래에 잘 보존된 사체를 만나곤 했다. 이렇게 발굴한 유해를 제대로 조사하고 연구를 위해 보존할 기술이 등장한 것은 최근 들어서였다. 토탄 늪의 사체는 지구의 봉인된 기억이다.♦

톨룬인에 관한 추정 중 가장 널리 받아들여지는 것은 그가 유럽 동북부 일부에서 숭배되었던 대지의 여신 네르투스를 위해 희생되었을 거라는 이야기다. 글롭은 로마의 역사가 타키투스가 쓴 『게르마니아』에 네르투스에 관한 묘사가 있다고 설명한다. 네르투스는 생명을 선사하기도 하고, 가져가기도 하는 존재였다. 그는 성스러운 천으로 몸을 반쯤 가린 채 어린 암소들이 끄는 수레의 뒷자리에 앉아 있다고 한다. 네르투스는 섬 안의 성스러운 숲속에 세워둔 수레를 타고 때로 여행에 나섰다. 그가 가는 곳마다 전쟁은 사라지고 축제가 벌어졌다. 네르투스가 섬으로 돌아올 때면 신을 위해 물에 빠져 희생된 노예들이 수레를 씻었다.

사람들은 네르투스가 봄을 상징하며 해마다 인간 남성과 짝을 맺어 새로운 생명을 탄생하게 한다고 믿었다. 톨룬인은 그 역할로 선택되었던 것 같다. 그는 아마도 여신의 총애를 받는 신분의 사람이었을 것이다. 아니면 그가 죄를 범해서 처형되는 김에 희생 제물의 역할도 겸했던 것일 수도 있다. 엘링 여인은 어쩌면 그의 짝으로서, 가죽 밧줄에 매달려 아담과 함께 에덴동산에서 쫓겨난 운 나쁜 이브였을지도 모른다.

내가 처음 톨룬인을 알게 된 것은 노벨문학상을 수상한 아일랜드 출신의 시인 셰이머스 히니가 쓴 동명의 시를 통해서였다. 그는 토탄 늪에 보존된 사체들 외에도 마을에서 일어나는 많은 일에 대해 노래했다. 이를테면 버터 덩어리를 토탄에 묻어두던 시골 사람들의 관습 같은 것들 말이다(이렇게 해 두면 버터를 더

♦ 북반구의 영구 동토층에서는 온갖 종류의 동물들이 온전한 모습으로 냉동된 채 발견된다. 매머드의 사체가 발견될 때면 과학자들은 한시바삐 현장으로 달려간다. 사체가 녹는 것을 걱정해서가 아니라 1만 년 된 매머드 고기가 지역 주민들의 별미이기 때문이다.

오래 보관할 수 있다고 한다). 히니는 「늪지」라는 시에서 그의 이 웃들이 쇼베 동굴 벽화에 그려진 거대한 사슴 메갈로케로스의 뼈를 발굴했던 경험을 묘사하기도 했다.

> 그들이 가져간 해골,
> '위대한 아일랜드 사슴'의 그것을
> 구덩이에서, 그것을 세웠지.
> 망연자실의 허풍선이 나무상자.

1970년대 북아일랜드 분쟁◇이 벌어지는 동안 히니는 과거 와 현대의 희생 제물들 사이에 슬픈 유사성이 있음을 알게 됐 다. 고대의 여신은 덴마크와 독일 등지에서 피의 희생을 요구했 다. 여신의 또 다른 모국인 아일랜드에서 그는 현대의 세입자들 에게 또다시 같은 것을 요구하고 있었다. 히니는 시 「톨룬인」에 서 고대 이교도들의 희생으로 성스럽고 비옥해진 땅이 생명을 싹틔우고 분쟁의 희생자들을 다시 살려내기를 기원했다. 가톨 릭 신자로서 그는 자신의 소망이 신성모독이 되는 건 아닐지 우 려했다. 그는 1920년대에 신교도 신자 네 명이 가톨릭 수사들 을 극악무도하게 죽였던 사건을 알고 있었다. 톨룬인을 죽인 사 람들은 그의 유해를 경건하게 다뤘다. 툴룬인은 죽기 전 마지막

◇   북아일랜드 내 구교도 진영과 개신교 진영이 일으킨 분쟁. 1972년 영국군의 진압으로 아일랜드계 비무장 시민 14명이 사망하게 된 '피의 일요일 사건' 을 기점으로 유혈 분쟁으로 번졌고, 이후 30년간 3,500명 이상의 사망자가 발생했다.

식사로 늪지와 들판에서 나는 온갖 종류의 식물 씨앗으로 만든 죽을 먹었다. 그가 여신의 선물로 바쳐진 것이 맞는다면 온기가 가시지 않은 그의 몸은 의미 있는 장소로 옮겨져 조심스럽게 매장되었을 것이다. 젊은 가톨릭 수사들을 죽인 살인자들은 살았는지 죽었는지 모를 몸뚱이들을 철로 위로 질질 끌고 갔다.

비밀 폭로의 살갗과 이빨로
얼룩덜룩한 침낭의….

히니는 이제 이 세상에 없다. 나는 그가 죽기 직전 해에 그를 만났다. 로버트 번스◇에 대해 이야기를 나누는 자리였다. 그날 히니는 집에서 구운 스콘과 따뜻한 차를 마시며 로버스 번스와 집과 어린 시절에 대해서, 어디에나 존재하는 과거에 관해서 이야기했다.

톨룬인과 히니의 시들은 자신의 뜻을 관철하기 위해서 선뜻 다른 사람을 희생시켰던 사람들이 언제나 존재했다는 사실을 일깨워준다. 우리는 엘링 여인과 톨룬인, 그라우벨레인의 사체에서 고통을 읽을 수 없다. 시간이 모두 가져갔기 때문이다. 1.8미터의 토탄이 그들이 내지른 비명과 겁에 질려 흘린 눈물과 오줌을 삼켜버렸기 때문이다.

희생이라는 관념은 이제는 희귀해진, 오래된 가치처럼 느껴진다. 먼 옛날에는 신이나 미래가 다정해질 것을 소망하며 기꺼

◇ 18세기에 살았던 스코틀랜드 출신의 영국 시인.

이 헌신하는 것을 희생이라고 불렀다. 지금의 우리에게 미래는 당연하며, 어느 정도 예측도 가능하다. 그러나 오래전 누군가는 미래를 '지금까지 존재하지 않았지만 앞으로 다가올, 알 수 없는 시간'으로 인식했을 것이다. 그는 희생양을 바침으로써 알 수 없는 미래를 원하는 모양으로 주조할 수 있다고 믿었을 것이다. 음식을 태워 올리기도 하고 무기와 도구, 보석을 내놓기도 하다가 결국 최고의 공물은 인간이라는 발상을 해냈을 것이다.

누군가의 머릿속에 있는 더 나은 미래를 위해 지금도 누군가는 희생되고 있다. 20세기 아일랜드에서는 확신에 가득 찬 두 진영이 벌인 내전으로 수천 명이 희생되었다. 신조차 저버린 모든 땅에서 희생은 여전히 현재진행형이다. 우리가 역사에서 무언가를 배우지 못하고 같은 실수를 반복한다면, 이러한 살해는 영원히 끝나지 않을지도 모른다.

거기 유틀란트,
그 오래된 인간 살해 교구에서
나는 길 잃은 기분을 느끼며
불행하고 편안할 것이다.

두려움에 잡아 먹힌 사람들

❦

이목구비가 부풀어 오르다
흘러내리기 시작했다.
어린 소녀의 얼굴이 사라지고 있다.
아름다움이 끔찍한 공포로 변한다.
저 흘러내리는 얼굴을 대가로 치를만한
이데올로기란 무엇인가?
어떤 이념이 이 끔찍한 악취를 견디게 하는가?

P. J. 오루크P. J. O'rourke, 『지옥에서의 휴가 Holidays in Hell 』

우앙차키토에서 발견된

어린아이들의 유골과 라마의 뼈

페루 북부 해안의 우앙차키토라는 마을에서
심장이 도려내진 채 파묻힌 어린아이들의 유골 140구와
새끼 라마들의 뼈가 발견되었다.
이들이 죽음을 맞이한 시기는 10~15세기경,
페루 북부 지역에서 치무 왕국이 전성기를 누리던 시기로 추정된다.
대규모 희생 제의의 일면을 보여주는 유적이다.

‡

발굴 조사에서 나오는 유해는 사실 전혀 무섭지 않다. 삶과 죽음에 대한 황홀한 증거인 뼈는 우리와 함께 하는 길동무이지 징그럽거나 끔찍한 것이 아니다. 진흙에 깊숙이 묻힌 채 수백, 수천 년을 보내는 동안 살점과 무시무시한 것들은 모두 녹아 없어지고, 바짝 마른 뼈만이 남아 있다.

미국의 저널리스트 P.J. 오루크는 1986년 필리핀의 10대 대통령이자 아시아 최악의 독재자로 손꼽히는 페르디난드 마르코스와 그의 아내 이멜다 마르코스가 21년 만에 권좌에서 내려온 다음에 벌어진 혼란상을 목격했다. 코라손 아키노 대통령이 대다수 국민의 지지를 받고 있긴 했지만, 잇단 쿠데타 기도가 이어지며 불안과 공포가 사회에 휩쓸아쳤다. 오루크는 필리핀 공산당CPP의 무장조직 신인민군NPA과 함께 있던 한 임신부가 정부군과 충돌하는 과정에서 빗나간 총알에 맞아 숨지는 사건을 목격했다. 임신부는 시신을 수습할 가족이 도착할 때까지 며칠 동안 임시로 매장되어 있었다.

우리는 고대의 무덤을 객관적인 (때로는 낭만적이고 감상적인) 태도로 바라본다. 죽음과 짝을 이루는 비통함에서 우리는 자유롭다. 무덤의 주인들이 우리와 무관하기 때문이다. 망자의 죽음을 슬퍼하며 그를 매장해주었던 사람들은 이미 오래전에 그들의 비탄과 함께 떠나갔다.

갓난아기는 270개의 뼈를 가지고 태어난다. 그러나 몇몇 뼈들은 성장 과정에서 하나로 붙게 되고, 어른은 총 206개의 뼈를 갖게 된다. 이는 명확하고 관찰 가능한 변화다. 베드베크 공동묘지에서 발견된 어머니와 아기의 유해는 마치 공학자의 작품처럼 흥미롭다. 함께 묻혀 있던 껴묻거리는 그들의 삶에 관한 이야기를 들려준다. 이처럼 우리는 관찰 가능한 사실들을 추려내 과거의 현장을 들여다보게 된다. 그러나 남겨진 유해만으로는 결코 알 수 없는 것이 있다. 바로 상실의 고통과 죽음의 실체다. 손상 없이 온전한 뼈는 생전에 유해의 주인이 겪었을 악전고투나 불의, 고통과 잔인함 등은 아예 보여주지 않는다. 따라서 고고학자들은 다른 증거들에서 그러한 것들을 읽어내야 한다. 예컨대 오루크의 기록 등을 통해서 말이다.

10~15세기 무렵, 오늘날 페루의 965킬로미터에 이르는 태평양 해안은 치무 왕국이 다스리고 있었다. 치무인들은 바다의 황금 알에서 태어난 '타이카나모'가 그들의 문명을 세웠다고 믿었다. 치무 왕국의 최전성기에 수도 찬찬의 인구수는 4만 명, 면적은 20제곱킬로미터에 달했다. 도시의 주민들은 대부분 보물을 생산하는 수공업자였으며, 어도비 벽돌로 지은 건물에 살았다. 잉카문명이 주변 왕국들을 삼켜버리기 전까지 치무는 페루에서 가장 위대한 왕국이었다.

2011년 페루의 해안 마을 우앙차키토의 주민들은 모래사장에서 침식되어가고 있는 뼈를 발견했다. 소식을 듣고 달려온 고고학자들이 그곳에서 찾아낸 것은 어린아이 140명과 어린 라마 200마리의 유해가 묻혀 있는 무덤이었다. 모든 어린아이의 갈비뼈는 탈구되어 있었고 가슴뼈에는 칼자국이 남아 있었다. 심장을 꺼내기 위해 갈비뼈를 열어젖힐 때 남은 흔적이었다. 그 행위가 사망의 원인이었는지(심장이 뛰고 있을 때 꺼낸 것인지), 아니면 뼈에 흔적을 남기지 않는 방식으로 살해한 뒤에 적출이 행해진 것인지는 확실히 밝혀지지 않았다. 뼈 전문가들은 아이들이 죽기 전까지 건강했고, 충분한 영양분을 섭취했던 것으로 보인다고 밝혔다. 무덤 근처에서는 일렬로 선 발자국들이 발견되었다. 어린이들이 차례로 줄을 서서 살해 장소로 걸어 들어갔음을 보여주는 흔적이었다. 아이들의 두개골과 뼈에는 붉은 안료가 묻어 있었는데, 죽음 직전 혹은 직후에 얼굴과 몸에 문질러 바른 것으로 추정된다. 600여 년 전에 벌어진 대규모 희생 제의의 일면을 보여주는 이 유적은 우앙차키토의 라마들 Huanchaquito Las Llamas이라는 이름으로 불린다.

이는 잉카어로 '카파코차capacocha(엄숙한 희생이라는 뜻)'라고 불리는 관습의 한 갈래다. 잉카가 카파코차를 발명한 것은 아니다. 중남미 문명에는 어린이와 성인을 희생 제물로 바치는 관습이 수천 년 동안 존재했다. 잉카인과 아스테카인, 마야인들은 모두 의례화된 살해를 저질렀고, 그 뿌리는 기원전 2000년대 말에 독특한 문명을 이룩한 불가사의한 올멕문명까지 거슬러 올라간다.

16세기 초반 스페인 정복자들이 중남미 대륙으로 진격해오던 무렵 아스테카인들은 영토 확장에 열을 올리고 있었다. 정복 전쟁은 아스테카인의 숙명이었다. 헤엄을 멈추는 순간 가라앉아버리는 상어처럼 그들은 제국의 생명력을 유지하기 위해 끊임없이 새로운 정복지를 찾아 움직였다. 정복자들은 정복한 땅의 주민들과 지배자들을 죽이지 않고 그대로 두었기 때문에 정복지에서는 자연스레 봉기가 이어졌다. 어떤 면에서는 봉기가 조장되었다고도 할 수 있다. 아스테카인은 어떤 집단이든 내키는 대로 침입해 사람들을 죄수로 삼은 다음 데려가서 희생 제물로 삼았다. 평화와 안정은 상상할 수도 없고 통하지도 않았다. 전쟁은 언제든 폭발할 기세로 끓어올랐고, 피비린내 진동하는 의례화된 죽음이 부단히 이어졌다.

적을 죽이기보다는 생포하려 했던 아스테카인들은 신무기로 무장하고 누구든 몰살시킬 준비가 되어 있던 무장한 스페인 정복자들과의 전쟁에서 상대가 되지 않았다. 게다가 신에 대한 믿음이 아스테카 사람들을 혼란스럽게 했다. 그들은 오래전에 아스테카문명을 창조한 뒤 사라졌다는 케찰코아틀이라는 신을 믿고 있었는데, 공교롭게도 그 신은 흰 피부와 흰 수염을 지녔고 동쪽을 향해 떠나면서 훗날 같은 방향에서 돌아올 것이라는 약속을 남겼다. 아스테카인들은 동쪽 해안에서 진격해온 흰 피부의 사람들을 보고 케찰코아틀의 예언이 실현됐다고 생각했다.

아스테카의 수도 테노치티틀란Tenochtitlán은 텍스코코 호수 위의 섬이었다. 섬과 호수는 8킬로미터 길이의 둑으로 연결되어 있었다. 2017년 테노치티틀란이 있던 자리에 세워진 멕시코시티의 도로와 건물 아래를 파 내려가던 고고학자들은 지하 깊은 곳에서 650구의 인골을 발견했다. 여성, 남성, 아이들로 구성된 수많은 인골이 거대한 원형 탑의 형태로 쌓여 있었다.

테노치티틀란을 처음 마주했던 스페인 정복자들은 그 도시
의 장엄함이 로마와 콘스탄티노플을 뛰어넘는다고 기록했다.
그들이 특히 깊은 인상을 받은 것은 원주민들이 희생 제물에
서 거둔 2만 개의 인간 두개골로 만든 거대한 탑 '우에이 촘판
틀리Huey Tzompantli'였다. 그 두개골들은 템플로 마요르templo
mayor('위대한 신전'이라는 뜻)라는 신전에 있는 원형 탑의 하부
를 이루고 있었다. 피라미드를 닮은 신전 내부에는 태양신 위칠
로포치틀리와 비의 신 틀라로크를 비롯한 여러 아스테카 신들
을 위한 사당이 있었다. 위칠로포치틀리는 특히 피에 주린 신이
었다. 해가 밝게 떠 있는 동안 다른 신들은 태양신에게 자신을
스스로 희생 제물로 바쳤다고 한다.

스페인 정복자들은 중남미의 경이로운 도시와 어마어마한
규모의 인골로 만든 탑에 질겁했다. 살아 있는 사람의 가슴을
찢어발겨 심장을 뜯어내고, 머리를 잘라 탑을 만드는 희생 제의
에 아연실색한 그들은 원주민의 삶을 파괴하고, 그들이 행할 잔
인한 행동들을 정당화할 명분을 찾아냈다. 템플로 마요르는 정
복자들이 증오한 다른 모든 것과 함께 허물어졌고, 결국 기독교
신을 위한 성당으로 교체되었다.

남쪽으로 간 스페인 정복자들은 잉카 제국을 마주했다. 15세
기 말경 잉카 제국은 에콰도르에서 칠레에 이르는 방대한 영토
를 다스리고 있었다. 아스테카가 마야문명이 있던 자리에 들어
섰듯이, 12세기에 쿠스코에서 싹튼 잉카문명도 뻐꾸기가 다른
새의 둥지를 빼앗듯 치무 왕국을 밀어내고 그 영토를 차지했다.
금과 은, 구리가 풍부한 땅에서 진화한 잉카문명은 아스테카보

다 세련되고 평화로웠다. 그러나 그들의 사회는 국가에 대한 개인의 희생에 토대를 두고 있었다.

잉카 제국은 각 지역을 효율적으로 연결하는 수천 킬로미터의 도로를 만들었다. 그들에겐 안데스산맥도 별문제가 되지 않았다. 이어달리기 주자들이 그 도로를 따라 메시지나 메시지를 담은 새끼줄 매듭인 퀴푸quipu를 실어날랐고, 제국의 구석구석으로 소식이 전해지는 데는 수일밖에 걸리지 않았다. 잉카의 모든 사람은 그 사회의 질서 속에서 자신의 위치를 알고 있었고 그것을 순순히 받아들였다. 금 1온스부터 감자 한 알, 옥수수 한 묶음까지 모두 국가의 소유였고 중앙집권적 배급망을 통해 분배되었다. 아스테카, 치무, 마야 문명과 마찬가지로 잉카문명은 바퀴를 발명한 적이 없었고 다만 라마를 이용해 물자를 운반했다. 라마는 잉카문명 전체를 짊어진 동물이었다.

스페인인들은 잉카가 잉카문명에 속한 사람들 전체를 일컫는 말이라고 이해했다. 그러나 사실 잉카는 그곳의 지배자, 또는 수백만 인구 가운데 지배 계층에 속하는 4만 명의 구성원을 가리키는 말이었다. 나머지 개인들은 미타라고 하는 강제 노역의 형태로 잉카와 국가에 땀방울과 힘을 바쳤다. 정교한 사회 조직과 백성들의 노력 덕택에 잉카에서는 계곡에 면한 땅뿐 아니라 가파른 경사면에 깎은 계단식 농경지에서도 농사를 지을 수 있었다.

지배 계층의 정점에는 제왕적 지도자인 사파 잉카(제1의 잉카)가 있었다. 어린이를 희생 제물로 삼는 의식은 사파 잉카의 명령에 따라 수행되었다. 제국 전역에서 가장 아름답고 신체적으로 완벽한 어린이들이 뽑혀 왔다. 가장 뛰어나고 사랑스럽고 흠 없는 소년 소녀만이 신들에게 바쳐질 수 있었다. 아이들(갓난아기나 막 걸음마를 뗀 유아도 있었다)은 직접 걷거나 들것에 실려서 희생 장소로 향했다. 아직 젖을 떼지 못한 아기는 제물로 바쳐지기 직전까지 건강하고 안정된 상태를 유지할 수 있도록 어머니가 모유를 먹였다. 살해는 네 가지 방식(교살, 질식, 생매장, 참수) 중 하나로 이루어졌다. 희생 의례가 거행된 사원들이 주로 높은 산에 있었기에, 그곳에 묻힌 유해들은 종종 고지대의 환경 조건에 따라 자연적으로 미라가 되어 발견되곤 한다. 1999년 아르헨티나의 유야이야코Llullaillaco산에서는 해발고도 670미터 지점에서 세 구의 슬픈 유해가 발견되었다. 두 명의 소녀(한 명은 15세, 한 명은 7~8세)와 예닐곱 살 난 소년의 뼈였다. 그들의 유해는 너무나 완벽하게 보존되어 있었다. 시간만이 참혹한 살인의 장면을 덮어 가리고 있었다.

시체에 향수를 들이붓는다고 악취가 가려지지는 않는다. 스페인 정복자들과 유럽인들은 중남미 문명의 금과 호화로운 보물에 이끌렸지만, 그곳은 잔혹한 인명 경시와 죽음에 대한 집착에 뿌리를 둔 비정한 세계이기도 했다. 사실 인간을 제물로 바치는 행위는 인류 역사의 전반에 걸쳐 세계 곳곳에서 행해졌다(아메리카 대륙에서와 같은 규모는 아니었지만). 국가라는 공공의 선을 위해 개인을 희생해도 된다는 일념으로 요구되고 가능했던 일이었다.

현대에 이르러서도 다양한 독트린과 이데올로기 들이 유토피아를 건설하겠다는 명목으로 수백만 명의 사람들을 죽음으로 내몰았다. 20세기에 레닌과 스탈린의 소비에트연방은 적어도 5000만 명의 인명을 살상했다. 마오쩌둥이 이끈 대약진운동은 1억 명 이상의 희생을 낳았다. 그다음에는 김씨 일가 치하의 북한과 폴 포트 치하의 캄보디아에서 같은 일이 반복되었다. 독재자들은 자신의 상상 속에만 존재하는 유토피아로, 개인보다 집단을 우선하는 약속의 땅으로 사람들을 인도했고, 결국 더 깊은 늪으로 빠져들었다.

나는 언제나 먼 옛날 이 세상을 살다간 과거 사람들에게 막연한 경외감을 느꼈고, 이 무덤과 저 무덤의 주인 앞에서 망연해지곤 했다. 그들의 이마와 턱에 쌓인 진흙을 걷어내고 빈 눈구멍에서 흙을 퍼낼 때 그 눈이 생전에 무엇을 보았을지 궁금했다. 그러나 고통에 대해서는 미처 생각하지 못했다. 이제야 나는 지난 발굴들을 되돌아보며 내가 놓친 것이 무엇인지, 미처 알아차리지 못한 것이 무엇이었을지 곰곰이 생각해본다. 오래된 죽음이 나에게 경고를 보내고 있을지도 모른다. 비록 시간이 그것들을 숨죽이게 했지만(그리고 아무도 듣거나 보고 싶지 않을지 모르지만) 고통과 괴로움은 언제나 우리와 함께 있다. 사랑이 깊은 땅속에서도 살아남았듯 악의 증거도 그러하다. 죽은 자들의 뼈가 우리에게 그렇게 말해주고 있다.

야성의 부름

❦

기나긴 겨울밤
늑대들이 먹이를 찾아 얕은 계곡으로 내려올 때면
창백한 달빛이나 희미하게 명멸하는 북극광 아래
무리의 선두에 서서 달리는 그의 모습을 볼 수 있다.
동족들보다 훨씬 높이 도약하고
가슴 깊숙이에서 터져 나오는 우렁찬 원시의 노래,
늑대족의 노래를 울부짖는 그의 모습을.

잭 런던,『야성의 부름』

스타 카

잉글랜드 북동부에 있는 초기 중석기시대의 야영지 유적.
침수된 퇴적층에서 다량의 석기, 골각기와 함께 붉은사슴, 유럽들소,
야생 돼지의 뼈가 발견되었다. 위 사진은 붉은사슴의 뿔을 변형해 만든
머리 장식으로, 가장 유명한 스타 카 유적이다.

‡

호주 북동부에 있는 아넘랜드에서 악어 사냥을 한 적이 있다. 사냥을 했다기보다는 어둠 속에서 악어의 호박색 눈이 횃불에 비쳐 번뜩일 때, 마침 내가 배에 타고 있었다고 하는 편이 맞겠다. 나는 작살에 찔린 악어가 요동치며 선체로 끌려오는 모습과 사람들이 강둑에서 악어를 도살하고 노천에서 요리하는 모습을 가까이서 지켜보았다. 사람들은 악어에서 닭고기 맛이 난다고들 한다. 실제로 닭과 악어는 비슷한 맛이 날 것이다. 둘 다 공룡의 직계 후손이기 때문이다. 즉 악어에서 닭고기 맛이 난다는 말은 닭과 악어에서 공룡 맛이 난다고 말하는 것과 같다.

1974년 퀸즐랜드는 악어를 포함한 일체의 동물 사냥을 금지했다. 그 무렵 바다악어의 개체 수는 멸종이 우려될 정도까지 급감했다. 나와 함께 있던 무란두 야너라는 호주 원주민 노인의 말에 따르면 그 시기에 살아남은 덩치 큰 수컷들은 아주 약삭빠른 놈들이었고, 그 뒤로도 눈에 띄지 않은 채 살고 있을 거라고 했다. 1974년에도 몸집이 컸던 녀석들은 더 커졌을 것이다. 야너는 그의 사냥터에 9미터가 넘는 100살 먹은 악어들이 산다는 이야기도 들려주었다.

그의 사냥은 합법이었다. 야너는 1999년 호주 대법원에서 나온 역사적 판결에 따라 조상들의 전통, 그러니까 악어를 사냥하고 도살하고 먹는 전통을 이을 권리를 되찾았다. 야너는 보닝 나이프로 악어의 멱을 땄다. 피도 피지만 끊어진 혈관에서 맥박이 뛰면서 맑은 액체가 뿜어져 나오던 장면을 잊을 수가 없다. 그것이 무엇인지 물어보진 못했지만 악어의 생명에 필수적인 무엇이었을 것이다. 목이 잘린 지 30분이 지났음에도 악어 머리에 막대를 꽂자 턱이 딱 닫히더니 다시 열렸다.

나는 낚시만 몇 번 해봤을 뿐 사냥을 해본(정확히는 목격한) 것은 그때가 유일했다. 내 친구 하나는 몇 년 전에 사슴 사냥에 따라나선 적이 있었다. 늙고 병약한 개체를 솎아내 개체 수를 조절하기 위한 사냥이었다. 몇 시간의 추적 끝에 사냥터 관리인이 치명적인 총격으로 짐승을 쓰러뜨렸다. 내장을 꺼내기 위해(갓 잡은 짐승의 내장을 꺼내는 일을 게일어로는 그랄록gralloch이라고 한다) 사슴 사체에 가까이 다가가 지켜보던 친구가 사슴의 심장이 없다는 사실을 알아차렸다. 사냥터 관리인은 고개를 끄덕이더니 빠른 속도로 정확한 총격을 가하면 장기가 상처를 통해 몸을 뚫고 나가기도 한다고 설명했다. 그 사슴은 땅에 몸이 닿기도 전에 죽은 것이다. 이것이 현대 사냥의 본질이다. 수백 미터 밖에서 전달되는 즉각적인 죽음.

야너는 단호하고 완강하게, 조상들의 방식으로 회귀했다. 현대 세계가 자신의 일족들에게 미친 악영향에 환멸을 느낀 야너는 사냥과 채집을 채택했다. 옛 방식이 가진 잠재력에 대한 그의 열정은 너무나 강렬하고도 맹렬한 것이었다. 노인의 눈이 하도 활활 타올라서 걱정이 될 지경이었다.

악어 사냥이 있기 전날 우리는 함께 헬리콥터를 타고 야너

일족의 땅을 내려다보았다. 그는 신령한 수호 동물에 대해 거듭 이야기했고, 나는 그것이 원주민들에게만 해당되는 것이냐고 물었다. 그는 고개를 저으며 나 같은 서양 사람에게도 수호 동물이 있다고 했다. 그는 우리 어머니가 나를 임신했을 때 어떤 동물과 모종의 상호작용을 했을 것이며 그 동물이 바로 나의 여행 동무라고 말해주었다. 나는 지금 와서 기억하거나 알아내기에는 너무 늦었다고 말했다. 그는 어깨를 으쓱해 보이며 말했다.

"우주가 어떤 방식으로든 당신에게 알려줄 거요."

그때 우리의 이야기를 듣고 있던 헬기 조종사(야녀의 동료 원주민이었다)가 우리에게 아래를 내려다보라고 했다. 그는 깊숙이 들어간 작은 만을 가리켰다. 그곳에는 한 쌍의 돌고래가 원을 그리며 물고기들을 몰고 있었다. 조종사가 야녀에게 물었다.

"이렇게 상류에서 돌고래를 본 적이 있나요?"

"한 번도 없지, 단 한 번도."

야녀는 나를 돌아보며 덧붙였다.

"바로 이거요, 닐. 당신이 물으니 우주가 대답해준 것이지."

야녀가 악어를 사냥하고 죽인 방식은 내 친구가 목격한 사슴 사냥과는 완전히 달랐다. 그들은 아주 깊은 곳까지 배를 몰고 가서 악어의 목 바로 아래에 작살을 꽂았다. 선체로 끌려오는 악어는 자신이 방금 무슨 일을 당했는지 알아차리지 못한 것 같았다. 긴 칼로 조용히 일격을 가함으로써 도살은 완성되었고, 우리는 짐승이 아무런 소리도 내지 않고 죽는 것을 바라보았다.

도시 생활을 하는 우리는 더 이상 멀어질 수 없을 정도로 사냥의 현장과 괴리되어 있다. 농장의 동물은 보이지 않는 곳에서 키워져 도살되고, 고기는 생물로서의 실체와 완전히 분리된 채 핏기 없이 밀봉 포장되어 나온다. 고기가 마트 매대에 진열되고 식탁에 올려지기까지의 그 과정을 우리는 더는 알 필요 없으며, 알려고 하지도 않는다. 우리는 생명에 더 냉담해지고, 경외심을 잃어버리고 있다.

1만 2000년 전, 빙하가 물러가자 사시나무와 자작나무, 버드나무가 새로이 움트기 시작했고, 잉글랜드 요크셔 땅에는 빙하가 남긴 구덩이에 널찍하고 얕은 호수가 형성되었다. 사냥꾼들은 물고기와 새, 작은 동물 등 풍부한 자원을 제공하는 이 호수에 몰려들었다. 고고학자들이 '플릭스턴'이라고 부르는 이 호수에는 붉은사슴의 무리도 찾아오곤 했다.

플릭스턴 호수는 수천 년 전에 완전히 말라 사라졌다. 물이 있던 곳에는 토탄이 형성되었다. 이러한 환경 변화는 고고학자들에게 천우신조와 같다. 산소가 차단된 토탄 속에 각종 유기물들이 화석처럼 남아 있기 때문이다. 플릭스턴 호수가 있던 자리에는 뼈, 뿔, 나무로 만들어진 수천 년 전 중석기시대의 유물들이 훌륭한 상태로 보존되어 있었다. 발굴은 제2차 세계대전이 끝난 직후 본격적으로 진행되었다. 이것이 영국제도에서 가장 중요한 중석기시대 유적 '스타 카Star Carr'다.

스타 카의 중석기시대 사냥꾼들은 붉은사슴에 대해 거의 집착에 가까운 관심을 가지고 있었다. 그들은 사슴뿔로 미늘 달린 작살 수백 점을 만들었다. 고고학자들은 그들이 실제 사냥에 필요한 것보다 더 많은 작살을 만들었다는 사실에 주목했다. 그들에게는 만드는 행위 자체, 그러니까 뿔을 다른 것으로 변화시키는 행위 자체가 중요했던 것 같다. 호숫가에서는 수많은 작살이 발견되었는데, 우연히 그곳에 떨어졌다기보다는 사냥꾼들이 소중하게 생각했던 작살을 제물로 봉헌했던 것으로 추정된다.

스타 카에서 발굴된 유적 중 가장 매혹적인 것은 뿔로 만든 머리 장식이다. 어떤 학자들은 가면으로 보기도 한다. 뿔로 머리 장식을 만드는 일은 각고의 인내심과 재주가 필요한 작업이었다. 붉은사슴의 뿔은 놀라우리만치 단단하기 때문이다. 날카로운 금속 칼날로도 흠집이 나지 않을 정도이기 때문에 가공하려면 기발한 재간이 필요했다. 뿔을 잘라내기 위해서는 먼저 뿔을 줄로 묶은 다음, 줄을 태워가며 뿔을 약하게 만든 후 부러뜨려야 했다. 머리 장식을 만들고자 하는 사냥꾼은 사슴뿔이 자연적으로 떨어지기 전인 가을에 수사슴을 잡았을 것이다. 절단한 머리는 통째로 구워 살과 뇌를 발라 먹고, 석기를 이용해 뿔이 붙어 있는 두개골 부분을 분리한 다음 뼛속의 부드러운 조직은 긁어낸다. 완성품이 거추장스럽지 않도록 뿔의 가지 부분도 최대한 제거한다. 눈구멍을 두 개 뚫고, 장식을 고정할 끈을 매달 수 있게 끈 구멍도 뚫는다. 스타 카에서는 1940년대 후반부터 1950년대 전반까지 21점의 머리 장식이 발견되었다. 머리 장식이 사슴을 뒤쫓을 때 위장용으로 썼던 것인지, 샤먼이 의례에서 착용했던 복장인지, 혹은 둘 다였는지는 확실히 밝혀지지 않았다.

머리 장식을 만들고 남은 뿔의 나머지 부분으로는 수렵과 어로에 쓸 미늘 작살을 만들었다. 스타 카에서는 붉은사슴의 뿔로 만든 수많은 도구가 발견되었다. 스타 카의 사냥꾼들은 이 사슴들에게 특별한 애착을 느꼈던 게 분명하다. 붉은사슴을 그들 모두의 수호 동물로 생각하지 않았을까 싶다.

스타 카 유적은 어린 시절 들었던 무서운 이야기에 등장하는 사람도 동물도 아닌 어떤 존재를 떠올리게 한다.

『해그워시의 유령 사냥Wild Hunt of Hagworthy』이나 『사냥꾼 헌Herne the Hunter』에 나오는 뿔난 괴물 같은 존재 말이다. 머리 장식의 정확한 용도가 무엇이었든, 중요한 것은 '변신'이라는 개념이다. 사냥꾼의 세계에서 존재 간의 경계는 그리 분명하거나 고정적이지 않았다. 쇼베 동굴의 예술가는 울퉁불퉁한 바위에서 동물을 감지해냈고, 그들의 윤곽을 바위 표면에 불러오고자 했다. 머리 장식을 만든 사냥꾼들은 뼈와 뿔에서 사슴의 영혼을 느꼈다. 사람들은 자연 세계에 흠뻑 잠긴 채 살아갔다. 우리는 이러한 삶의 방식을 기억하거나 재발견하려는 이들을 존중할 필요가 있다.

지금으로부터 25년 전, 나는 지역 신문기자로 일하며 자연주의자 존 뮤어John Muir의 고향인 던바의 이스터로디언을 담당했다. 그 고장 사람들은 자연보호 운동의 선구자로 추앙되는 뮤어에 대한 대단한 존경과 자긍심을 지니고 있었다. 2012년에 나는 뮤어의 발자취를 따라 시에라네바다산맥과 요세미티 국립공원을 걸었다. 뮤어의 아버지 대니얼은 독실한 기독교 신자였고, 1849년 아내와 자녀들을 데리고 종교적 순수성을 찾아 미국 위스콘신으로 이주했다. 열한 살이던 뮤어는 그곳의 야생에 완전히 매료되었다. 후에 그는 위스콘신대학교에서 식물학과 지질학을 공부했다.

29세의 뮤어는 화물 기차의 바퀴를 만드는 공장에서 일을 했다. 어느 날 그는 나무 톱에 연결된 벨트를 조이는 작업을 하다가, 손이 미끄러지는 바람에 잡고 있던 도구로 한쪽 눈을 찌르고 말았다. 피가 철철 흘렀고, 사고의 충격 때문인지 설상가상으로 다른 쪽 눈도 보이지 않았다. 그러나 다행히 완전한 어둠 속에서 몇 주를 보내며 치료를 마친 그는 양쪽 눈에 광명을 되찾았다. 뮤어는 이 일을 기적이자 신이 내린 선물로 받아들였다. 그는 시력을 다시 찾은 그 순간부터 최대한 많은 것을 두 눈에 담겠다고 결심했다.

그는 세상에 존재하는 모든 종류의 날씨와 산과 들을 경험하기 위해 유랑을 선택했다. 특히 뮤어는 요세미티에서 그 어떤 종교가 줄 수 있는 것보다 더 큰 위안을 얻었다. 밤낮으로 절벽과 봉우리를 오르고 동식물을 탐구하며 몇 해를 보냈다. 폭풍우가 몰아칠 때면 소나무를 타고 올라가 비바람을 온전히 느꼈다. 폭포를 만나면 절벽에 튀어나온 바위를 딛고 폭포수 뒤로 기어가 쏟아지는 급류 사이로 보름달을 바라보았다. 징을 박은 부츠를 신고 3000미터가 넘는 봉우리를 넘었다. 거추장스러운 외투는 입지 않았다. 어둠이 내리면 낮 동안 모은 솔방울로 불을 피워 온기를 얻었다. 그는 책과 기고문을 통해 산업 발달과 현대식 농경으로 인해 위기에 처한 자연에 대해 알렸다. 그는 인간이 경이로운 자연의 일부임을 알리기 위해 애썼고 복음을 전파했다. 그는 무엇보다 위대한 세쿼이아 나무에 깊이 매료되었다.

그가 요세미티에 도착했을 때, 세쿼이아 벌목 작업이 한창 진행 중이었다. 그것만큼 무의미하며 해로운 일도 없었다. 세쿼이아는 타닌 성분이 풍부하여 쓰러질 때 줄기가 산산이 흩어지기 일쑤였기 때문이다. 뮤어는 수천 년 동안 살아온 생명체를, 때로는 기독교나 이슬람교, 불교보다도 오랫동안 이 땅에 살아온 나무를 베어내는 일이 무분별하게 일어나지 않도록 막아야 한다고 확신했다. 그는 캠페인을 벌였고, 성공적으로 완수했다.

뮤어는 멘토이자 대학 시절 그를 가르쳤던 에즈라 카 박사의 아내인 잔느 카에게 쓴 편지에서 이렇게 썼다. "저는 나무의 왕에게 영원한 사랑을 맹세했습니다, 맹세의 말은 없었지만요. 저는 성체를 받고, 세쿼이아 와인, 세쿼이아의 피를 마셨습니다. … 햇살이 깃들 때면 세쿼이아는 모든 보랏빛 중에 가장 고귀한 보랏빛을 냅니다. 저는 세쿼이아에 취해 세례 요한처럼 신성한 황야에서 나와 이 황폐한 세상에 세쿼이아의 푸른색과 갈색을 전하고자 합니다."

뮤어는 현대의 선지자였다. 미국에서 그는 여러 선한 운동의 아버지로 존경받아왔고, 그가 태어난 스코틀랜드에서도 최근 들어 그를 기리는 움직임이 활발해졌다.

뮤어는 이 세계와 우주 속에서 인간의 마땅한 위치가 어디인지 누구보다 잘 이해했던 사람이었다. 그는 자신이 자연이라는 웅장한 기계를 구성하고 있는 작은 톱니바퀴에 지나지 않는다는 사실을 잘 알았고, 그 장엄함에 복종했다. 어디에 가든 벨트에 차고 다녔던 노트의 표지 안에 그는 스스로 정한 자신의 주소를 적어두었다. "존 뮤어, 지구-행성-우주." 샤먼이 그러하듯 그는 자신이 자연의 주인이 아니라 자연 앞에 선 청원인이라는 진실을 감지하고 있었다.

프랑스 남서부의 트루아프레르Trois-Frères 동굴에는 오래전의 동굴 벽화 유적이 남아 있다. 셀 수 없이 많은 매머드, 곰, 말, 야생 염소, 들소, 순록 그림이 성소Sanctuary라고 불리는 동굴 방의 벽을 겹겹이 채우고 있다. 그림들 아래에 서면 마구 뒤엉킨 생명의 활기, 어지러울 정도로 무성한 생명력이 느껴진다. 제1차 세계대전이 발발하기 2년 전, 앙리 베구앵 백작의 세 아들 자크, 루이, 막스가 그 동굴을 탐험했다. 벽의 가장 윗부분, 손이 닿지 않을 정도로 높은 그곳에는 '마법사'라고 불리는 형상의 그림이 있다. 사슴의 몸에 턱수염이 난 사람의 머리를 한 괴이한 모습이었다. 마법사라는 이름은 처음으로 그 형상을 본뜨고 조사했던 앙리 브뢰이유라는 가톨릭 사제가 붙인 것이다. 브뢰이유는 자신이 본 대로, 수사슴의 뿔이 달린 형상을 모사했다.◇ 마법사는 마치 지배자처럼 땅에서 3~4미터 위에서 무리를 내려다보고 있다.

성소의 동굴 벽화는 1만 5000년 전의 것이지만 21세기에도 여전히 사람들을 전율케 한다. 그 벽화를 만들어낸 힘은 무엇이었을까? 스타 카의 열정적인 사냥꾼들도 가지고 있던 것, 바로 상상력이었을 것이다. 현대성이라는 얇은 막을 걷어내면 우리

◇ 일부 학자들은 앙리 브뢰이유가 남긴 모사본의 정확성에 의문을 제기하기도 한다. 오늘날 찍은 동굴 벽화 사진에서는 사슴뿔이 보이지 않기 때문이다. 그러나 어두운 동굴 벽에 그려진 미세한 선이 카메라에 잡히지 않을 가능성도 크다는 반론도 있다.

는 여전히 사냥꾼이다. 우리 종의 동맥에는 보랏빛 세쿼이아보다 고귀한 생명선이 살아 숨 쉬고 있다. 우리의 생명선, 그것은 바로 지혜다. 원시부터 전해 내려온 이 오래된 지혜는 환기하고 회복하는 힘을 우리에게 준다. 우리 조상들이 익히고 알게 된 모든 것이며, 현대적 자아를 지닌 우리의 깊은 뿌리에 있는 무엇이다. 수십억 년 동안 이어진 삶의 유산, 원시로부터 온 생명력이 우리의 DNA 가닥 속에 똬리를 틀고 있다. 지금도 조용히 눈을 감으면 그것을 느낄 수 있다.

감사의 말

아이 한 명 키우는 데 온 마을이 필요하다는 말처럼, 책 한 권을 만드는 데도 수많은 사람의 손길과 노력이 필요했다. 책은 결코 작가의 노력만으로 탄생하지 않는다. 여기저기 실수 가득하던 초고가 책으로 제작되어 책장 한 편을 차지하는 영광을 누리기까지, 그 여정을 함께해준 모든 이들에게 박수와 애정 어린 감사를 전하고 싶다. 이 책은 훌륭한 안목과 솜씨, 인내와 지혜를 보태준 그들 덕분에 나올 수 있었다.

편집과 교정 작업을 맡아준 트랜스월드 출판사의 유능한 직원들, 수재너 워드슨, 헬레나 곤다, 카트리나 원, 댄 밸라도, 마법 같은 솜씨로 표지와 삽화를 만들어준 베씨 켈리와 앤드루 데이비드슨, 제작자 캣 힐러튼, 마케팅에 힘써준 엘라 혼, 홍보를 도와준 톰 힐, 한 사람 한 사람에게 무한한 감사를 전하고 싶다. 저작권 에이전트 유지니 퍼니스와 소호 에이전시의 텔레비전 에이전트 소피 로리모어에게도 심심한 감사를 보낸다.

마지막으로 나의 아내 트루디와 우리의 아이들 에비, 아치, 테디에게 변하지 않는 사랑과 깊은 감사를 전하고 싶다.

사진 출처

라에톨리 발자국
ⓒTim Evanson
https://www.flickr.com/photos/timevanson

샤니다르 동굴
ⓒSammy Six
https://www.flickr.com/photos/johnhawks/
galleries/72157623149960565/

차탈 후유크
ⓒjessogden1
https://www.flickr.com/
photos/8033449@N03/

스털링 캐슬
ⓒJohn McPake
https://www.flickr.com/photos/
stirlingcouncil/albums

랭데일 바위
ⓒColin Eastwood
https://commons.wikimedia.org/wiki/Fil
e:Langdale_Boulders_(Rock_Art_Panel)_-
geograph.org.uk-_782635.jpg

올두바이 협곡
ⓒEric Kilby
https://www.flickr.com/photos/ekilby/
albums

스카라 브레
ⓒPunk Toad
https://www.flickr.com/photos/punktoad/
albums/72157714407651397

스테니스의 돌
ⓒportengaround

https://www.flickr.com/photos/
portengaround/albums/72157630072890374

드마니시 두개골 화석
조지아 국립 박물관

토바 호수
ⓒKen Marshall
https://www.flickr.com/photos/kenner116/
albums/72157628184343279

레펜스키 비르
ⓒMichael Bemmerl
https://commons.wikimedia.org/wiki/
File:Lepenski_Vir_(2).JPG

헨버리 운석 충돌구 평원
ⓒMichael Bemmerl
https://commons.wikimedia.org/wiki/
File:Henbury_Crater.jpg

콜드럼 거석 무덤
ⓒBrian Toward
https://www.flickr.com/
photos/7361952@N03/

둔 호수
ⓒCrimperman
https://www.flickr.com/photos/
crimperman/albums/72157711639130702

페슈테라 쿠 오아세 화석
ⓒRyan Somma
https://www.flickr.com/photos/
ideonexus/4697737211/

쇼베 동굴 벽화
ⓒClaude Valette
https://www.flickr.com/photos/cvalette/
albums/72157665774387151

르 폼 다르
ⓒRémi Abel
https://www.flickr.com/
photos/123749873@N03/

카르나크 열석
ⓒcinnamonster
https://www.flickr.com/
photos/agate/2588295068/in/
album-72157605665101820/

쿠르간
ⓒJozefsu
https://commons.wikimedia.org/wiki/
File:Sunlit_green_kurgan.jpg

포뢰섬
ⓒBernt Rostad
https://www.flickr.com/photos/brostad/
albums/72157659823310086

배 박기 유적
ⓒTyler Bell
https://www.flickr.com/photos/tylerbell/
albums/72157622793174874

배터시 방패
ⓒCarlos Reusser
https://www.flickr.com/photos/
carlosreusser/albums/72157691238261982

와이라카
ⓒrussellstreet
https://www.flickr.com/photos/
russellstreet/albums

범고래 올드 톰
ⓒFanny Schertzer
https://en.wikipedia.org/wiki/
Old_Tom_(orca)#/media/
File:Killer_whale_squeleton.jpg

플로우 컨트리
ⓒSteve Neal
https://en.wikipedia.org/wiki/
Flow_Country#/media/File:Flow_country_-
geograph.org.uk-_124799.jpg

티위제도
ⓒSatrina Brandt
https://commons.wikimedia.org/w/index.ph
p?search=%28Tiwi+Islands%29&title=Speci
al:MediaSearch&go=Go&type=image

베드베크 유골
ⓒMarie Thérèse Hébert & Jean Robert
Thibault
https://www.flickr.com/photos/jrthibault

비르카섬
ⓒUdo Schröter
https://www.flickr.com/photos/nordelch/

톨룬인
https://commons.wikimedia.org/wiki/File:P
oloha_Tollundsk%C3%A9ho_mu%C5%BEe_p
%C5%99i_n%C3%A1lezu_.jpg

우앙차키토의 라마들
ⓒNicolas Goepfert
https://www.researchgate.net/publication/3
31564521_A_mass_sacriice_of_children_and
_camelids_at_the_Huanchaquito-Las_Llama
s_site_Moche_Valley_Peru

스타 카
ⓒJonathan Cardy
https://commons.wikimedia.org/wiki/File:St
ar_Carr_headdress_cropped.JPG

지은이 **닐 올리버**

──── 영국의 고고학자이자 작가, 역사 커뮤니케이터. 스코틀랜드에서 태어나 그곳의 광활한 자연 풍광과 거대한 유적들에 둘러싸여 자랐다. 글래스고대학교에서 고고학 석사를 우등 졸업으로 마친 뒤 고고학 연구를 이어나가며 《가디언》, 《헤럴드》 등에서 저널리스트로 활동했다. 『영국의 섬 100곳에 관한 이야기The Story of the British Isles in 100 Places』를 비롯해 여러 권의 베스트셀러 역사책을 집필했고 한 권의 역사 소설을 썼다. BBC에서 20여 년 동안 20편이 넘는 역사 교양 프로그램의 각본을 쓰고 진행을 맡았으며, 영국 예술 영화 텔레비전 아카데미BAFTA에서 수상한 역사 다큐멘터리 〈코스트Coast〉의 메인 진행자로 활약하며 영국을 넘어 유럽 전역과 미국에도 이름을 알렸다. 대중에게 역사를 전달해온 공로로 2011년에는 애버테이대학교로부터, 2015년에는 글래스고대학교로부터 명예박사 학위를 받았다. 스코틀랜드 문화유산 보존 단체 '내셔널트러스트스코틀랜드National Trust for Scotland'의 회장을 역임했으며, 현재는 영국의 뉴스 채널 〈GB 뉴스〉에서 진행을 맡고 있다. 아내와 아이들, 그리고 두 마리 아이리시 울프 하운드와 함께 유서 깊은 도시 스털링에 살고 있다.

옮긴이 **이진옥**

──── 서울대학교 고고미술사학과를 졸업하고 유니버시티칼리지 런던에서 석사학위를, 텍사스주립대학교에서 고고학 박사학위를 취득했다. 환경과 문화의 상호작용, 위기와 대응이라는 화두로 강의와 연구를 통해 과거와 현재, 미래를 잇는 작업을 하고 있다.

인간성의 기원을 찾아가는 역사 수업

잠자는 죽음을 깨워 길을 물었다

펴낸날 초판 1쇄 2022년 7월 25일
지은이 닐 올리버
옮긴이 이진옥
펴낸이 이주애, 홍영완
편집장 최혜리
편집2팀 홍은비, 박효주, 김혜원
편집 양혜영, 유승재, 박주희, 장종철, 문주영, 강민우, 김하영, 이정미
디자인 기조숙, 박아형, 김주연, 윤소정, 윤신혜
마케팅 김지윤, 김태윤, 김미소, 김예인, 최혜빈, 정혜인
해외기획 정미현
경영지원 박소현
펴낸곳 (주)윌북 **출판등록** 제 2006-000017호
주소 10881 경기도 파주시 회동길 337-20
전화 031-955-3777 **팩스** 031-955-3778
홈페이지 willbookspub.com **전자우편** willbooks@naver.com
블로그 blog.naver.com/willbooks **포스트** post.naver.com/willbooks
페이스북 @willbooks **트위터** @onwillbooks **인스타그램** @willbooks_pub
ISBN 979-11-5581-498-7 (03900)